G-TELP KOREA 공식 지정

시원스쿨 지텔프

LEVEL 2

32-50

시원스쿨
지텔프 32-50

초판 7쇄 발행 2024년 3월 4일

지은이 시원스쿨어학연구소
펴낸곳 (주)에스제이더블유인터내셔널
펴낸이 양홍걸 이시원

홈페이지 www.siwonschool.com
주소 서울시 영등포구 영신로 166 시원스쿨
교재 구입 문의 02)2014-8151
고객센터 02)6409-0878

ISBN 979-11-6150-346-2 13740
Number 1-110404-02020407-02

머리말

👍 지텔프 Level 2. 32점~50점 목표 점수 달성

15일만에 끝내는 『시원스쿨 지텔프 32-50』

지텔프 Level 2 시험은 군무원 및 소방 공무원, 경찰 공무원, 그 외에 세무사, 노무사 등 전문직 자격증 시험에도 영어능력검정 시험으로 인정받고 있습니다. 그 중에서 9급 군무원은 32점, 7급 군무원은 47점이 영어능력시험 기준 점수이며, 경찰 공무원의 경우 지텔프 48점에 가산점 2점을 부여하고 있습니다. 그리고 소방/경찰 간부 후보생은 지텔프 50점으로 영어 성적을 대체할 수 있습니다. 이렇게 32점에서 50점 사이의 점수가 필요한 시험에 대비하기 위해서는 그에 맞는 교재로 학습해야 합니다.

하지만 시중에 나와 있는 교재들은 대부분 영어 입문자들에게는 난이도가 너무 높은 지텔프 65점 대비 교재이거나 실전 모의 고사, 기출 문제집이기 때문에 기초적인 설명은 생략되어 있어 학습하는데 어려움을 겪을 수 밖에 없습니다. 시원스쿨은 이러 한 입문자들의 고민을 깊이 공감하여 지텔프를 처음 시작하시는 분들이 시간적 · 경제적 부담을 느끼지 않고 가뿐하게 지텔 프 32점에서 50점의 목표 점수를 달성할 수 있도록 문법, 청취, 독해, 보카, 모의고사를 단 한권으로 집약한 『시원스쿨 지텔프 32-50』을 개발하였습니다.

목표한 시험의 필수 과목인 국어, 국사, 행정법 등을 공부하기도 바쁜 고시생에게 영어 점수를 위해 할애할 수 있는 시간은 많 지 않습니다. 빠르고 효율적으로 목표 점수를 달성하여 필수 과목을 공부해야 하기 때문에 『시원스쿨 지텔프 32-50』은 딱 한 권으로 15일만에 목표 점수를 달성할 수 있도록 구성되어 있습니다.

시원스쿨 지텔프 32-50

❶ 딱 한권으로 지텔프 32점~50점 목표 달성이 가능합니다.
문법, 청취, 독해, 보카의 기초 핵심 내용을 한 권에 담았으며, 교재 학습이 모두 끝난 후 실제 시험처럼 풀어볼 수 있도록 모의고사 1회분, 그리고 이에 대한 해설과 해설 강의를 무료로 제공합니다. 문법, 독해, 실전 모의고사 교재를 따로 구매할 필요 없이 이 책 한권만 학습하여 목표를 달성할 수 있습니다.

❷ 15일 단기 입문 완성 학습 플랜을 제공합니다.
입문 과정에서 꼭 알아야할 핵심 내용과 시험에 출제되지 않지만 꼭 알아야 할 영어 기초 내용만을 다루었기 때문에, 교재 에서 제공하는 학습 플랜을 따라가면 15일만에 입문 과정을 완성할 수 있습니다.

❸ 지텔프 전문 강사가 초밀착 코칭을 해드립니다.
혼자서 공부하면서 이해하기 어려운 부분, 그리고 추가 설명이 필요한 부분을 지텔프 전문 강사가 무료로 초밀착 코칭을 해드립니다. 교재 내에 있는 QR 이미지를 모바일 기기를 이용하여 카메라 앱으로 찍으면 QR 특강 동영상 강의를 무료로 볼 수 있습니다. 또한, 메신저 앱을 통해 온라인 스터디방에 참여하여 지텔프 문제에 대한 답변 및 공부 방법에 대한 코칭 을 받을 수 있습니다.

❹ 32점, 48점, 50점이라는 목표 점수에 상관없이 누구나 지텔프 기초 영어 실력을 쌓을 수 있습니다.
문법 출제 범위를 모두 다루는 동시에 영문법 기초까지 다루고 있어서 문법 영역에 집중하여 고득점을 얻으려는 32점, 48 점, 그리고 50점 목표 수험생들에게 적합한 교재입니다. 또한 문법뿐만 아니라 독해 및 청취 영역 까지 갖추고 있어 단기 간에 지텔프 독해와 청취 실력을 쌓을 수 있는 지텔프 입문 전문 교재입니다.

이 책으로 여러분들의 지텔프 목표 점수 달성의 기초 발판을 마련하여 꿈을 이룰 수 있다는 자신감을 얻기를 바랍니다.

시원스쿨어학연구소 드림

목차

문법 + 독해 15 DAY

문법

독해

청취 + 보카 15 DAY

 부록

별책	▪ [해설서] 정답 및 해설 ▪ [미니북] 노베이스 기초 문법 불규칙동사
온라인	▪ 본서 음원(MP3) ▪ 실전 모의고사 음원(MP3)

◀ MP3 및 각종 자료
다운로드 바로가기

MP3 다운로드
시원스쿨LAB 홈페이지(lab.siwonschool.com)
[교재/MP3] 메뉴 내
『시원스쿨 지텔프 32-50』 교재 검색

왜 『시원스쿨 지텔프 32-50』인가?

① ### 군무원 9급, 경찰/소방 간부, 경찰 공무원 등 시험 대비 지텔프 32점~50점 목표 달성

▷ 군무원 9급을 준비하는 수험생은 지텔프 32점 이상을 받아야 하며, 경찰 공무원 준비생은 지텔프 48점 이 상일 경우 가산점을 받으며, 경찰/소방 간부 준비생은 지텔프 50점이 필요합니다.

▷ 목표로 하는 시험의 필수 과목 국어, 국사, 행정법 등 공부하기도 바쁜 고시생에게 영어 점수를 위해 할애할 수 있는 시간은 많지 않습니다. 빠르고 효율적으로 목표 점수를 달성하여 필수 과목을 공부해야 하기 때문 에 『시원스쿨 지텔프 32-50』은 딱 한 권으로 15일만에 목표 점수를 달성할 수 있도록 구성되어 있습니다.

② ### 32점~50점 목표 점수에 따른 학습 플랜

▷ 문법과 독해가 합쳐져서 15개의 Day로 구성되어 있으며, 청취와 보카가 합쳐져서 또 다른 15개의 Day로 구성되어 있습니다. 각 Day는 부담없이 학습할 수 있는 분량으로 되어 있어, 누구나 따라하기 쉬운 명료한 학습 플랜을 따라 학습하면 15일 또는 30일만에 본 교재를 거뜬히 완독할 수 있습니다. 기초가 부족한 수험 생을 위해 실전 모의고사 풀이 및 본문 내용 복습이 추가된 60일 학습 플랜도 제공합니다.

▷ 시원스쿨LAB(lab.siwonschool.com)에서 유료로 제공하는 동영상 강의를 수강할 경우 더욱 쉽고 빠르게 입문완성이 가능합니다. 강의 시간은 한 강의 당 30분 내외이기 때문에 하루에 1시간 30분~2시간 정도를 지텔프 공부에 할애할 수 있다면, 단 15일 안에 지텔프 핵심 입문 과정을 끝낼 수 있습니다.

③ ### 한 권으로 [문법 + 독해 + 청취 + 보카] 지텔프 입문 완성

▷ 영어에 대한 기초를 다지지 않고 무작정 실전 문제만 푸는 것은 점수 향상에 효율적이지 못합니다. 그래서 영 어에 대한 기초 부족으로 문법과 독해에서 원하는 점수를 얻지 못하는 수험생들을 위해 지텔프 시험에서 가 장 기본적이면서도 핵심적인 내용만 선별해 담았습니다.

▷ 영어 왕초보라고 해서 천천히 오랫동안 공부할 필요가 없습니다. 짧고 굵게 학습하는 것을 목표로 단기간에 지텔프 입문 핵심 과정을 끝내고 기본-실전 과정으로 올라갈 수 있도록 [문법 + 독해 + 청취 + 보카]와 실전 모의고사 1회분 모두를 단 한 권으로 집약해서 제공합니다. 문법, 독해, 청취, 보카, 그리고 모의고사 교재를 따로 구매할 필요가 없어서 경제적이고, 빠릅니다.

④ 지텔프 입문 전문 강사의 초밀착 코칭 족집게 강의와 QR 특강

▷ 시원스쿨랩 지텔프 입문 전문 강사인 최서아 선생님이 지텔프 입문 학습자들에 대한 깊은 이해를 바탕으로 본강의와 QR 특강을 통해 혼동하기 쉬운 문법, 해석하기 어려운 문장, 그리고 듣기 어려운 단어나 문장을 콕콕 집어 시원하게 해결해 줍니다. 특히 학습자들이 자주 헷갈려 하는 요소를 명확하게 구분하여 암기하는 방법을 알려줍니다.

▷ 교재 학습 중 좀 더 자세한 추가 설명이 필요할 때, QR을 찍어 선생님의 도움을 받을 수 있습니다. 교재 내 QR 이미지를 카메라 앱으로 스캔하면 최서아 선생님이 해당 부분을 이해하기 쉽게 설명하는 QR 특강을 볼 수 있습니다. QR 특강은 교재의 학습 분량에 만족하지 못하는 분들, 그리고 좀 더 깊이 있는 공부를 하고 싶은 분들이 주어진 핵심 사항을 완벽히 이해할 수 있도록 구성하였습니다.

⑤ 영어 왕초보를 위한 「노베이스 기초 문법」 미니북 제공

▷ 기초가 부족한 지텔프 왕초보 수험생들을 위해 주어–동사–목적어의 구분부터 구와 절, 그리고 동사와 준동사의 정의까지 지텔프 문법 영역에서는 다루지 않는 문법까지 알기 쉽게 정리한 노베이스 기초 문법을 부록으로 제공합니다.

▷ 어려운 문법 사항이 있을 때 마다 언제든지 펼쳐서 참고할 수 있도록 휴대가 간편한 미니북 형태로 제작되었습니다.

⑥ 기출 변형으로 구성된 실전 모의고사 1회분

▷ 최신 지텔프 시험과 난이도 및 유형 면에서 거의 유사한 실전 모의고사 1회분을 부록으로 제공하여 본 교재의 학습을 완료한 후 실력 점검 및 실전 경험을 할 수 있도록 하였습니다.

▷ 본 교재의 표지 뒷면에 있는 쿠폰 코드를 시원스쿨LAB 홈페이지의 [내 쿠폰함]에 입력하여 최서아 강사의 명품 해설 강의를 무료로 수강할 수 있습니다. 실전 모의고사의 음원과 청취 영역의 스크립트도 모두 홈페이지에서 무료로 제공됩니다.

이 책의 구성과 특징

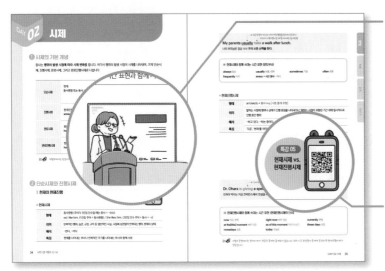

아기자기한 일러스트로 이해도 UP!

본문의 내용과 관련된 일러스트를 삽입하여 쉽고 재미있게 학습 내용의 이해를 도울 수 있도록 하였습니다. 이를 통해 일러스트와 학습 내용을 연관시켜 학습 내용이 오래 기억에 남도록 하였습니다.

QR로 부르는 나만의 선생님

교재 학습 중 좀 더 자세한 추가 설명이 필요할 때, QR을 찍어 선생님의 도움을 받을 수 있습니다. 교재 내 QR 이미지를 카메라 앱으로 스캔하면 시원스쿨랩 지텔프 입문 전문 강사인 최서아 선생님이 해당 부분을 머리에 쏙쏙 들어오도록 설명해줍니다.

예문 문장 분석과 직역

예문으로 제시된 문장의 구조를 알려줌으로써 정확한 문장 구조 파악이 가능하도록 하였습니다. 이를 통해, 문장의 형식에 맞게 직역하는 연습을 하여 영어 기초 실력을 높일 수 있도록 하였습니다.

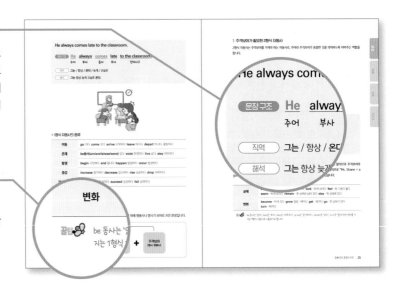

꿀팁! 제공

해당 부분의 출제 유형과 실전 문제 풀이 전략에 관련된 꿀팁을 제공하여 지텔프 왕초보자들에게 든든한 길잡이가 될 수 있도록 하였습니다.

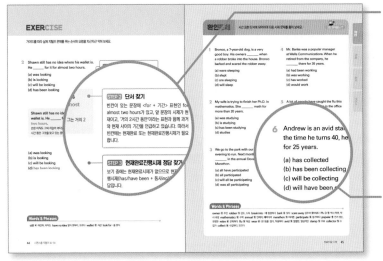

EXERCISE [연습 문제]

실제 시험에 나왔던 기출 포인트를 바탕으로 앞에서 배운 내용을 문제 풀이에 적용할 수 있도록 연습 문제를 제시하였으며, 풀이 과정을 STEP별로 설명해 줍니다. 단서에서 정답을 이끌어내는 과정을 조목조목 따져 보다 보면 금방 올바른 문제 접근법이 몸에 밸 것입니다.

확인문제

해당 DAY의 학습이 끝나면 실제 시험과 비슷한 난이도의 문제들을 풀면서 학습이 잘 되었는지 점검할 수 있도록 하였습니다. 특히, 문법 영역의 확인문제는 기출 변형 문제를 출제하였고, 독해와 청취 영역의 확인문제는 실전 유형의 지문을 듣거나 읽으면서 해당 DAY에서 배운 내용을 적용해 볼 수 있도록 하였습니다.

영어 기초 실력을 위한 BASIC VOCABULARY

지텔프 실제 기출 시험과 실전 모의고사에서 가장 많이 출제된 단어 중에서 어렵지 않으면서도 기본적으로 알고 있어야 하는 단어를 선정하여 제시하였습니다. 명사, 동사, 형용사, 부사 등의 품사별로 나누어 매일 30개씩 10일간 학습하고, 확인문제까지 풀이하여 지텔프 최빈출 기초 어휘들을 정복할 수 있도록 하였습니다.

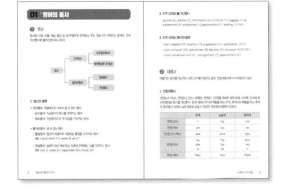

노베이스 기초 문법 [미니북]

기초가 부족한 지텔프 왕초보자들을 위해 주어-동사-목적어의 구분부터 구와 절, 그리고 동사와 준동사의 정의까지 지텔프 문법 영역에서는 다루지 않는 문법까지 알기 쉽게 정리한 노베이스 기초 문법을 부록으로 제공합니다. 언제든지 펼쳐서 참고할 수 있도록 휴대가 간편한 미니북 형태로 제작되었습니다.

G-TELP, 접수부터 성적 확인까지

G-TELP를 선택해야 하는 이유

- **빠른 성적 확인:** 시험일 기준 5일 이내 성적 확인 가능
- **절대평가:** 전체 응시자의 수준에 상관없이 본인의 점수로만 평가
- **세 영역(문법, 청취, 독해)의 평균 점수:** 각 영역별 과락 없이 세 영역의 평균 점수가 최종 점수
  ex) 문법 100점 + 청취 0점 + 독해 0점 = 총점 100점 → 평균 33점
  문법 88점 + 청취 0점 + 독해 8점 = 총점 96점 → 평균 32점
  문법 88점 + 청취 24점 + 독해 38점 = 총점 150점 → 평균 50점
- **타 시험 대비 쉬운 문법:** 7개의 고정적인 출제 유형, 총 26문제 출제, 문제 속 단서로 정답 찾기
- **타 시험 대비 적은 분량의 독해:** 지문 4개, 총 28문제 출제
- **청취(Listening)에 취약한 사람들도 통과 점수 획득 가능:** 세 개의 영역의 평균 점수가 최종 점수이므로 청취를 포기하고 문법과 독해 및 어휘로 목표 점수 달성 가능

G-TELP 소개

G-TELP(General Tests of English Language Proficiency)는 국제 테스트 연구원(ITSC, International Testing Services Center)에서 주관하는 국제적으로 시행하는 국제 공인 영어 테스트입니다. 또한 단순히 배운 내용을 평가하는 시험이 아닌, 영어 능력을 종합적으로 평가하는 시험으로, 다음과 같은 구성으로 이루어져 있습니다.

- **시험 구성**

구분	구성 및 시간	평가기준	합격자의 영어구사능력	응시자격
LEVEL 1	· 청취 30문항 (약 30분) · 독해 60문항 (70분) · 전체 90문항 (약 100분)	원어민에 준하는 영어 능력: 상담 토론 가능	일상생활 상담, 토론 국제회의 통역	2등급 Mastery를 취득한 자
LEVEL 2	· 문법 26문항 (20분) · 청취 26문항 (약 30분) · 독해 28문항 (40분) · 전체 80문항 (약 90분)	다양한 상황에서 대화 가능 업무 상담 및 해외 연수 가능한 수준	일상생활 업무 상담 회의 세미나, 해외 연수	제한 없음
LEVEL 3	· 문법 22문항 (20분) · 청취 24문항 (약 20분) · 독해 24문항 (40분) · 전체 70문항 (약 80분)	간단한 의사소통과 단순 대화 가능	간단한 의사소통 단순 대화 해외 여행, 단순 출장	제한 없음
LEVEL 4	· 문법 20문항 (20분) · 청취 20문항 (약 15분) · 독해 20문항 (25분) · 전체 60문항 (약 60분)	기본적인 문장을 통해 최소한의 의사소통 가능	기본적인 어휘 구사 짧은 문장 의사소통 반복 부연 설명 필요	제한 없음
LEVEL 5	· 문법 16문항 (15분) · 청취 16문항 (약 15분) · 독해 18문항 (25분) · 전체 50문항 (약 55분)	극히 초보적인 수준의 의사소통 가능	영어 초보자 일상 인사, 소개 듣기 자기 표현 불가	제한 없음

● 시험 시간

시험 문제지는 한 권의 책으로 이루어져 있으며 각각의 영역이 분권으로 나뉘어져 있지 않고 시험이 시작되는 오후 3시부터
시험이 종료되는 오후 4시 30분까지 자신이 원하는 영역을 풀 수 있습니다. 단, 청취 음원은 3시 20분에 재생됩니다. 그래도
대략적으로 각 영역의 시험 시간을 나누자면, 청취 음원이 재생되는 3시 20분 이전을 문법 시험, 그리고 청취 음원이 끝나고 시험
종료까지를 독해 시험으로 나누어 말하기도 합니다.

오후 3시: 시험 시작

오후 3시 20분: 청취 시험 시작

오후 3시 45~47분: 청취 시험 종료 및 독해 시험 시작

오후 4시 30분: 시험 종료

● 지텔프 문법

지텔프 문법 시험은 1~26번에 해당하며, 총 26문제가 출제됩니다. 문법 시험은 크게 7가지 출제 유형이 있으며, 그 출제 유형은
다음과 같습니다.

출제 유형	출제 내용	문제 개수
시제	현재진행 / 과거진행 / 미래진행 / 현재완료진행 / 과거완료진행 / 미래완료진행	각 1문제씩 출제 (총 6문제)
가정법	가정법 과거완료 / 가정법 과거	각 3문제씩 출제 (총 6문제)
당위성 표현	당위성 의미의 동사/형용사 뒤에 오는 that절 내의 동사 자리를 빈칸으로 출제, 조동사 should가 생략된 동사원형이 정답	총 3문제 출제
to부정사 / 동명사	to부정사/동명사를 목적어로 취하는 동사, to부정사의 부사적 용법, to부정사의 형용사적 용법	총 5문제 출제
조동사	will, can, might, must, should 등 문맥에 맞는 조동사를 고르는 문제	총 2문제 출제
접속사 / 접속부사	빈칸에 들어갈 알맞은 의미의 접속사 또는 접속부사를 고르는 문제	총 2문제 출제
관계사절	빈칸에 들어갈 문법적으로 올바른 관계사절(관계대명사절 또는 관계부사절)을 고르는 문제	총 2문제 출제

● 지텔프 청취

지텔프 청취 시험은 문제 27~52번에 해당하며, 총 26문제가 출제됩니다. 청취 시험은 총 4개의 PART로 나뉘어 출제되고, 각 PART는 약 6분 20초 내외의 분량이며, 6~7문제가 포함되어 있습니다. 청취 시험의 특징은 문제지에 문제가 인쇄되어 있지 않기 때문에 청취 음원에서 들려주는 문제를 듣고 반드시 메모해 두어야 한다는 것입니다.

파트	내용
PART 1	2인(남, 여) 대화 / 일상 주제
PART 2	1인 담화 / 행사(event)에 관한 설명
PART 3	2인(남, 여) 대화 / 두 대상의 장점과 단점 비교(advantage, disadvantage)
PART 4	1인 담화 / 특정 주제에 대한 설명(특징 열거 또는 과정 나열)

문제 출제 유형은 주제 및 목적, 세부 정보, 사실 확인(일치/불일치 선택), 그리고 추론 유형으로 4개의 PART에 모두 골고루 출제됩니다. 성적표에는 주제 및 목적, 세부 정보, 사실 확인 유형을 하나로 묶어 Literal로 표기되며, 추론 유형은 Inferential로 표기되는데, 추론 유형은 5~7문제가 출제됩니다.

● 지텔프 독해 및 어휘

지텔프 독해 및 어휘 시험은 53~80번에 해당하며, 총 28문제가 출제됩니다. 독해 및 어휘 시험은 총 4개의 PART로 나뉘어 출제되고, 각 PART는 7문제가 포함되어 있는데, 그 중 마지막 2문제는 항상 동의어 찾기 유형의 문제가 출제됩니다.

파트	내용
PART 1	역사적 위인, 유명 인사에 대한 전기적 설명문(biographical article)
PART 2	과학, 생물, 사회, 환경 등 다양한 주제에 관한 잡지 기사문(magazine article)
PART 3	동/식물, 기후, 환경, 역사, 사회 현상 등 다양한 주제에 관한 백과사전식 지문(encyclopedia article)
PART 4	구매, 환불, 채용 공고, 추천서, 이직 요청 등 사업 및 거래에 관한 비즈니스 서신(business letter)

문제 출제 유형은 청취 영역과 동일하게 주제 및 목적, 세부 정보, 사실 확인(일치/불일치 선택), 그리고 추론 유형으로 4개의 PART에 모두 골고루 출제됩니다. 성적표에는 주제 및 목적, 세부 정보, 사실 확인 유형을 하나로 묶어 Literal로 표기되며, 추론 유형은 Inferential로 표기되는데, 추론 유형은 5~7문제가 출제됩니다. 그리고 각 PART에서 2문제씩 출제되는 동의어 문제는 Vocabulary로 표기되며 총 8문제가 출제됩니다.

시원스쿨
지텔프 32-50

2024년 G-TELP 정기 시험 일정

회차	시험일자	접수기간	추가 접수기간 (~자정까지)	성적공지일 (오후 3:00)
제528회	2024-04-14(일) 15:00	2024-03-22 ~ 2024-03-29	~2024-04-03	2024-04-19
제529회	2024-04-28(일) 15:00	2024-04-05 ~ 2024-04-12	~2024-04-22	2024-05-03
제530회	2024-05-12(일) 15:00	2024-04-19 ~ 2024-04-26	~2024-05-01	2024-05-17
제531회	2024-05-26(일) 15:00	2024-05-03 ~ 2024-05-10	~2024-05-15	2024-05-31
제532회	2024-06-09(일) 15:00	2024-05-17 ~ 2024-05-24	~2024-05-29	2024-06-14
제533회	2024-06-23(일) 15:00	2024-05-31 ~ 2024-06-07	~2024-06-12	2024-06-28
제534회	2024-07-07(일) 15:00	2024-06-14 ~ 2024-06-21	~2024-06-26	2024-07-12
제535회	2024-07-21(일) 15:00	2024-06-28 ~ 2024-07-05	~2024-07-10	2024-07-26
제536회	2024-08-04(일) 15:00	2024-07-12 ~ 2024-07-19	~2024-07-24	2024-08-09
제537회	2024-08-18(일) 15:00	2024-07-26 ~ 2024-08-02	~2024-08-07	2024-08-23
제538회	2024-09-01(일) 15:00	2024-08-09 ~ 2024-08-16	~2024-08-21	2024-09-06
제539회	2024-09-22(일) 15:00	2024-08-23 ~ 2024-09-06	~2024-09-11	2024-09-27
제540회	2024-10-06(일) 15:00	2024-09-13 ~ 2024-09-20	~2024-09-25	2024-10-11
제541회	2024-10-20(일) 15:00	2024-09-27 ~ 2024-10-04	~2024-10-09	2024-10-25
제542회	2024-11-03(일) 15:00	2024-10-11 ~ 2024-10-18	~2024-10-23	2024-11-08
제543회	2024-11-17(일) 15:00	2024-10-25 ~ 2024-11-01	~2024-11-06	2024-11-22
제544회	2024-12-01(일) 15:00	2024-11-08 ~ 2024-11-15	~2024-11-20	2024-12-06
제545회	2024-12-15(일) 15:00	2024-11-22 ~ 2024-11-29	~2024-12-04	2024-12-20

● 시험 접수 방법
정기 시험 접수 기간에 G-TELP KOREA 공식 홈페이지 www.g-telp.co.kr 접속 후 로그인, [시험접수] – [정기 시험 접수] 클릭

● 시험 응시료
정기시험 66,300원 (졸업 인증 45,700원, 군인 33,200원) / 추가 접수 71,100원 (졸업 인증 50,600원, 군인 38,000원)

● 시험 준비물
① 신분증: 주민등록증(임시 발급 포함), 운전면허증, 여권 중 택1
② 컴퓨터용 사인펜: 연필, 샤프, 볼펜은 문제 풀이 시 필요에 \따라 사용 가능, OMR 답안지에는 기재 불가
③ 수정 테이프: 컴퓨터용 사인펜으로 기재한 답을 수정할 경우 수정액이 아닌 수정 테이프만 사용 가능

● 시험장 입실
시험 시작 40분 전인 오후 2시 20분부터 입실, 2시 50분부터 입실 불가

● OMR 카드 작성

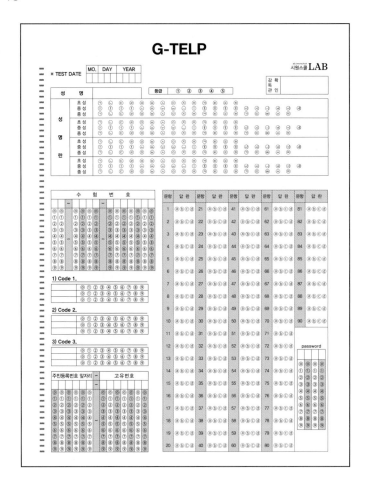

<설명>
- 날짜, 성명을 쓰고 등급은 ②에 마킹합니다.
- 이름을 초성, 중성, 종성으로 나누어 마킹합니다.
- 수험 번호는 자신의 책상에 비치된 수험표에 기재되어 있습니다.
- Code 1, Code 2는 OMR 카드 뒷면에서 해당되는 코드를 찾아 세 자리 번호를 마킹합니다. (대학생이 아닌 일반인의
  경우 Code 1은 098, Code 2는 090)
- Code 3은 수험 번호의 마지막 7자리 숫자 중 앞 3자리 숫자를 마킹합니다.
- 주민 등록 번호는 앞자리만 마킹하고 뒷자리는 개인 정보 보호를 위해 지텔프에서 임시로 부여한 고유 번호로
  마킹해야 합니다. (수험표에서 확인)
- 답안지에는 90번까지 있지만 Level 2 시험의 문제는 80번까지이므로 80번까지만 마킹합니다.
- OMR 카드 오른쪽 아래에 있는 비밀번호(password) 4자리는 성적표 출력 시 필요한 비밀번호로, 응시자가 직접
  비밀번호를 설정하여 숫자 4개를 마킹합니다.
- 시험 시간에는 답안지 작성(OMR 카드 마킹) 시간이 별도로 주어지지 않습니다.

● 성적 발표

시험일 5일 이내 G-TELP KOREA 공식 홈페이지 www.g-telp.co.kr 접속 후 로그인, [성적 확인] – [성적 확인] 클릭 /
우편 발송은 성적 발표 후 차주 화요일에 실시

● 성적 유효 기간

시험일로부터 2년

● 성적표 양식

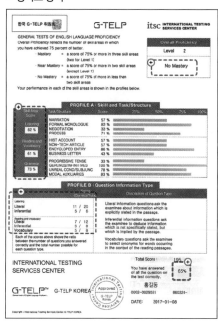

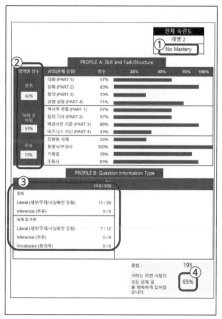

* 편의를 위해 우리말로 번역하였습니다.

① No Mastery: 응시자가 75% 이상의 점수를 획득할 경우 Mastery, 그렇지 못할 경우 No Mastery로 표기되며, 32점이나
65점, 77점 등 점수대별 목표 점수를 가진 응시자에게 아무런 영향이 없습니다.

② 영역별 점수: 각 영역별 점수를 가리키는 수치입니다. 이를 모두 취합하면 총점(Total Score)이 되며, 이를 3으로 나눈
평균값이 ④에 나오는 최종 점수입니다.

③ 청취와 독해 및 어휘 영역의 출제 유형별 득점: 청취와 독해 및 어휘 영역의 Literal은 세부사항, 주제 및 목적, 사실
확인 유형의 문제를 말하며, 이 유형들은 지문의 내용에 문제의 정답이 직접적으로 언급되어 있는 유형입니다.
Inferential은 추론 문제를 말하며, 이 유형은 지문에 문제의 정답이 직접적으로 언급되어 있지 않지만 지문에
나온 정보를 토대로 추론을 통해 알 수 있는 사실을 보기 중에서 고르는 문제입니다. 이 유형의 경우, 정답 보기가
패러프레이징(paraphrasing: 같은 의미를 다른 단어로 바꾸어 말하기)이 되어 있어 다소 난이도가 높은 편입니다.
청취와 독해 및 어휘 영역에서는 문제가 각각 5~8문제씩 출제됩니다. 마지막으로 Vocabulary는 각 PART의 지문에
밑줄이 그어진 2개의 단어에 맞는 동의어를 찾는 문제입니다. 총 네 개의 PART에서 각각 2문제씩 나오므로 항상
8문제가 출제됩니다.

지텔프 LEVEL 2 성적 활용표

● 주요 정부 부처 및 국가 자격증

활용처(시험)	지텔프 Level 2 점수	토익 점수
군무원 9급	32점	470점
군무원 7급	47점	570점
경찰공무원(순경)	48점 (가산점 2점) 75점 (가산점 4점) 89점 (가산점 5점)	600점 (가산점 2점) 800점 (가산점 4점) 900점 (가산점 5점)
소방간부 후보생	50점	625점
경찰간부 후보생	50점	625점
경찰공무원 (경사, 경장, 순경)	43점	550점
호텔서비스사	39점	490점
박물관 및 미술관 준학예사	50점	625점
군무원 5급	65점	700점
국가공무원 5급	65점	700점
국가공무원 7급	65점	700점
입법고시(국회)	65점	700점
법원 행정고시(법원)	65점	700점
세무사	65점	700점
공인노무사	65점	700점
공인회계사	65점	700점
감정평가사	65점	700점
호텔관리사	66점	700점
카투사	73점	780점
국가공무원 7급 (외무영사직렬)	77점	790점

* 출처: G-TELP 공식 사이트(www.g-telp.co.kr)

초단기 완성 학습 플랜

- 다음의 학습 진도를 참고하여 매일 학습합니다.
- 해당일의 학습을 하지 못했더라도 앞 단원으로 돌아가지 말고 오늘에 해당하는 학습을 하세요. 그래야 끝까지 완주할 수 있답니다.
- 교재의 학습을 모두 마치면 부록으로 제공된 기출 변형 실전 모의고사를 꼭 풀어 보고 교재 표지의 뒷면에 있는 쿠폰 코드를 확인하여 시원스쿨LAB 홈페이지(lab.siwonschool.com)에서 최서아 강사의 명쾌한 해설 강의를 들어 보세요.
- 교재를 끝까지 한 번 보고 나면 2회독에 도전합니다. 두 번째 볼 때는 훨씬 빠르게 끝낼 수 있어요. 천천히 1회독만 하는 것보다 빠르게 2회, 3회 보는 것이 지텔프 실력 향상에 효율적입니다.

15일 완성 학습 플랜

1일	2일	3일	4일	5일
문법+독해 DAY 1	문법+독해 DAY 2	문법+독해 DAY 3	문법+독해 DAY 4	문법+독해 DAY 5
청취+보카 DAY 1	청취+보카 DAY 2	청취+보카 DAY 3	청취+보카 DAY 4	청취+보카 DAY 5

6일	7일	8일	9일	10일
문법+독해 DAY 6	문법+독해 DAY 7	문법+독해 DAY 8	문법+독해 DAY 9	문법+독해 DAY 10
청취+보카 DAY 6	청취+보카 DAY 7	청취+보카 DAY 8	청취+보카 DAY 9	청취+보카 DAY 10

11일	12일	13일	14일	15일
문법+독해 DAY 11	문법+독해 DAY 12	문법+독해 DAY 13	문법+독해 DAY 14	문법+독해 DAY 15
청취+보카 DAY 11	청취+보카 DAY 12	청취+보카 DAY 13	청취+보카 DAY 14	청취+보카 DAY 15

30일 완성 학습 플랜

1일	2일	3일	4일	5일
문법+독해 DAY 1	청취+보카 DAY 1	문법+독해 DAY 2	청취+보카 DAY 2	문법+독해 DAY 3

6일	7일	8일	9일	10일
청취+보카 DAY 3	문법+독해 DAY 4	청취+보카 DAY 4	문법+독해 DAY 5	청취+보카 DAY 5

11일	12일	13일	14일	15일
문법+독해 DAY 6	청취+보카 DAY 6	문법+독해 DAY 7	청취+보카 DAY 7	문법+독해 DAY 8

16일	17일	18일	19일	20일
청취+보카 DAY 8	문법+독해 DAY 9	청취+보카 DAY 9	문법+독해 DAY 10	청취+보카 DAY 10

21일	22일	23일	24일	25일
문법+독해 DAY 11	청취+보카 DAY 11	문법+독해 DAY 12	청취+보카 DAY 12	문법+독해 DAY 13

26일	27일	28일	29일	30일
청취+보카 DAY 13	문법+독해 DAY 14	청취+보카 DAY 14	문법+독해 DAY 15	청취+보카 DAY 15

60일 완성 학습 플랜 (모의고사 풀이 + 2회독)

1일	2일	3일	4일	5일
문법+독해 DAY 1	청취+보카 DAY 1	문법+독해 DAY 2	청취+보카 DAY 2	문법+독해 DAY 3
6일	**7일**	**8일**	**9일**	**10일**
청취+보카 DAY 3	문법+독해 DAY 4	청취+보카 DAY 4	문법+독해 DAY 5	청취+보카 DAY 5
11일	**12일**	**13일**	**14일**	**15일**
문법+독해 DAY 6	청취+보카 DAY 6	문법+독해 DAY 7	청취+보카 DAY 7	문법+독해 DAY 8
16일	**17일**	**18일**	**19일**	**20일**
청취+보카 DAY 8	문법+독해 DAY 9	청취+보카 DAY 9	문법+독해 DAY 10	청취+보카 DAY 10
21일	**22일**	**23일**	**24일**	**25일**
문법+독해 DAY 11	청취+보카 DAY 11	문법+독해 DAY 12	청취+보카 DAY 12	문법+독해 DAY 13
26일	**27일**	**28일**	**29일**	**30일**
청취+보카 DAY 13	문법+독해 DAY 14	청취+보카 DAY 14	문법+독해 DAY 15	청취+보카 DAY 15
31일	**32일**	**33일**	**34일**	**35일**
부록 실전 모의고사 풀이	부록 실전 모의고사 문법 리뷰(1~13번)	부록 실전 모의고사 문법 리뷰(14~26번)	부록 실전 모의고사 청취 리뷰 (PART 1, 2)	부록 실전 모의고사 청취 리뷰 (PART 3, 4)
36일	**37일**	**38일**	**39일**	**40일**
부록 실전 모의고사 독해 리뷰 (PART 1, 2)	부록 실전 모의고사 독해 리뷰 (PART 3, 4)	문법+독해 DAY 1	문법+독해 DAY 2	문법+독해 DAY 3
41일	**42일**	**43일**	**44일**	**45일**
문법+독해 DAY 4	문법+독해 DAY 5	문법+독해 DAY 6	문법+독해 DAY 7	문법+독해 DAY 8
46일	**47일**	**48일**	**49일**	**50일**
문법+독해 DAY 9	문법+독해 DAY 10	문법+독해 DAY 11	문법+독해 DAY 12	문법+독해 DAY 13
51일	**52일**	**53일**	**54일**	**55일**
문법+독해 DAY 14	문법+독해 DAY 15	청취+보카 DAY 1 청취+보카 DAY 6	청취+보카 DAY 2 청취+보카 DAY 7	청취+보카 DAY 3 청취+보카 DAY 8
56일	**57일**	**58일**	**59일**	**60일**
청취+보카 DAY 4 청취+보카 DAY 9	청취+보카 DAY 5 청취+보카 DAY 10	청취+보카 DAY 11 청취+보카 DAY 12	청취+보카 DAY 13 청취+보카 DAY 14	청취+보카 DAY 15

문법
+
독해

DAY 01 - 15

문장의 구조

■ 문장의 기본 구조

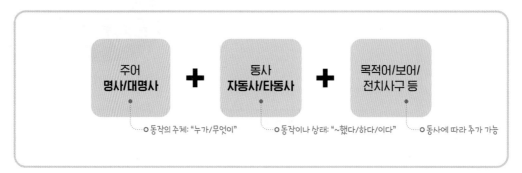

주어
명사/대명사

➕

동사
자동사/타동사

➕

목적어/보어/
전치사구 등

⋯⊙ 동작의 주체: "누가/무엇이" ⋯⊙ 동작이나 상태: "~했다/하다/이다" ⊙ 동사에 따라 추가 가능

■ 자동사와 타동사

자동사	목적어를 가지지 않는 동사 (동사 뒤에 보어가 위치할 수 있음) ① 자동사 + 부사/전치사구 ② 자동사 + 주격보어
타동사	목적어를 가지는 동사 ① 타동사 + 목적어 ② 타동사 + 간접목적어 + 직접목적어 ③ 타동사 + 목적어 + 목적격보어

꿀팁🍯 자동사/타동사 구분: 대부분의 동사는 동사의 의미에 '~을/를'을 붙여 자연스럽게 해석되면 타동사, 그렇지 않으면 자동사로 구분할 수 있습니다.

ex) stay(머물다) → '~을 머물다' (X) → 자동사
　　buy(사다) → '~을 사다' (O) → 타동사

모든 문장은 "누가/무엇이 ~을 했다/하다/이다"라는 내용을 기본적으로 가지고 있습니다. 여기서 "누가/무엇이"를 문장의 주어라고 하고, "~했다/하다"를 문장의 동사라고 합니다. 동사는 '동작'을 나타내며, 동작이 존재하기 위해서는 실제로 그 동작을 하는 '동작의 주체'가 있어야 합니다. 동작의 주체가 바로 주어이며, 이러한 이유로 모든 문장에는 주어와 동사가 존재합니다. 문장의 구조는 동사의 종류에 따라 결정되는데, 동사는 크게 **자동사**와 **타동사**로 나뉩니다. **자동사는 뒤에 목적어를 취하지 않는 동사이며, 타동사는 뒤에 목적어를 반드시 가져야 하는 동사**입니다.

■ 주어로 쓰일 수 있는 명사/대명사

명사	사물을 지칭하는 이름 ex) 책, 컴퓨터, 컵, 문, 펜, 휴대폰, 학교, 친구, 변호사, 학생, 질서, 행복
대명사	명사(이름)을 대신해서 쓰는 말 ex) 나, 너, 당신, 그, 그녀, 그들, 이것, 저것

위와 같은 명사 또는 대명사에 '책은', '컴퓨터가', '너는', '그녀는'과 같이 '은/는/이/가'가 붙어 함께 주어 역할을 합니다. 영어 단어 중에 명사와 동사를 구분할 수 있다면 문장에서 주어와 동사 또한 구분할 수 있습니다.

특강 01
명사의 형태와
동사의 형태

❶ 1형식: 주어 + 자동사

1형식 자동사가 쓰이는 문장의 기본 구조는 <주어 + 자동사>이며, 동사 뒤에 목적어나 보어가 이어지지 않습니다. 그러나 동사를 수식하는 부사 또는 부사 역할을 하는 전치사구(전치사 + 명사)가 동사 뒤에 위치할 수 있습니다.

○ 문장의 필수 성분이 아닌 수식어구

He always comes late to the classroom.

문장 구조 **He** always **comes** late to the classroom.
　　　　　주어　　부사　　동사　　부사　　　전치사구

直譯 그는 / 항상 / **온다** / 늦게 / 교실로

解釋 그는 항상 늦게 교실로 **온다**.

■ 1형식 자동사의 종류

이동	go 가다 come 오다 arrive 도착하다 leave 떠나다 depart 떠나다, 출발하다
존재	be동사(am/are/is/was/were) 있다 exist 존재하다 live 살다 stay 머무르다
발생	begin 시작하다 end 끝나다 happen 발생하다 occur 발생하다
증감	increase 증가하다 decrease 감소하다 rise 상승하다 drop 하락하다
단순 행위	look 보다 work 일하다 succeed 성공하다 fail 실패하다

② 2형식: 주어 + 자동사 + 주격보어

2형식 문장의 기본 구조는 <주어 + 자동사 + 주격보어>이며, 동사 뒤에 형용사나 명사가 보어로 쓰인 문장입니다.

1 주격보어가 필요한 2형식 자동사

2형식 자동사는 주격보어를 가져야 하는 자동사로, 주어와 주격보어가 동일한 것을 의미하도록 이어주는 역할을 합니다.

Ms. Shane is a guitarist in the band.

문장 구조 <u>Ms. Shane</u> <u>is</u> <u>a guitarist</u> in the band.
              주어   동사 주격보어(명사)   전치사구

직역 셰인 씨는 / ~이다 / 기타리스트 / 그 밴드에서.

해석 셰인 씨는 그 밴드에서 기타리스트이다.

위 문장에서 is와 같은 be동사 뒤에 있는 명사 a guitarist는 주어가 무엇인지 설명하는 말이므로 주격보어라고 부릅니다. 이 문장의 의미 또한 '셰인 씨는 그 밴드에서 기타리스트이다'라는 내용이므로 "Ms. Shane = a guitarist"라는 내용을 담고 있어서 주어와 주격보어가 동격을 이루는 것을 알 수 있습니다.

상태	be동사(am/are/is/was/were) ~이다 look ~하게 보이다 feel ~한 기분이 들다 seem ~하게 보이다 remain ~한 상태로 남아 있다 stay ~한 상태로 있다
변화	become ~하게 되다 grow 점점 ~해지다 get ~해지다 go ~한 상태가 되다 turn ~해지다

꿀팁 be 동사는 '있다', look은 '보다', stay는 '머무르다', grow는 '증가하다', remain은 '남다', turn은 '돌다'라는 의미를 가지는 1형식 자동사로 사용되기도 합니다.

2 주격보어

주격보어는 주어를 보충 설명하기 때문에 동작의 대상을 나타내는 목적어와 다른 성격을 가집니다. 앞에서 본 Ms. Shane is a guitarist in the band. 라는 문장에서처럼 명사(a guitarist)가 주격보어로 쓰일 수도 있지만 자동사 뒤에 형용사가 위치하면, 그 형용사 또한 주어를 보충 설명하는 주격보어 역할을 할 수 있습니다.

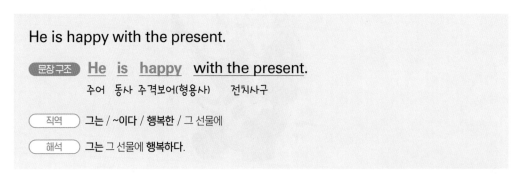

He is happy with the present.

문장구조 <u>He</u> <u>is</u> <u>happy</u> with the present.
    주어   동사 주격보어(형용사)   전치사구

직역   그는 / ~이다 / 행복한 / 그 선물에

해석   그는 그 선물에 **행복하다**.

2형식 자동사 뒤에 형용사가 위치하면 형용사가 주어의 상태를 설명해주는 것으로 해석됩니다. 위 문장은 주어인 He의 상태가 happy(형용사)했던 상태였다고 말하는 내용입니다. (He = happy)

특강 02
1형식 자동사와
2형식 자동사
구별

❸ 3형식: 주어 + 타동사 + 목적어

주어가 어떤 동작을 하는 대상이라면, 목적어는 그 동작을 당하는 대상을 말합니다. 목적어는 우리말로 보통 '~을/를'을 붙여 해석하며, 목적어 자리에는 보통 명사, 대명사, 동명사, to부정사 그리고 명사절이 사용됩니다.

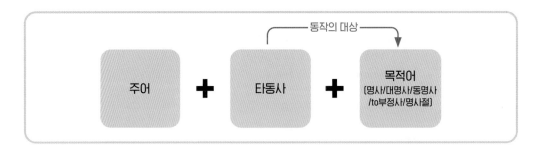

동작의 대상

주어 **+** 타동사 **+** 목적어
[명사/대명사/동명사
/to부정사/명사절]

1 목적어를 하나만 가지는 3형식 타동사

타동사는 동사가 나타내는 동작 또는 상태의 영향을 받는 대상을 가지는 동사이며, 3형식 타동사는 '~을/를 ~하다'라는 의미로 해석됩니다.

My brother buys a newspaper every morning.

<u>문장 구조</u> <u>My brother</u>　<u>buys</u>　<u>a newspaper</u>　every morning.
　　　　　　　주어　　　　　동사　　　목적어　　　　　　부사

<u>직역</u> 나의 형(남동생/오빠)은 / 산다 / 신문을 / 매일 아침.

<u>해석</u> 나의 형(남동생/오빠)은 매일 아침 신문을 산다.

---

buy라는 동사는 '~을 사다'라는 의미의 동사이며, 이 동사는 '~을/를'이라는 말이 함께 쓰여서 '무엇을' 사는지에 대한 정보가 반드시 뒤에 와야 하는 타동사입니다. '무엇을'에 해당하는 명사 또는 대명사가 바로 목적어이며, 위 문장에서 a newspaper는 '~을 사다'라는 동작을 당하는 대상이 됩니다.

특강 03
동사에 -s가
붙는 이유

2 주격보어와 목적어의 구분

동사 뒤에 있는 명사가 주격보어인지 목적어인지 파악하기 어려울 때, 해석상 **동사 뒤의 명사가 주어와 동일하거나 주어를 설명한다면 주격보어로 보고, 동사 뒤의 명사가 주어와 전혀 다른 것이라면 목적어로 해석**합니다.

<u>Janet</u>　<u>became</u>　<u>a singer.</u>
　주어　　　동사　　　명사

<u>해석</u> 재닛은 가수가 **되었다**.

주어와의 관계 Janet = a singer

동사 뒤 명사 = 주격보어
become(과거형 became)은 자동사

<u>Janet</u>　<u>likes</u>　<u>a singer.</u>
　주어　　동사　　명사

<u>해석</u> 재닛은 그 가수를 **좋아한다**.

주어와의 관계 Janet ≠ a singer

동사 뒤 명사 = 목적어
like(현재형 likes)는 타동사

---

❹ 4형식: 주어 + 수여동사 + 간접목적어 + 직접목적어

1 목적어를 2개 가지는 수여동사

수여동사란 타동사의 일종으로, 공통적으로 '~을 주다 / ~해주다'라는 의미를 가지고 있습니다. 수여동사가 쓰이는 문장은 **간접목적어와 직접목적어를 함께 써야** 합니다.

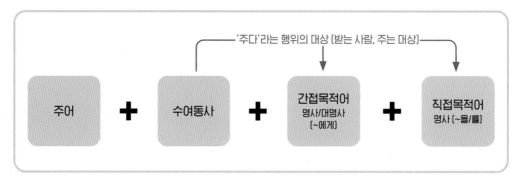

'주다'라는 행위는 주는 사람(주어), 받는 사람(목적어), 그리고 주는 물건(목적어)이 필요합니다. 그래서 수여동사 뒤에 '받는 사람'을 먼저 쓰고 그 뒤에 '주는 물건'을 씁니다. 여기서 '받는 사람'을 간접목적어라고 하며, '~에게'를 붙여 해석합니다. 그리고 '주는 물건'은 직접목적어라고 하며, '~을/를'을 붙여 해석합니다.

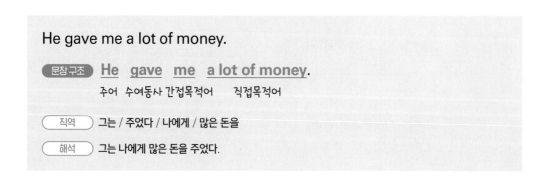

He gave me a lot of money.

문장 구조   He   gave   me   a lot of money.
           주어   수여동사   간접목적어   직접목적어

직역   그는 / 주었다 / 나에게 / 많은 돈을

해석   그는 나에게 많은 돈을 주었다.

2 수여동사의 종류

다음 동사들은 수여동사로 자주 쓰이는 타동사입니다. 이 동사들이 수여동사로 쓰일 경우에 어떻게 해석되는지 눈여겨 봐두시길 바랍니다.

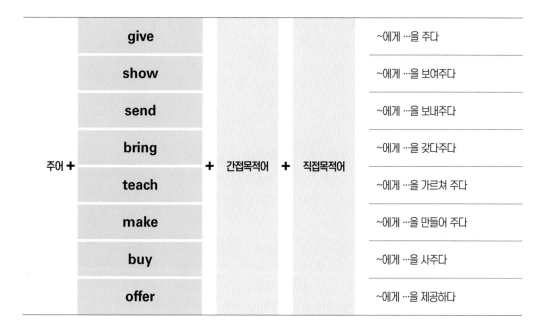

주어 +		+ 간접목적어 + 직접목적어	
	give		~에게 …을 주다
	show		~에게 …을 보여주다
	send		~에게 …을 보내주다
	bring		~에게 …을 갖다주다
	teach		~에게 …을 가르쳐 주다
	make		~에게 …을 만들어 주다
	buy		~에게 …을 사주다
	offer		~에게 …을 제공하다

⑤ 5형식: 주어 + 타동사 + 목적어 + 목적격보어

목적어 뒤에 목적어를 보충 설명하는 목적격보어가 있는 문장을 5형식이라고 합니다. 이때 목적격보어는 목적어와 동격으로 해석합니다.

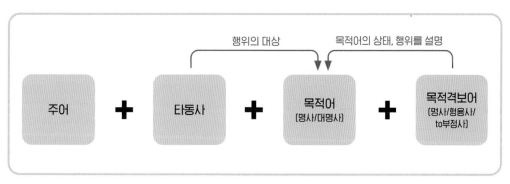

1 목적어와 목적격보어를 가지는 5형식 타동사

5형식에 쓰이는 타동사는 목적어를 보충 설명하는 추가적인 정보가 없으면 의미가 어색해지는 동사입니다.

목적어를 보충 설명하는 추가적인 정보가 바로 **목적격보어**입니다. 목적격 보어는 목적어와 동일한 대상이거나 목적어의 상태를 설명하는 말입니다. 목적격보어 자리에는 명사와 형용사, 그리고 to부정사가 위치할 수 있습니 다.

특강 04

목적격보어를 가지는 5형식 타동사

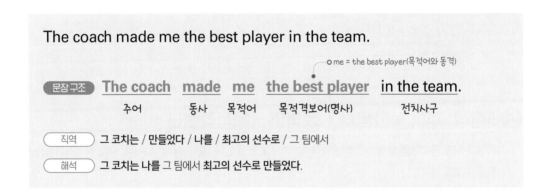

위 문장에서 me가 이 문장의 목적어이고 the best player는 목적어인 me를 보충 설명하는 목적격보어입니다. 그래서 'me = the best player'의 개념을 나타내기 때문에 '그 코치는 나를 최고의 선수로 만들었다'라고 해석됩 니다. 이렇게 5형식 문장에서 목적격보어 자리에 명사가 있는 경우 '(주어)는 (목적어)를 (목적격보어)로 (동사)한 다'라고 해석합니다.

make는 목적어를 두 개 가지는 수여동사도 쓰일 수 있어서, 문장 같은 경우 make를 수여동사로 오역할 수도 있습니다. 하지만 수여동사로 해석하면 me가 간접목적어, the best player를 직접목적어로 해석하게 되어 '그 코치는 나에게 최고의 선수를 만들어 주었다'라는 어색한 문장이 됩니다. 수여동사가 아닌 타동사 뒤에 명사가 두 개 있다면, 이 두 개의 명사는 목적어와 목적격보어로 해석해야 합니다.

The coach made me the best player in the team.

문장 구조) **The coach** **made** **me** **the best player** **in the team.**
　　　　　　주어　　　　　동사　간접목적어　　직접목적어　　　　　　전치사구

직역) 그 코치는 / 만들어 주었다 / 나에게 / 최고의 선수를 / 그 팀에서

오역) 그 코치는 그 팀에서 나에게 최고의 선수를 만들어 주었다. (X): 잘못된 해석

2 형용사 목적격보어

목적어 뒤에 형용사가 위치하면 이 형용사는 앞에 있는 목적어의 상태, 모습, 그리고 특징을 설명하는 목적격보어의 역할을 합니다. 이때 형용사 목적격보어를 '(목적어)를 (형용사)한 상태로 ~하다' 또는 '(목적어)를 (형용사)하게 ~하다'라고 해석합니다.

I keep my hands clean.

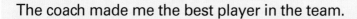
my hands = clean(목적어의 상태 설명)

문장 구조) **I** **keep** **my hands** **clean.**
　　　　　주어　동사　　목적어　　목적격보어(형용사)

직역) 나는 / 유지한다 / 나의 손을 / 청결하게

해석) 나는 나의 손을 청결하게 유지한다.

keep은 '~을 유지하다', '~을 지키다'라는 의미를 가진 타동사입니다. 그래서 keep 뒤에 있는 명사 my hands는 keep의 목적어입니다. 그런데 목적어 뒤에 있는 clean은 '청결한', '깨끗한'이라는 의미의 형용사이며, 여기서 목적어인 my hands의 상태를 설명하는 목적격보어로 쓰였습니다.

안내) to부정사가 5형식 문장의 목적격보어 자리에 쓰이는 경우는 「DAY 05 to부정사」에서 확인하실 수 있습니다.

EXERCISE

다음 문장에서 밑줄 친 부분이 무엇인지 [보기]에서 골라 번호를 쓰세요.

[보기] ① 주어 ② 동사 ③ 주격보어 ④ 목적어 ⑤ 간접목적어 ⑥ 직접목적어 ⑦ 목적격보어

1 Kevin woke up early in the morning.
주어 ( ) 부사 전치사구

케빈은 아침 일찍 일어났다.

2 The audience looked happy.
( ) 동사 ( )

그 관객들은 행복해 보였다.

3 Mr. Henson invented a new method in gardening.
주어 동사 ( ) 전치사구

헨슨 씨는 원예에서 새로운 방법을 발명하였다.

4 John sent me his picture.
주어 동사 ( ) ( )

존은 나에게 그의 사진을 보냈다.

5 I left the door open.
주어 동사 ( ) ( )

나는 그 문을 열린 채로 남겨두었다.

[정답] 1 ② 2 ①, ③ 3 ④ 4 ⑤, ⑥ 5 ④, ⑦

Words & Phrases

wake up [동] 일어나다, (잠에서) 깨다(과거형 woke up) early [부] 일찍 audience [명] 관객, 청중 happy [형] 행복한 invent [동] 발명하다 method [명] 방법 gardening [명] 원예, 정원 가꾸기 picture [명] 사진, 그림 leave [동] 남겨두다, 떠나다(과거형 left) open [형] 열린

1 I _____ to work at 9 A.M. in the morning.

(a) go
(b) am
(c) stay
(d) seem

4 The secretary brought him the _____.

(a) reporter
(b) report
(c) reported
(d) reportable

2 The sculpture looked _____.

(a) beauty
(b) beautiful
(c) beautifully
(d) beautifulness

5 Many investors considered the business _____.

(a) profit
(b) profits
(c) profitable
(d) profitably

3 _____ have their own ID cards.

(a) Employ
(b) Employment
(c) Employees
(d) Employed

Words & Phrases

sculpture 몡 조각 beauty 몡 아름다움, 미(美), 미인 beautiful 몡 아름다운 beautifully 뭐 아름답게 beautifulness 몡 아름다움, 멋짐 own 몡 자신의, 자기가 가지고 있는 ID card 몡 신분증 employ 통 고용하다 employment 몡 고용, 취업 employee 몡 직원 secretary 몡 비서 bring 통 가져오다, 가져가다(과거형 brought) report 몡 보고서, 통 보고하다 reporter 몡 기자, 리포터 reportable 몡 보고할 수 있는 investor 몡 투자자 business 몡 사업 profit 몡 이익, 수익 profitable 몡 수익성이 좋은, 이익이 되는 profitably 뭐 유리하게

① 시제의 기본 개념

동사는 **행위의 발생 시점에 따라 시제 변화**를 합니다. 여기서 행위의 발생 시점이 시제를 나타내며, 크게 단순시제, 진행시제, 완료시제, 그리고 완료진행시제로 나뉩니다

단순시제	**현재** 동사원형 또는 동사 + -(e)s	**과거** 동사원형 + -(e)d *불규칙동사가 있음 (<부록> 불규칙동사 참고)	**미래** will + 동사원형
진행시제	**현재진행** am/are/is + 동사-ing	**과거진행** was/were + 동사-ing	**미래진행** will be + 동사-ing
완료시제	**현재완료** has/have + p.p.(과거분사)	**과거완료** had + p.p.(과거분사)	**미래완료** will have p.p.(과거분사)
완료진행시제	**현재완료진행** has/have been + 동사-ing	**과거완료진행** had been + 동사-ing	**미래완료진행** will have been+ 동사-ing

꿀팁 지텔프에서는 단순시제가 출제되지 않으며, 주로 진행시제로 출제된다는 것을 기억해두세요.

② 단순시제와 진행시제

1 현재와 현재진행

특강 05
현재시제 vs.
현재진행시제

■ 현재시제

형태	동사원형 (주어가 3인칭 단수일 때는 동사 + -(e)s) ex) I like him. (1인칭 주어 + 동사원형) / She likes him. (3인칭 단수 주어 + 동사 + -s)
의미	반복적인 행위, 습관, 규정, 규칙 등 일반적인 사실, 시점에 상관없이 반복되는 행위, 현재의 상태
해석	~한다, ~이다
특징	현재를 나타내는 부사나 반복적인 주기를 나타내는 부사와 함께 사용

○ 지금 당장이 아니라 대개 이런 행동을 한다는 빈도부사
○ 주어가 복수명사일 때 현재시제는 동사원형

My parents usually take a walk after lunch.

나의 부모님은 점심 식사 후에 보통 **산책을 한다**.

☑ 현재시제와 함께 쓰이는 시간 표현 (빈도부사)

always 항상	usually 보통, 대개	sometimes 가끔	often 종종
frequently 자주	every + 시간 명사: ~마다		

■ 현재진행시제

형태	am/are/is + 동사-ing [시험 출제 유형]
의미	말하는 시점에 행위나 상태가 진행 중임을 나타내거나, 말하는 시점이 포함된 기간 내에 일시적으로 진행 중인 행위
해석	~하고 있다, ~하는 중이다
특징	'지금', '현재'를 의미하는 시간 표현과 함께 사용

○ 주어가 3인칭 단수일 때 be동사는 is + 동사ing   ○ 말하는 지금 이 순간을 나타내는 부사

Dr. Ohara is giving a speech at the conference right now.

오하라 박사는 지금 컨퍼런스에서 연설을 **하고 있는 중이다**.

☑ 현재진행시제와 함께 쓰이는 시간 표현 (현재진행시제의 단서)

now 지금, 현재	right now 바로 지금	currently 현재
at the[this] moment 바로 지금	as of this moment 지금 이 순간	these days 요즘
nowadays 요즘	today 오늘날	

 꿀팁 지텔프 문법에서는 현재시제가 정답인 문제는 출제되지 않습니다. 위의 시간 표현들이 문제에 등장하면 현재진행시제가 정답입니다.

2 과거와 과거진행

■ 과거시제

특강 06
과거시제 vs.
과거진행시제

형태	동사 + -(e)d (특정 과거 형태로 쓰는 불규칙동사는 부록 참고)
의미	과거에 발생한 행위나 상태
해석	~했다, ~였다
특징	과거를 나타내는 표현과 함께 사용

○ go의 과거형(불규칙동사)   ○ 행위가 발생한 시점을 나타내는 부사

Ms. Swinton **went** on a business trip last week.

스윈튼 씨는 지난 주에 출장을 **갔다**.

☑ 과거시제와 함께 쓰이는 시간 표현

ago ~전에   **yesterday** 어제   **last + 시간 명사:** 지난 ~에

■ 과거진행시제

형태	was/were + 동사ing [시험 출제 유형]
의미	과거 특정 시점에 진행 중이었던 행위
해석	~하고 있었다, ~하는 중이었다
특징	과거의 특정 시간을 나타내는 표현과 함께 사용

○ 'when + 주어 + 과거시제'   ○ 특정 과거 시점에 진행 중인 동작

When I entered the library, students **were studying** there.

내가 도서관에 들어갔을 때, 학생들은 거기서 **공부를 하고 있었다**.

☑ 과거진행시제와 함께 쓰이는 시간 표현(과거진행시제의 단서)

ago ~전에   **yesterday** 어제   **last + 시간 명사**: 지난 ~에

at that time 그때   **when + 주어 + 과거시제**: ~했을 때

꿀팁 지텔프 문법에서는 과거시제가 정답인 문제는 출제되지 않습니다. 위의 시간 표현들이 문제에 등장하면 과거진행시제가
정답입니다.

3 미래와 미래진행

■ 미래시제

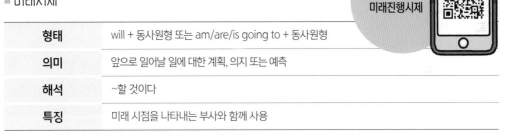

형태	will + 동사원형 또는 am/are/is going to + 동사원형
의미	앞으로 일어날 일에 대한 계획, 의지 또는 예측
해석	~할 것이다
특징	미래 시점을 나타내는 부사와 함께 사용

특강 07
미래시제 vs.
미래진행시제

········o hold의 미래시제 will hold   ········o '오늘밤'을 나타내는 미래 표현

The band will hold their concert tonight.
그 밴드는 오늘 밤에 콘서트를 **개최할 것이다**.

☑ 미래시제와 함께 쓰이는 시간 표현

tomorrow 내일   **tonight** 오늘밤   **later** 나중에

next + 시점 명사: 다음 ~에   **this + 시점 부사**: 이번 ~에   **in the future** 향후에, 미래에

soon 곧   **when + 주어 + 현재시제**: ~할 때   **if + 주어 + 현재시제**: ~한다면

■ 미래진행시제

형태	will be + 동사ing [시험 출제 유형]
의미	특정 미래 시점에 진행 중인 행위
해석	~하고 있을 것이다, ~하는 중일 것이다
특징	미래 시점을 나타내는 부사와 함께 사용 <When / If + 주어 + 현재시제>가 단서로 자주 출제

○ 'when + 주어 + 현재시제'   ○ 미래의 특정 시점에 진행 중일 행위

When you arrive at the library, I will be reading a book there.

당신이 도서관에 도착하면, 나는 거기서 책을 읽고 있을 것이다.

☑ 미래진행시제와 함께 쓰이는 시간 표현 (미래진행시제의 단서)

tomorrow 내일	later 나중에	next + 시점 명사: 다음 ~에
this + 시간 명사: 이번 ~에	in + 미래 연도: ~년에	following + 명사: 다음 ~에, ~후에
at the time of ~의 시간에	when + 주어 + 현재시제: ~할 때	if + 주어 + 현재시제: ~한다면

 꿀팁 지텔프 문법에서는 미래시제가 정답인 문제는 출제되지 않습니다. 위의 시간 표현들이 문제에 등장하면 미래진행시제가 정답입니다.

③ 완료와 완료진행

완료시제는 한 시점에서 발생한 일의 상태 또는 효과가 다음 단계의 시점까지 지속되거나 그때까지 반복적으로 일어나는 시제를 의미합니다. 앞서 배운 단순시제와 진행시제가 시점에 관한 시제였다면 완료시제는 두 시점 사이에 있는 기간에 관한 시제입니다.

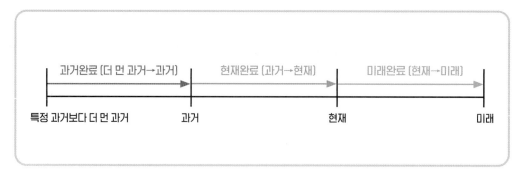

1 현재완료와 현재완료진행

■ 현재완료시제

형태	has/have + 과거분사(p.p.) * 과거분사는 <동사 + -(e)d>가 기본형이지만 불규칙동사는 특정 과거분사형을 가집니다. (<부록> 불규칙동사 참고)
의미	1. 완료: 과거에 시작한 행위가 막 완료되었음을 나타냅니다. 2. 계속: 과거에 시작한 행위가 현재까지 지속되고 있음을 나타냅니다. 3. 경험: 과거와 현재 사이에 해봤던 일을 나타냅니다. 4. 결과: 과거에 했던 행위의 결과가 현재까지 지속되었음을 나타냅니다.
해석	완료: (막) ~ 했다 / 계속: ~해왔다 / 경험: ~해봤다 / 결과: ~해버렸다
특징	완료 용법과 계속 용법은 함께 쓰이는 특정 표현이 있으며 그 표현들로 각 용법을 구분할 수 있습니다.

○ '방금, 막'이라는 의미의 완료 시점 부사

The courier has ju̲st delivered my new dress.

배달원이 나의 새 드레스를 방금 막 배달했다.

☑ 현재완료시제와 함께 쓰이는 표현

완료 용법 just 방금, 막   already 이미, 벌써   yet 아직   recently 최근에

계속 용법 for/over + 기간: ~동안   since + 과거 시점 명사: ~이후로 계속   since + 주어 + 과거시제: (주어)가 ~했던 이후로 계속

특강 08
현재완료시제
vs. 과거시제

■ 현재완료진행시제

형태	has/have been + 동사ing [시험 출제 유형]
의미	과거에 시작한 행위가 지속되어 현재에도 진행 중임을 나타냅니다. (계속 용법) * 현재완료진행시제는 계속 용법의 의미만 나타낼 수 있습니다.
해석	~해오고 있다, ~해오고 있는 중이다
특징	현재완료시제의 계속 용법과 함께 사용하는 표현과 동일합니다.

○ 1년 전부터 계속되는 일이므로 현재완료진행시제　　　○ <for + 기간>: ~동안

Jack and Katie **have been seeing** each other <u>for a year</u>.

잭과 케이티는 일 년 동안 서로를 만나고 있는 중이다.

☑ 현재완료진행시제와 함께 쓰이는 시간 표현

for + 기간: ~동안

since + 과거 시점 명사: ~이후로 계속

over the last/past + 기간: 지난 ~에 걸쳐

until now: 지금까지

for + 기간 + now: 지금까지 ~동안

since + 주어 + 과거시제: (주어)가 ~했던 이후로 계속

so far 지금까지

 꿀팁 지텔프 문법에서는 현재완료시제가 정답인 문제는 출제되지 않습니다. 위의 시간 표현들이 문제에 등장하면 현재완료진행시제가 정답입니다.

2 과거완료와 과거완료진행

	과거완료	과거완료진행
형태	had + 과거분사(p.p.)	had been + 동사ing [시험 출제 유형]
의미	특정 과거 시점보다 더 이전에 일어난 행위나 상태	
해석	(특정 과거 시점보다 이전에) ~했었다	
특징	항상 비교될 수 있는 특정 과거 시점이 함께 언급됩니다.	

특강 09
과거완료 VS.
과거완료
진행시제

┄┄◦ 지난 달 보다 더 이전부터 계속되던 일이므로 과거완료시제

The team **had practiced** <u>for half a year</u> <u>before the championship began</u> last month.

그 팀은 지난 달에 챔피언쉽이 시작하기 전에 반년 동안 **연습을 했었다**.

┄┄◦ 헤어지기 전까지 계속 진행되던 일이므로 과거완료진행시제

We **had been dating** <u>for two years</u> <u>when we broke up</u>.

우리가 헤어졌을 때 우리는 2년 동안 **데이트를 해오고 있었다**.

☑ 과거완료/과거완료진행시제와 함께 쓰이는 표현

과거완료/과거완료진행시제 + <for + 기간>

- before + 주어 + 과거시제: ~하기 전에 ~동안 했었다 / ~해오고 있는 중이었다
- when + 주어 + 과거시제: ~했을 때 ~동안 했었다 / ~해오고 있는 중이었다
- until + 주어 + 과거시제: ~하기 전 까지 ~동안 했었다 / ~해오고 있는 중이었다

꿀팁 지텔프 문법에서는 과거완료시제가 정답인 문제는 출제되지 않습니다. 위의 표현들이 문제에 등장하면 과거완료진행시제가 정답입니다.

3 미래완료와 미래완료진행

	미래완료	미래완료진행
형태	will have + 과거분사(p.p.)	will have been + 동사ing [시험 출제 유형]
의미	특정 미래 시점 뿐만 아니라 현재부터 미래 시점까지 이어지는 기간	
해석	(과거/현재에 시작한 일이 미래 시점에) ~하게 될 것이다 / ~해오고 있을 것이다	
특징	\<by the time + 주어 + 현재시제\>가 항상 함께 쓰입니다.	

특강 10
미래완료 vs. 미래완료 진행시제

⟶ 현재부터 6월 말까지 계속되는 일이므로 미래완료시제

By the end of June, we will have finished the project completely.
6월 말쯤이면, 우리는 그 프로젝트를 완전히 완료하게 될 것이다.

⟶ 시험을 치는 미래 시점까지 2년의 기간 동안 계속 진행될 일이므로 미래완료진행시제

Eugene will have been studying for two years by the time she takes the exam.
유진이 시험을 칠 때 쯤이면 그녀는 2년 동안 공부를 해오고 있을 것이다.

☑ 미래완료/미래완료진행시제와 함께 쓰이는 표현

미래완료/미래완료진행시제 + \<by the time + 주어 + 현재시제\> ~할 무렵이면 ~하게 될 것이다/~해오고 있을 것이다

미래완료/미래완료진행시제 + \<by the end of + 시간 명사\> ~가 끝날 쯤이면 ~하게 될 것이다/~해오고 있을 것이다

꿀팁 지텔프 문법에서는 미래완료시제가 정답인 문제는 출제되지 않습니다. 위의 표현들이 문제에 등장하면 미래완료진행시제가 정답입니다.

EXERCISE

가이드를 따라 실제 지텔프 문제를 푸는 순서와 요령을 차근차근 익혀 보세요.

1 My friend Jack is a talented guitarist, and he loves heavy rock music. Now, he ______ to start his own band.

(a) has planned
(b) planned
(c) is planning
(d) will plan

STEP 1 선택지 읽기

선택지가 동사 plan의 여러 시제로 이루어져 있으므로 빈칸에 들어갈 알맞은 시제를 찾는 문제입니다. 빈칸이 있는 문장에서 시제에 관한 단서를 찾아야 합니다.

My friend Jack is a talented guitarist, and he loves heavy rock music. **Now**, he ______ to start his own band.

나의 친구 잭은 재능 있는 기타리스트이다. 그리고 그는 헤비 락 음악을 좋아한다. 지금, 그는 자신만의 밴드를 시작하는 것을 **계획하고 있다**.

STEP 2 단서 찾기

빈칸이 있는 문장에 now라는 현재진행시제의 단서가 있으므로 빈칸에는 현재진행시제가 와야 합니다.

(a) has planned
(b) planned
(c) is planning
(d) will plan

STEP 3 현재진행시제 정답 찾기

현재진행시제는 <am/are/is + 동사ing> 형태이므로 정답은 (c)입니다.

정답 (c)

Words & Phrases

talented [형] 재능 있는, 뛰어난 one's own [형] 자신만의 plan [동] 계획하다

EXERCISE

가이드를 따라 실제 지텔프 문제를 푸는 순서와 요령을 차근차근 익혀 보세요.

2 Shawn still has no idea where his wallet is.
   He _____ for it for almost two hours.

   (a) was looking
   (b) is looking
   (c) will be looking
   (d) has been looking

STEP 1 선택지 읽기

선택지가 동사 look의 여러 시제로 이루어져 있으므로 빈칸에 들어갈 알맞은 시제를 찾는 문제입니다. 빈칸이 있는 문장에서 시제에 관한 단서를 찾아야 합니다.

Shawn still has no idea where his
wallet is. He _____ for it for almost
two hours.
션은 아직도 그의 지갑이 어디있는지 모른다. 그는 거의 2시간 동안 그것을 찾고 있는 중이다.

STEP 2 단서 찾기

빈칸이 있는 문장에 <for + 기간> 표현인 for almost two hours가 있고, 앞 문장의 시제가 현재이고, '거의 2시간 동안'이라는 표현과 함께 과거와 현재 사이의 기간을 언급하고 있습니다. 따라서 빈칸에는 현재완료 또는 현재완료진행시제가 필요합니다.

   (a) was looking
   (b) is looking
   (c) will be looking
   (d) has been looking

STEP 3 현재완료진행시제 정답 찾기

보기 중에는 현재완료시제가 없으므로 현재완료진행시제(has/have been + 동사ing)인 (d)가 정답입니다.

정답 (d)

Words & Phrases

still (부) 여전히, 아직도 have no idea 알지 못하다, 모르다 wallet (명) 지갑 look for ~을 찾다

1   Bronco, a 7-year-old dog, is a very good boy. His owners _____ when a robber broke into the house. Bronco barked and scared the robber away.

(a) were sleeping
(b) slept
(c) are sleeping
(d) will sleep

2   My wife is trying to finish her Ph.D. in mathematics. She _____ math for more than 20 years.

(a) was studying
(b) is studying
(c) has been studying
(d) studies

3   We go to the park with our family every evening to run. Next month, we _____ in the annual Dover City Marathon.

(a) all have participated
(b) all participated
(c) will all be participating
(d) was all participating

4   Mr. Banks was a popular manager at Wells Communications. When he retired from the company, he _____ there for 35 years.

(a) had been working
(b) was working
(c) has worked
(d) would work

5   A lot of people have caught the flu this season. So now, everyone in the office _____ a face mask.

(a) wore
(b) is wearing
(c) has worn
(d) is worn

6   Andrew is an avid stamp collector. By the time he turns 40, he _____ stamps for 25 years.

(a) has collected
(b) has been collecting
(c) will be collecting
(d) will have been collecting

Words & Phrases

owner 명 주인 robber 명 강도, 도둑 break into ~에 침입하다 bark 동 짖다 scare away 겁주어 쫓아내다 Ph. D 명 박사 학위, 박사 과정 mathematics 명 수학 annual 명 연례의, 해마다의 marathon 명 마라톤 participate 동 참가하다 popular 명 인기 있는, 유명한 retire 동 은퇴하다 flu 명 독감 wear 동 (옷 등을) 입다, 착용하다 avid 명 열렬한, 열성적인 stamp 명 우표 collector 명 수집가 collect 동 수집하다, 모으다

DAY 03 조동사

❶ 조동사의 기본 개념

조동사는 동사를 보조하는 동사로, 가능성, 능력, 추측, 의무 등의 의미를 나타냅니다. 조동사는 항상 동사원형과 함께 쓰이기 때문에, 조동사가 있으면 주어의 인칭과 수에 따라 동사의 형태가 변화하지 않습니다. 또한 긍정문, 부정문, 의문문에서 시제를 나타내는 동사의 형태 변화는 동사 대신 조동사에서 나타납니다.

1 조동사 + 동사원형

조동사는 주어의 인칭과 수(단수/복수)에 상관없이 뒤에 동사원형을 갖습니다.

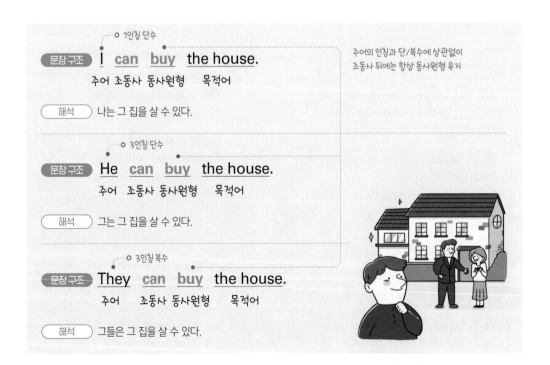

2 조동사의 부정문과 의문문

■ 조동사의 부정문

부정어 not은 조동사가 있는 문장에서는 <조동사 + not + 동사원형> 또는 <조동사+n't 동사원형>으로 쓰입니다.

문장 구조 I can not play the piano.
　　　　　주어　조동사　　타동사　　목적어

○ can + not= can't

해석 나는 피아노를 칠 수 없다.

■ 조동사의 의문문

평서문을 의문문으로 바꾸는 규칙은 2가지가 있습니다.

① 주어와 동사의 위치를 바꾼다.

② 의문사가 있으면 의문사가 문장 맨 앞에 위치한다.

조동사는 동사가 할 일을 대신하므로 의문문 규칙 ①에서 동사 대신 조동사가 주어와 위치를 바꿉니다.

특강 11
조동사 do를
사용하는 일반
동사의 부정문과
의문문

문장의 종류	어순
평서문	주어 + 조동사 + 동사원형 + 목적어.
의문문	조동사 + 주어 + 동사원형 + 목적어?
의문문(의문사 포함)	의문사 + 조동사 + 주어 + 동사원형 + 목적어?

문장 구조 Can he play the piano?
　　　　　조동사　주어　동사　　목적어

해석 그가 피아노를 칠 수 있어?

문장 구조 When can he play the piano?
　　　　　의문사　조동사　주어　동사　　목적어

해석 그는 언제 피아노를 칠 수 있어?

문장 구조 Who can play the piano?
　　　　　의문사/주어　조동사　동사　　목적어

해석 누가 피아노를 칠 수 있어?

❷ 조동사의 종류

동사의 의미에 다양한 의미를 추가하여 나타낼 수 있는 여러 조동사에 대해 알아봅시다.

1 can: 능력을 나타내는 조동사

'~할 수 있다'라는 의미를 나타내는 can은 주어가 어떠한 동작을 할 수 있다는 능력을 나타내는 조동사입니다.
<be동사 + able to + 동사원형>으로 바꾸어 쓸 수 있습니다.

시제	조동사	해석
현재시제	can am/are/is able to	~할 수 있다(가능하다)
과거시제	could was/were/able to	~할 수 있었다(가능했다)
미래시제	will be able to	~할 수 있을 것이다(가능할 것이다)

⋯⋯o 4개 언어를 말할 수 있는 스티브의 능력을 표현

Steve **can speak** four languages.

스티브는 4개의 언어를 말할 수 있다.

⋯⋯o 고래가 50분 동안 숨을 참을 수 있다는 능력을 표현

Whales **can hold** their breath for about 50 minutes.

고래는 약 50분 동안 호흡을 참을 수 있다.

2 must: 의무와 확신을 나타내는 조동사

must가 의무의 의미로 사용될 때 '~해야 한다'라는 의미를 가지고 있으며, 문장의 내용이나 문맥이 규칙, 규정, 강제성과 관련된 의무에 관한 것일 때 사용하는 조동사입니다. have to로 바꾸어 쓸 수 있습니다.

또한 must는 확신의 근거가 제시된 문맥에서 '~임에 틀림없다'라는 의미를 나타내어 거의 사실과 다름없는 확신을 나타내며, 대부분 be동사와 함께 사용됩니다. 확신을 나타내는 must는 have to로 바꾸어 쓸 수 없습니다.

시제	조동사	해석
현재시제	must has/have to	~해야 한다(의무)
	must	~임에 틀림없다(확신)
과거시제	had to	~해야 했다(의무)
	must have p.p.	~였음에 틀림없다(확신)
미래시제	will have to	~해야 할 것이다(의무)

○ 고속버스에서 벨트를 매는 것은 규정된 의무이기 때문에 '~해야 한다'로 해석

Passengers **must keep** their seatbelts fastened in a highway bus.

승객들은 고속버스에서 좌석벨트를 맨 상태로 유지해야 한다.

○ 그가 틀림없이 피곤하다고 확신하는 근거

He **must be** tired <u>because he worked a night shift.</u>

그는 피곤한 것이 틀림없다. 왜냐하면 그는 야간 근무를 했기 때문이다.

3 may: 허락과 추측을 나타내는 조동사

may가 허락의 의미로 쓰이면 '~해도 좋다', '~할 수 있다'라는 의미를 나타냅니다. 허락의 의미에는 시제가 적용되지 않습니다.

This coupon **may be used** for a free drink.

이 쿠폰은 무료 음료를 위해 사용될 수 있습니다.

You **may get** out of the classroom after you finish the test.

당신은 시험을 마치고 난 후 교실에서 나가도 좋습니다.

한편, may가 추측의 의미로 사용될 경우 '~일 것이다', '~할지도 모른다'라는 의미로 사용되며, 주로 be동사와 함께 쓰이는 경우가 많습니다. 또한 추측의 의미로 쓰일 경우 may는 의미가 might, could와 유사합니다.

○ Sarah가 도서관에 있을지도 모른다는 추측의 근거

I saw Sarah in front of the library an hour ago. She **may be** still there.
나는 사라를 1시간 전에 도서관 앞에서 봤어. 그녀는 아직 거기에 있을지도 몰라.

Richard가 Steve의 생일 파티에 가지 않을지도 모른다는 추측의 근거 ○

Richard **may not go** to Steve's birthday party. He hasn't decided yet.
리차드는 스티브의 생일 파티에 가지 않을지도 몰라. 그는 아직 결정하지 않았어.

4 might: 불확실한 추측을 나타내는 조동사

might는 추측을 나타내는 may와 비슷한 의미로 '(아마) ~할지도 모른다', '(아마) ~일지도 모른다'라는 의미를 나타내며 may보다는 다소 근거가 약한 추측을 나타낼 때 사용합니다.

꿀팁 지텔프 문법에서는 may와 might가 구분 없이 추측을 나타내는 조동사로 출제됩니다.

○ 비가 올지 오지 않을지 확실치 않음

Take an umbrella with you when you go to work. It **might rain** in the afternoon.
너 출근할 때 우산 가져가. 오후에 비가 올지도 몰라.

음악 축제가 어디서 열릴지 확실치 않음 ○

The concert hall is not big enough to hold the music festival. It **might be** held at the South Park.
그 콘서트 홀은 그 음악 축제를 열만큼 충분히 크지 않아. 그건 사우스 파크에서 열릴지도 몰라.

5 should: 강한 충고를 나타내는 조동사

should는 강한 충고를 나타내는 조동사로, '~해야 한다'라고 해석합니다. must는 강제성이 있는 의무를 나타내어 반드시 해야 하는 규정 또는 상황에 사용되는 반면, should는 강제성은 없지만 '~하는 것이 최선'이라는 의미로서 개인적인 충고의 의미를 전달할 때 사용된다는 점이 다릅니다.

특강 12
과거에 대한 후회 표현

문법

독해

청취

VOCA

○ 규정으로 정해진 것이 아니라 추운 날씨에 장갑을 끼는 것이 좋겠다는 충고

Workers should wear gloves while working in this cold weather.

작업자들은 이런 추위에서 작업하는 동안 장갑을 껴야 한다.

○ 규정으로 정해진 것이 아니라 여행 중에 부모님께 전화를 해야 한다는 충고

Maya should call her parents everywhere she goes during her first trip.

마야는 그녀의 첫 여행 동안 그녀가 가는 모든 곳에서 그녀의 부모님에게 전화해야 한다.

6 will: 미래시제를 나타내는 조동사

미래시제에서 배운 것처럼 will은 '~할 것이다'라는 의미를 나타냅니다. 주로 미래 시간을 나타내는 부사와 함께 쓰이며, 특히 시간 부사절과 조건 부사절의 시제가 현재시제일 때 주절의 시제에서 will + 동사원형을 씁니다.

특강 13
시간 부사절과
조건 부사절

○ '다음주'를 의미하는 미래 표현

Next week, the CEO of the company will announce the new model of the smartphone.

다음 주에, 그 회사의 CEO는 스마트폰의 새로운 모델을 발표할 것이다.

○ 조건 부사절 접속사 if + 주어 + 현재시제

More employees will attend the dinner if it starts later.

저녁 식사가 늦게 시작된다면 더 많은 직원들이 참석할 것이다.

☑ 미래시제와 함께 쓰이는 표현

tomorrow 내일	**later** 나중에	**next + 시점 명사** 다음 ~에
this + 시점 부사 이번 ~에	**in the future** 향후에, 미래에	**soon** 곧
when + 주어 + 현재시제 ~할 때	**if + 주어 + 현재시제** ~한다면	

③ 당위성 표현과 should 생략

주절에 **제안, 추천, 요구, 주장, 명령을 나타내는 동사나 형용사**가 쓰이고 그 뒤에 that절이 나오면, **that절의 동사는 주어의 인칭, 수, 시제에 상관없이 항상 동사원형**이 쓰입니다. 그 이유는 주절의 동사/형용사의 의미로 인해 that절의 내용이 '당위성'을 가지게 되어 '~해야 한다'라는 조동사 should의 의미가 항상 함께 쓰이기 때문입니다. 그래서 should를 생략해도 주절의 동사/형용사로 당위성이 표현되므로 that절에는 동사원형을 씁니다.

> 제안, 추천, 요구, 주장, 명령의 동사/형용사 **+** that + 주어 + [should] + **동사원형** + ···

■ 제안, 추천, 요구, 주장, 명령의 동사/형용사

동사	insist 주장하다 ask 요청하다 demand 요구하다 require 요구하다 request 요청하다 recommend 권장하다 advise 권고하다	order 명령하다 command 명령하다 direct 지시하다 urge 촉구하다 suggest 제안하다 propose 제안하다 desire 바라다
형용사	important 중요한 crucial 중요한 critical 중대한 best 최선의 essential 필수적인 vital 필수적인	imperative 필수적인 necessary 필수적인 advisable 바람직한 desirable 바람직한 compulsory 의무적인 mandatory 의무적인

○ 당위성 표현　　　　　○ that + 주어 + (should) + 동사원형

My personal trainer **advised** that I **exercise** at least three times a week.

나의 개인 트레이너는 내가 일주일에 적어도 세 번은 운동해야 한다고 권고했다.

○ 당위성 표현　　　　　○ that + 주어 + (should) + 동사원형

The hotel manager **required** that we **leave** our luggage at the front desk.

호텔 매니저는 우리가 프런트 데스크에 우리의 짐을 놓아 둘 것을 요구했다.

○ 당위성 표현　　　　　　○ that + 주어 + (should) not + 동사원형

It is **necessary** that the patient **not take** aspirin the day before the surgery.

그 환자가 수술 전 날에 아스피린을 복용하지 않는 것은 필수이다.

○ that + 주어 + (should) not + 동사원형

○ 당위성 표현

Because the store is too small, it is **best** that customers **wait** in line to buy the product.

그 매장이 너무 작기 때문에 손님들이 그 제품을 사기 위해서 줄을 서서 기다리는 것이 최선이다.

EXERCISE

가이드를 따라 다음 문법 문제를 푸는 순서와 요령을 차근차근 익혀 보세요.

1 Dr. Singh's office is very generous to patients who arrive late for their appointments. They ______ hold your appointment time for up to an hour before they reschedule it.

(a) will
(b) might
(c) should
(d) could

STEP 1 선택지 읽기

선택지가 조동사로만 이루어져 있으므로 빈칸에 들어갈 알맞은 조동사를 찾는 문제입니다. 조동사는 문맥에 따라 쓰임새가 나뉘므로 문제를 해석하여 문맥을 파악해야 합니다.

Singh's office is **very generous to patients who arrive late** for their appointments. They ______ hold your appointment time **for up to an hour before they reschedule it**.

씽 의원은 진료 예약 시간에 늦는 환자들에게 아주 관대하다. 그들은 그 예약 시간을 재조정하기 전에 최대 한 시간까지 예약 시간을 유지할 것이다.

STEP 2 문맥 파악

씽 의원에서는 진료 시간에 늦는 환자들에게 아주 관대하다(very generous to patients who arrive late)고 언급되어 있고, 진료 예약을 재조정하기 전에 최대 한 시간까지 진료 시간을 취소하지 않고 유지한다고 합니다.

(a) will
(b) might
(c) should
(d) could

STEP 3 단서에 어울리는 조동사 찾기

늦는 환자들에게 관대하다는 것이 진료 예약을 취소하지 않고 유지하는 근거가 될 수 있으므로 불확실한 추측과 강한 충고의 조동사는 정답이 될 수 없습니다. 그리고 시간 부사절의 시제가 현재시제(before they reschedule)이므로 빈칸에는 미래의 의미를 나타내는 조동사 will이 적절합니다.

정답 (a)

Words & Phrases

generous [형] 관대한 patient [명] 환자 appointment [명] (병원 진료 등의) 예약 hold [동] 유지하다, 잡아두다 up to [전] 최대 ~까지 reschedule [동] (일정을) 재조정하다

1 The employees _____ have beverages and snacks at the cafeteria whenever they want.

(a) may
(b) might
(c) will
(d) must

2 A lot of Americans are unhappy about the current state of politics in their country. If they really want conditions to improve, they _____ vote in November.

(a) could
(b) might
(c) would
(d) should

3 The CEO of Carrol Athletics is once again in hot water over a comment he made in an interview. The company's public relations team recommends that he _____ his words more carefully when speaking with the media.

(a) choose
(b) chooses
(c) has chosen
(d) will choose

4 Jason dreams of becoming a pitcher in the MLB, but it will take a lot of work. His coach insists that he _____ at least for four hours every day.

(a) practiced
(b) has practiced
(c) practices
(d) practice

5 The clients were dissatisfied with the delay in their advertising campaign. They suggested that our agency _____ more punctual with our future deadlines.

(a) is
(b) will be
(c) be
(d) was

Words & Phrases

beverage 몡 음료 whenever 졉 ~할 때마다, 언제든지 unhappy 몡 불만족스러워 하는 current 몡 현재의 state 몡 상태 politics 몡 정치 condition 몡 상태 improve 동 향상시키다, 개선되다 vote 동 투표하다 be in hot water 곤경에 빠지다 comment 몡 발언 public relations team 몡 (기업의) 홍보팀 carefully 붜 신중하게 media 몡 미디어, (언론) 매체 pitcher 몡 투수 at least 붜 최소한 be dissatisfied with ~에 만족하지 못하다 delay 몡 지연 punctual 몡 시간을 엄수하는 deadline 몡 마감 기한

DAY 04 동명사

① 동명사의 기본 개념

「DAY 01 문장의 구조」에서 배웠듯이 동사는 동사의 자리에만 사용됩니다. 하지만 우리말에서 '걷다'라는 동사를 '걷는 것', '걷기'라는 명사형으로 바꾸어 말하는 것처럼, 영어에서도 동사를 명사로 바꾸는 방법이 있습니다. 그 방법에는 동사를 동명사로 바꾸는 것과 to부정사로 바꾸는 것이 있습니다. 이 챕터에서는 동명사를 이용하여 동사를 명사형으로 바꾸는 것에 대해 알아보겠습니다.

특강 14
동사에 -ing를
붙이는 방법

동명사는 동사 끝에 -ing를 붙인 형태로, '~하는 것'이라고 해석하고 문장에서 명사의 기능을 할 수 있습니다.

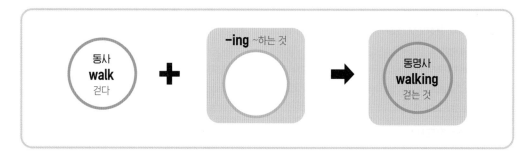

1 부사의 수식

명사는 형용사의 수식을 받지만 동명사는 동사의 성질을 갖고 있기 때문에 형용사의 수식을 받지 않고 부사의 수식을 받습니다.

2 동명사의 목적어

동명사는 동사의 성질을 유지하고 있기 때문에 동사의 종류에 따라 필요한 요소를 빠짐없이 갖추어야 합니다. 예를 들어, 목적어를 가져야 하는 타동사가 동명사로 쓰인다면 반드시 뒤에 목적어가 따라와야 합니다.

문장 구조 **read　a book**
　　　타동사　목적어

해석　책을 읽다

문장 구조 **reading　a book**
　　　동명사　　목적어

해석　책을 읽는 것

② 동명사의 활용

동사에서 변화된 명사인 동명사는 명사가 문장에서 쓰이는 역할과 동일하게 주어, 목적어, 보어로 사용될 수 있습니다. 즉 동명사는 동사의 성질을 가진 채로 명사의 기능을 할 수 있습니다.

1 타동사의 목적어로 쓰이는 동명사

타동사는 반드시 명사 목적어를 가져야 하는데, 동명사가 타동사의 목적어로 사용될 수 있습니다. 목적어는 '~을/를'로 해석되므로, 동명사가 타동사의 목적어로 사용되면 '~하는 것을'이라고 해석됩니다. 주의해야 할 점은 동명사를 목적어로 가지는 동사가 정해져 있다는 것입니다.

○ 동명사를 목적어로 취하는 동사

문장 구조 **Emilio　enjoys　spending　time　with his family.**
　　　주어　　　동사　　목적어(동명사)　동명사의 목적어　　전치사구

해석　에밀리오는 그의 가족과 **시간을 보내는 것을 즐긴다.**

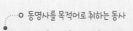

문장 구조 Experts **recommend** **cleaning** **the memory**
　　　　주어　　　　동사　　　목적어(동명사)　동명사의 목적어

of your device **once a week.**
　　전치사구　　　　부사

해석 전문가들은 일주일에 한번 당신의 기기의 **메모리를 청소하는 것**을 권장한다.

■ 동명사를 목적어로 취하는 동사

아래의 동사 뒤에 목적어 자리에는 항상 동명사를 써야 합니다. (to부정사 사용 불가)

enjoy 즐기다	keep 계속 ~하다	avoid 회피하다	finish 마치다
stop 멈추다	quit 그만두다	mind 꺼려하다	dislike 싫어하다
recommend 권장하다	give up 포기하다	consider 고려하다	suggest 제안하다
advise 충고하다	delay 연기하다	postpone 연기하다	resent 분개하다
risk 위험을 무릅쓰다	practice 연습하다	encourage 장려하다	allow 허락하다
prohibit 금지하다	resist 저항하다	include 포함하다	require 필요로 하다
admit 인정하다	advocate 옹호하다	defend 방어하다	deny 부인하다
acknowledge 인정하다	imagine 상상하다	disclose 폭로하다	anticipate 예상하다

꿀팁 지텔프 문법에서는 위의 타동사 뒤에 빈칸이 위치하여 동명사가 정답인 문제가 출제됩니다.

특강 15
주격보어로
쓰인 동명사와
진행시제 비교

2 주어/주격보어로 쓰이는 동명사

동명사가 문장 내에서 주어로 사용되면 '~하는 것은' 또는 '~하는 것이'라고 해석합니다. 주격보어로 사용되는 경우, 주로 be동사 뒤에 위치하여 be동사와 함께 '~하는 것이다'라고 해석합니다. 동명사가 문장 내에서 주어와 주격보어로 쓰여도 타동사의 동명사는 타동사처럼 목적어와 수식어구를 가질 수 있습니다.

꿀팁 지텔프 문법에서는 주어 또는 주격보어로 쓰이는 동명사는 문제로 출제되지 않지만, 문법, 청취, 독해 전 영역에서 동명사의 활용도가 높아 원활한 해석과 정확한 문맥 파악을 위해 알아두는 것이 필요합니다.

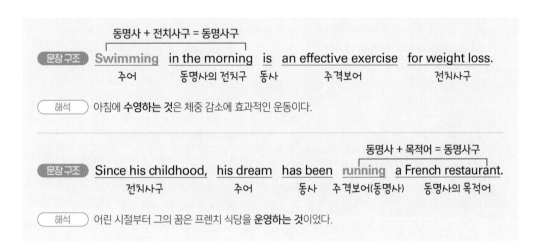

해석   아침에 **수영하는 것은** 체중 감소에 효과적인 운동이다.

해석   어린 시절부터 그의 꿈은 프렌치 식당을 **운영하는 것**이었다.

3 전치사의 목적어로 쓰이는 동명사

전치사 뒤에는 항상 명사가 위치해야 합니다. 전치사 뒤는 명사 자리이므로 동명사도 이 자리에 위치할 수 있습니다. '~하는 것'이라는 동명사의 의미에 전치사의 의미를 합쳐서 해석합니다. 동명사와 동일하게 명사처럼 쓸 수 있는 to부정사는 전치사 뒤에 위치할 수 없습니다.

안내   전치사에 관한 학습 내용은 <부록> 노베이스 기초 문법 1-(7) 전치사를 참조하세요.

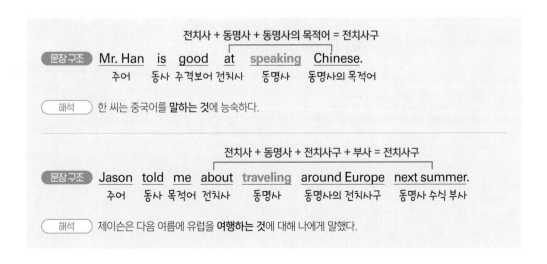

해석   한 씨는 중국어를 **말하는 것**에 능숙하다.

해석   제이슨은 다음 여름에 유럽을 **여행하는 것**에 대해 나에게 말했다.

❸ 자주 쓰이는 동명사 표현

전치사의 목적어로 사용되는 동명사와 동명사와 자주 함께 쓰이는 표현은 한정되어 있기 때문에 빈출 표현을 숙어로 암기해두는 것이 좋습니다.

on[upon] -ing ~하자마자	be interested in -ing ~하는 것에 관심이 있다.
be used[accustomed] to -ing ~하는 것에 익숙하다	succeed in -ing ~하는 것에 성공하다
be dedicated[committed] to -ing ~하는 것에 전념하다	be capable of -ing ~할 수 있다
look forward to -ing ~하기를 고대하다	cannot help -ing ~할 수 밖에 없다
go -ing ~하러 가다	be worth -ing ~할 가치가 있다
feel like -ing ~하고 싶다	when it comes to -ing ~에 관한 한
be good at -ing ~하는 것에 능숙하다	a key/secret to -ing ~하는 비결
object to -ing ~하는 것에 반대하다	be opposed to -ing ~하는 것에 반대하다
spend time/money -ing ~하는 것에 시간/돈을 쓰다	have difficulty/trouble/ a hard time -ing ~하는데 어려움을 겪다
far from -ing ~하는 것과 거리가 먼, 결코 ~하지 않는	be busy -ing ~하느라 바쁘다
be subject to -ing ~하기 쉽다	prevent[stop] A from -ing A가 ~하는 것을 막다

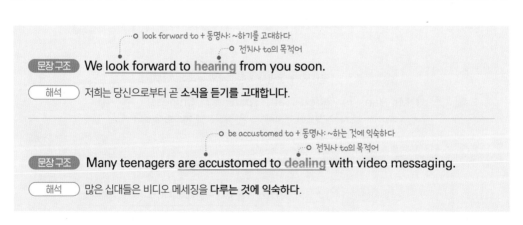

○ look forward to + 동명사: ~하기를 고대하다
○ 전치사 to의 목적어

문장 구조 We look forward to hearing from you soon.

해석 저희는 당신으로부터 곧 소식을 듣기를 고대합니다.

○ be accustomed to + 동명사: ~하는 것에 익숙하다
○ 전치사 to의 목적어

문장 구조 Many teenagers are accustomed to dealing with video messaging.

해석 많은 십대들은 비디오 메세징을 다루는 것에 익숙하다.

EXERCISE

가이드를 따라 다음 문법 문제를 푸는 순서와 요령을 차근차근 익혀 보세요.

1 The navigation system has adjusted your route due to traffic congestion. It advises ______ left onto Fraiser Street in 100 meters to avoid the traffic.

(a) to turn
(b) turning
(c) turn
(d) will turn

STEP 1 선택지 읽기

선택지에 동사 turn의 to부정사와 동명사 형태가 섞여 있으므로, 빈칸에 들어갈 동사의 알맞은 형태를 찾는 문제입니다. 빈칸이 있는 문장에서 단서를 찾아야 합니다.

The navigation system has adjusted your route due to traffic congestion. It **advises** ______ left onto Fraiser Street in 100 meters to avoid the traffic.
내비게이션 시스템이 교통 체증으로 인해 당신의 경로를 조정하였습니다. 그것은 교통량을 피하기 위해 100미터 이내의 지점에서 프레이저 길로 좌회전 할 것을 권고합니다.

STEP 2 단서 찾기

빈칸의 위치가 문장의 동사 advises 뒤에 위치해 있음을 알 수 있습니다. 따라서 빈칸은 advise의 목적어 자리입니다.

(a) to turn
(b) turning
(c) turn
(d) will turn

STEP 3 동명사 찾기

advise는 동명사를 목적어로 취하는 동사이므로 보기 중에 동명사 형태인 (b)가 정답입니다.

정답 (b)

Words & Phrases

adjust [동] 조정하다 route [명] 경로 due to [전] ~로 인해, ~ 때문에 traffic congestion [명] 교통 체증 onto [전] ~(위)로 traffic [명] 교통량

EXERCISE

가이드를 따라 다음 문법 문제를 푸는 순서와 요령을 차근차근 익혀 보세요.

2 The annual Ravensport Community Yard Sale will be held next month. Anyone interested in ______ should contact Melissa Richards, the event organizer.

(a) to participate
(b) participate
(c) participating
(d) having participated

STEP 1 선택지 읽기

선택지에 동사 participate의 to부정사와 동명사 형태가 섞여 있으므로, 빈칸에 들어갈 동사의 알맞은 형태를 찾는 문제입니다. 빈칸이 있는 문장에서 단서를 찾아야 합니다.

The annual Ravensport Community Yard Sale will be held next month. Anyone **interested in** ______ should contact Melissa Richards, the event organizer.
연례 레이븐스포트 커뮤니티 야드 세일이 다음 달에 열릴 것입니다. 참가하는 것에 관심이 있는 사람은 누구든 행사 기획자인 멜리사 리차즈에게 연락해야 합니다.

STEP 2 문맥 파악

빈칸의 위치가 전치사 in 뒤에 위치해 있음을 알 수 있습니다. interested in은 '~에 관심이 있는'이라는 의미로 사용되므로 빈칸에는 명사 또는 동명사가 위치해야 합니다.

(a) to participate
(b) participate
(c) participating
(d) having participated

STEP 3 동명사 찾기

보기 중에 동명사는 (c) participating입니다. (d)와 같은 having p.p.는 완료동명사라고 하며, 문장의 동사보다 동명사의 시제가 더 앞설 때 사용합니다. 지텔프에서는 완료동명사가 정답으로 출제되지는 않습니다.

정답 (c)

Words & Phrases

annual [형] 해마다의, 연례의 contact [동] 연락하다 event organizer [명] 행사 기획자 participate [동] 참가하다

확인문제 정답의 단서를 찾아 빈칸에 들어갈 알맞은 동사의 형태를 찾으세요.

정답 및 해설 p. 3

정답 및 해설 p. 3

1 Whenever Stella has a stressful day, she spends a lot of time in the kitchen. Her favorite way to relieve stress is _____ in her kitchen.

(a) cook
(b) cooked
(c) to be cooked
(d) cooking

2 The number of Americans who have passports has been growing over the past decade. More people consider _____ to broaden their horizons.

(a) to travel
(b) traveling
(c) being traveled
(d) traveled

3 Equipment rentals at the Ping Fitness Center last for two hours. _____ the equipment is a simple process that can be done at the front desk.

(a) Returns
(b) Returning
(c) Returned
(d) Return

4 Everyone in the neighborhood knows that Phil is obsessed with fitness. He suggests _____ with him every morning whenever he runs into his neighbors.

(a) to jog
(b) jogging
(c) jogged
(d) jogs

5 Researchers asked study participants to make some preparations. First, they prevented us from _____ for at least 12 hours before the start of the drug trial.

(a) eating
(b) to eat
(c) having eaten
(d) eat

Words & Phrases

whenever 쩝 ~할 때마다 stressful 혱 스트레스가 많은 relive 통 경감시키다 grow 통 증가하다, 자라다 broaden 통 넓히다 horizon 몡 (인식, 경험 등의) 한계, 범위, 지평선 equipment 몡 장비 rental 몡 대여 last 통 지속되다 process 몡 과정 return 통 반납하다 be obsessed with ~에 집착하다 run into 우연히 마주치다 study 몡 연구 prevent 목적어 from -ing: ~가 ~하는 것을 못하게 막다 participant 몡 참가자 make preparations 준비를 갖추다 at least 최소한 trial 몡 실험, 시행

to부정사

① to부정사의 기본 개념

'동사를 명사로' 바꾸는 형태가 동명사와 to부정사가 있다고 **DAY 04** 에서 언급하였습니다. to부정사는 동명사처럼 동사를 명사의 기능을 하는 단어로 바꾸기도 하고, 명사를 수식하는 형용사의 기능을 하는 단어로 바꾸기도 하며, 동사나 형용사를 수식하는 부사의 기능을 하는 단어로 바꾸기도 합니다. to부정사는 동명사처럼 동사의 성질을 그대로 유지하면서 동명사 보다 더 많은 기능을 가지고 있습니다. 각각의 용법은 to부정사가 문장 내에서 어떤 역할을 하고 있는지에 따라 달라지므로 문장 구조를 파악하는 것이 반드시 필요합니다.

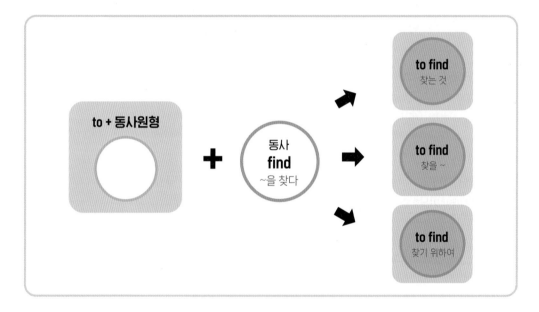

1 to부정사의 용법[기능]

to부정사가 문장에서 명사로서 쓰이면 '명사적 용법', 명사를 뒤에서 수식하면 '형용사적 용법', 동사나 형용사를 수식하면 '부사적 용법'으로 나누어 기능을 구분합니다. 각각의 용법은 to부정사가 문장 내에서 어떤 역할을 하고 있는지에 따라 달라지므로 문장 구조를 파악하는 것이 반드시 필요합니다.

2 to부정사의 목적어

to부정사 또한 동사의 성질을 유지하고 있기 때문에 동사에 따라 필요한 요소를 빠짐없이 갖추어야 합니다. 예를 들어, 목적어를 가져야 하는 타동사가 to부정사로 쓰인다면 반드시 이 to부정사 뒤에 목적어가 따라 와야 합니다.

문장구조	find	a way
	동사	목적어

해석   방법을 **찾다**

문장구조	to find	a way
	to부정사	목적어

해석   방법을 **찾는 것** (명사적 용법)
방법을 **찾기 위해서** (부사적 용법)
방법을 **찾을** (형용사적 용법)

❷ to부정사의 활용

1 명사적 용법: 타동사의 목적어

to부정사는 문장에서 명사 역할을 할 수 있습니다. 따라서 문장의 주어, 목적어, 보어 자리에 올 수 있습니다. 그런데 지텔프에서는 to부정사가 주어 자리에 거의 사용되지 않으며, 주로 목적어나 목적격보어로 사용되는 명사적 용법이 출제됩니다. 특히 타동사의 목적어 자리에 to부정사가 오려면 이 타동사가 wish, decide, plan 등의 특정 동사일 때만 가능합니다. to부정사가 목적어 자리에 쓰이면 '~하는 것을', '~하기로'라는 의미로 해석됩니다.

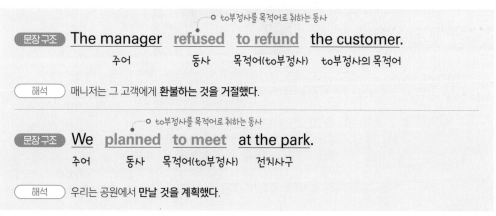

○ to부정사를 목적어로 취하는 동사

문장구조   The manager   refused   to refund   the customer.
　　　　　　주어　　　　　　동사　　　목적어(to부정사)　to부정사의 목적어

해석   매니저는 그 고객에게 **환불하는 것을** 거절했다.

○ to부정사를 목적어로 취하는 동사

문장구조   We   planned   to meet   at the park.
　　　　　주어　　동사　　목적어(to부정사)　전치사구

해석   우리는 공원에서 **만날 것을** 계획했다.

■ to부정사를 목적어로 취하는 동사

아래에 제시된 동사 뒤의 목적어 자리에는 항상 to부정사를 써야 합니다. (동명사 사용 불가)

want, would like 원하다	hope, desire, wish 바라다	plan 계획하다	intend 의도하다
promise 약속하다	decide 결정하다	agree 동의하다	offer 제안하다
strive 분투하다	attempt 시도하다	manage 간신히 ~해내다	guarantee 보장하다
volunteer 자원하다	fail 실패하다	pretend ~하는 척 하다	determine 결정하다
tend 경향이 있다	afford ~할 여유가 있다	refuse 거절하다	arrange 준비하다
choose 선택하다	seek 추구하다	endeavor 노력하다	make sure 확실히 하다
prompt 자극하다	expect 예상하다		

특강 16

to부정사/동명사를 목적어로 취하는 동사 암기법

2 명사적 용법: 목적격보어

「DAY 01 문장의 구조」에서 배웠듯이 '주어 + 동사 + 목적어 + 목적격보어'의 문장 구조(5형식)에서 to부정사는 목적격보어 자리에 위치할 수 있습니다. 이때 목적격보어인 to부정사는 목적어가 할 행동을 설명하여 '(목적어)에게 (to부정사)하는 것을 (동사)하다'라고 해석합니다. 즉 to부정사가 나타내는 동작의 주체는 문장의 주어가 아닌 문장의 목적어입니다.

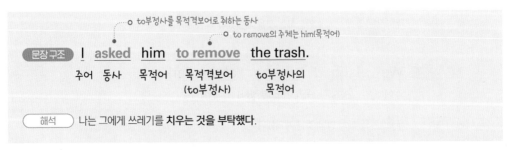

○ to부정사를 목적격보어로 취하는 동사
○ to remove의 주체는 him(목적어)

문장구조 I asked him to remove the trash.
주어 동사 목적어 목적격보어 to부정사의
              (to부정사) 목적어

해석 나는 그에게 쓰레기를 치우는 것을 부탁했다.

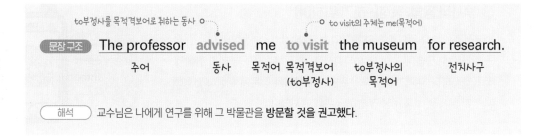

to부정사를 목적격보어로 취하는 동사 ○

○ to visit의 주체는 me(목적어)

문장 구조 The professor advised me to visit the museum for research.
주어 　　　　동사　　목적어　목적격보어　　to부정사의　　　전치사구
　　　　　　　　　　　　　　　(to부정사)　　목적어

해석 　교수님은 나에게 연구를 위해 그 박물관을 **방문할 것을 권고했다.**

■ to부정사를 목적격보어로 취하는 동사

아래의 동사 뒤에 목적어가 나오고, 그 뒤의 목적격보어 자리에는 항상 to부정사를 써야 합니다.

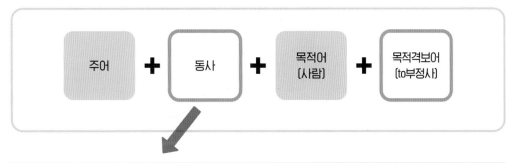

tell (~하라고) 지시하다	advise 권고하다	recommend 권장하다	expect 기대하다
ask, require 요청하다	instruct 지시하다	remind 상기시키다	warn 경고하다
want, would like 원하다	cause 초래하다	force 강요하다	urge, convince 설득하다
enable 가능하게 하다	allow 허락하다	encourage 장려하다	order 명령하다

꿀팁 to부정사를 목적격보어로 취하는 동사 중에는 동명사를 목적어로 취하는 동사가 일부 포함되어 있어, 실제 문제를 풀 때 빈칸의 위치가 목적어 자리인지 목적격보어 자리인지 확인할 필요가 있습니다.

특강 17
to부정사를
목적격보어로
취하는 동사

3 부사적 용법: 목적(~하기 위하여)

to부정사는 부사 역할을 하여 문장의 동사가 나타내는 동작의 이유/목적을 나타낼 수 있습니다. 이 때 to부정사는 '~하기 위하여', '~하기 위해서'라고 해석하며, 이때 to부정사의 위치는 부사이기 때문에 특정하게 정해져 있지 않지만, 보통 문장 맨 앞이나 뒤에 위치합니다.

특강 18

문장 구조로 to부정사의 용법 알아보기

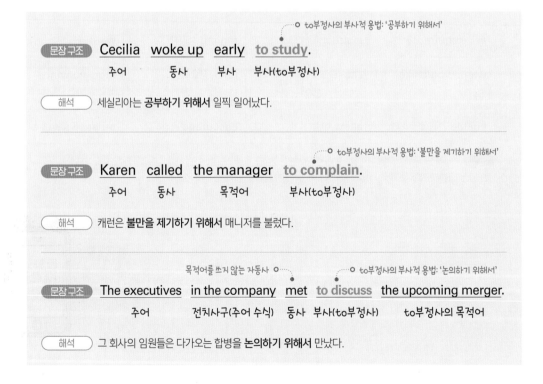

o to부정사의 부사적 용법: '공부하기 위해서'

문장 구조 <u>Cecilia</u> <u>woke up</u> <u>early</u> <u>to study</u>.

주어 　　동사　　부사　부사(to부정사)

해석 세실리아는 **공부하기 위해서** 일찍 일어났다.

o to부정사의 부사적 용법: '불만을 제기하기 위해서'

문장 구조 <u>Karen</u> <u>called</u> <u>the manager</u> <u>to complain</u>.

주어　동사　　목적어　　　부사(to부정사)

해석 캐런은 **불만을 제기하기 위해서** 매니저를 불렀다.

목적어를 쓰지 않는 자동사 o　　　　　　o to부정사의 부사적 용법: '논의하기 위해서'

문장 구조 <u>The executives</u> <u>in the company</u> <u>met</u> <u>to discuss</u> <u>the upcoming merger</u>.

주어　　　전치사구(주어 수식)　　동사　부사(to부정사)　　　to부정사의 목적어

해석 그 회사의 임원들은 다가오는 합병을 **논의하기 위해서** 만났다.

4 형용사적 용법

to부정사는 명사를 수식하는 **형용사 역할**을 할 수 있는데, 이때 to부정사는 명사 뒤에만 위치하여 '~(해야) 할/~한다는 <명사>'라고 해석합니다.

특강 19

형용사를 수식하는 to부정사

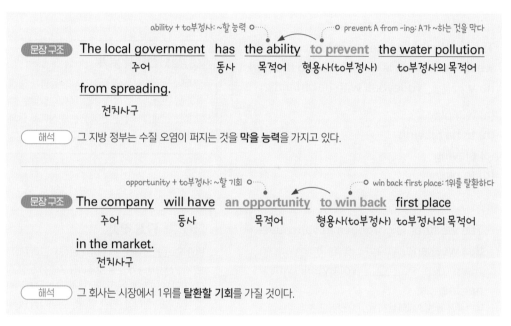

> **문장 구조**
> ability + to부정사: ~할 능력 ○   ○ prevent A from -ing: A가 ~하는 것을 막다
> The local government   has   the ability   to prevent   the water pollution
> 　　주어　　　　　　　 동사　 목적어　　 형용사(to부정사)　 to부정사의 목적어
> from spreading.
> 전치사구
>
> **해석** 그 지방 정부는 수질 오염이 퍼지는 것을 **막을 능력**을 가지고 있다.

> **문장 구조**
> opportunity + to부정사: ~할 기회 ○   ○ win back first place: 1위를 탈환하다
> The company   will have   an opportunity   to win back   first place
> 　주어　　　　　 동사　　　 목적어　　　　 형용사(to부정사)　 to부정사의 목적어
> in the market.
> 전치사구
>
> **해석** 그 회사는 시장에서 1위를 **탈환할 기회**를 가질 것이다.

■ to부정사의 수식을 받는 빈출 명사

to부정사가 아래에 제시된 명사 뒤에서 명사를 수식하는 형태의 문제로 자주 출제되므로 이 명사들을 잘 기억해두는 것이 좋습니다.

way (~할) 방법	chance (~할) 기회	opportunity (~할) 기회
effort (~할) 노력	plan (~할) 계획	right (~할) 권리
time/place (~할) 시간/장소	agreement (~한다는) 합의, 동의	decision (~한다는) 결정
ability (~할) 능력	someone/anyone (~할) 사람	something/anything (~할) 것

EXERCISE

가이드를 따라 다음 문법 문제를 푸는 순서와 요령을 차근차근 익혀 보세요.

The weather is gorgeous in Vancouver this weekend. Valerie is on her way to the park now ______ volleyball with her friends.

(a) will play
(b) to be playing
(c) playing
(d) to play

STEP 1 선택지 읽기

선택지에 동사 play의 to부정사와 동명사 형태가 섞여 있으므로, 빈칸에 들어갈 동사의 알맞은 형태를 찾는 문제입니다. 빈칸이 있는 문장에서 단서를 찾아야 합니다.

The weather is gorgeous in Vancouver this weekend. **Valerie is on her way to the park now** ______ volleyball with her friends.

이번 주말에 밴쿠버의 날씨는 아주 멋지다. 벨러리는 그녀의 친구들과 함께 배구를 하기 위해서 지금 공원에 가는 중이다.

STEP 2 단서 찾기

빈칸 앞 문장은 필요한 주어, be동사, 그리고 주격 보어인 전치사구가 모두 갖추어진 완전한 문장입니다. 따라서 빈칸에는 동사가 아닌 동사의 다른 형태가 들어가야 합니다. 빈칸 앞에는 동명사를 목적어로 취하는 동사가 없으므로 동명사가 정답이 될 수 없습니다.

(a) will play
(b) to be playing
(c) playing
(d) to play

STEP 3 to부정사 찾기

빈칸 앞에 to부정사를 목적어로 취하는 동사가 없지만, 완전한 문장 맨 뒤에는 to부정사가 '~하기 위해서'라는 부사적 용법으로 쓰일 수 있습니다. '그녀의 친구들과 배구를 하기 위해서'라는 의미가 문맥상으로도 적절하므로 빈칸에는 to부정사가 들어가는 것이 적절합니다. 따라서 정답은 (d)입니다.

(b)와 같은 to부정사의 진행 형태는 항상 오답이며, 이런 형태는 지텔프 문법에서 정답으로 출제되지 않습니다.

정답 (d)

Words & Phrases

weather [명] 날씨 be on one's way to + 장소 명사 ~로 가는 중이다 volleyball [명] 배구

1 The popular rock band Firefly is very dedicated to protecting the environment. The members all agreed _____ 10% of the profit from their album sales to environmental organizations.

(a) to donate
(b) to be donating
(c) will donate
(d) donating

2 Nations around the world are making an effort to combat global warming. For instance, France has promised _____ its net carbon emissions to zero by 2050.

(a) reducing
(b) to reduce
(c) would reduce
(d) having reduced

3 New servers at Tako Sushi Bar shouldn't worry about learning the entire menu right away. The manager asked them _____ orders carefully and accurately.

(a) to be taken
(b) to take
(c) taken
(d) having taken

4 Betty is almost 70 years old, but she attends a music academy every Tuesday and Thursday evening _____ the piano. She never had the opportunity when she was younger, and she's glad that she's finally doing it.

(a) could learn
(b) learning
(c) to learn
(d) to have learned

5 Several articles have been published about actor Tom Richards and his bad temper, and now his career is in trouble. He has hired a public relations specialist _____ him improve his image in the media.

(a) to help
(b) helping
(c) helped
(d) to be helping

Words & Phrases

be dedicated to -ing ~하는데 전념하다, ~하는 것에 헌신적이다 environment 몡 환경 profit 몡 수익 sales 몡 판매, 매출 organization 몡 조직, 단체 make an effort 노력하다 combat 통 싸우다 global warming 몡 지구 온난화 for instance 예를 들어 net 몡 (에누리 없는) 순수 emission 몡 배출 entire 혱 전체의 finally 凹 마침내 publish 통 출간하다 bad temper 몡 나쁜 성질 hire 통 고용하다 improve 통 개선하다

DAY 06 수동태

❶ 능동태/수동태의 기본 개념

태는 문장의 주어가 행위의 주체인지 객체인지 판단하는 관계를 나타냅니다. 주어가 동작의 주체라면 능동태이며, 주어가 동작의 대상(객체)이면 수동태라고 합니다. **DAY 01** 에서 배운 자동사와 타동사는 모두 능동태 동사이며, 동작의 대상(목적어)을 가지지 않는 자동사는 항상 능동태로 쓰이며, 목적어를 가지는 타동사는 능동태와 수동태로 모두 사용 가능합니다.

> **안내** 지텔프 문법에서는 능동태/수동태를 구분하는 문제는 출제되지 않지만, 시제 및 기타 출제 유형의 정답 보기가 수동태로 제시되기 때문에 원활한 해석을 통한 문제 풀이를 위해 수동태에 대한 학습이 필요합니다.

1 능동태

주어가 동사가 나타내는 동작을 직접 하는 주체인 문장을 말하며, 자동사의 경우 <주어 + 동사>의 구조를 가지며, 타동사의 경우 <주어 + 동사 + 목적어>의 구조를 가집니다.

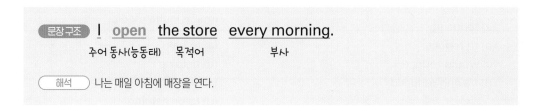

> **문장 구조** I **open** the store every morning.
> 주어 동사(능동태) 목적어 부사

> **해석** 나는 매일 아침에 매장을 연다.

2 수동태

주어가 동사의 행위 대상이 되는 문장을 말하며, 타동사의 목적어가 주어 자리로 이동하고, 능동태의 동사는 과거분사(p.p.) 형태로 변형되며, 그 앞에 be동사를 결합하여 <주어(능동태의 목적어) + be + p.p. + by + 행위자(능동태의 주어)>의 구조를 가집니다. 여기서 <by + 행위자>는 '~에 의해'라고 해석합니다.

특강 20
<by + 행위자>
의 생략

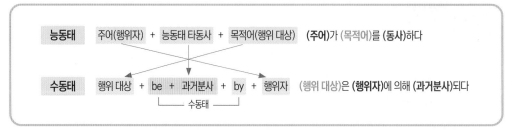

능동태	주어(행위자) + 능동태 타동사 + 목적어(행위 대상)	**(주어)**가 **(목적어)**를 **(동사)**하다
수동태	행위 대상 + be + 과거분사 + by + 행위자	**(행위 대상)**은 **(행위자)**에 의해 **(과거분사)**되다

└── 수동태 ──┘

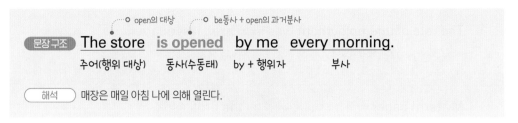

문장 구조 The store **is opened** by me every morning.

주어(행위 대상)　　동사(수동태)　 by + 행위자　　　부사

○ open의 대상　　○ be동사 + open의 과거분사

해석 매장은 매일 아침 나에 의해 열린다.

❷ 수동태의 시제

수동태는 능동태의 타동사를 과거분사로 바꾸고 그 앞에 be동사를 붙이는 것이 핵심입니다. 대부분의 동사의 과거분사 형태가 "동사 + (e)d"이기 때문에 과거분사를 보고 과거시제로 해석하는 경우가 많습니다. 과거분사는 과거와는 전혀 상관없는 '수동'의 의미를 나타내는 형용사입니다. 따라서 **수동태의 시제는 과거분사 앞에 위치하는 be동사를 통해서만 나타낼 수 있습니다.** be동사를 여러 시제로 바꾸면 다양한 시제의 수동태를 나타낼 수 있습니다.

1 단순시제: 현재/과거/미래

<be + 과거분사>에서 be동사가 현재시제인 is/am/are이면 현재시제 수동태이고, 과거시제인 was/were이면 과거시제 수동태, 미래시제인 will be이면 미래시제 수동태가 됩니다.

○ be동사의 시제 변화와 동일

시제	be + 과거분사	해석
현재시제	**is/am/are** + 과기분사	~되다 / ~해지다
과거시제	**was/were** + 과거분사	~되었다 / ~해졌다
미래시제	**will be** + 과거분사	~될 것이다 / ~해질 것이다

○ 동사 read의 과거분사 read (발음 주의 [re:d])

The newspaper **is read** by residents in the area.
그 신문은 그 지역에 있는 주민들에 의해 읽혀진다.

The rate of unemployment was increased last quarter.
지난 분기에 실업률이 **증가되었다.**

My term paper will be reviewed by the professor.
나의 학기말 논문은 교수님에 의해 **검토될 것이다.**

2 진행시제: 현재진행/과거진행/미래진행

진행시제는 <be + 동사ing>이며, 수동태 <be + p.p.>에서 동사 부분이 be이므로 진행시제 수동태는 <be + being p.p.>가 됩니다. 여기서 be동사는 각각 진행시제에 맞게 변형되어 사용될 수 있습니다.

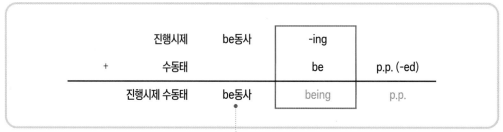

	진행시제	be동사	-ing	
+	수동태		be	p.p. (-ed)
	진행시제 수동태	be동사	being	p.p.

○ 현재진행이면 is/am/are, 과거진행이면 was/were, 미래진행이면 will be로 변형됨

시제	be + 과거분사	해석
현재시제	**is/am/are + being** + 과거분사	~되고 있다 / ~해지고 있다
과거시제	**was/were + being** + 과거분사	~되고 있었다 / ~해지고 있었다
미래시제	**will be being** + 과거분사	~되고 있을 것이다 / ~해지고 있을 것이다

○ be동사의 ing 형태

The new shopping mall is being built.
새로운 쇼핑몰이 **지어지고 있다.** (build: ~을 짓다)

When I saw Mike, he was being chased by a dog.
내가 마이크를 보았을 때, 그는 개에게 **쫓기고 있었다.** (chase: ~을 쫓다)

The wall will be being painted pink tomorrow afternoon.
그 벽은 내일 오후에 핑크색으로 **칠해지고 있을 것이다.** (paint: ~을 칠하다)

3 완료시제: 현재완료/과거완료/미래완료

완료시제는 기본적으로 조동사 have와 과거분사(p.p.)가 합쳐진 형태로 쓰입니다. 여기서 동작의 의미를 나타내는 것은 과거분사 부분인데, 수동태 be + p.p.에서는 be동사가 동사의 역할을 하므로, 완료시제 수동태는 조동사 역할을 하는 have, 그 뒤에 완료시제의 과거분사와 수동태의 be동사가 합쳐진 been, 그리고 수동태의 과거분사가 쓰여서 have been p.p.가 기본형입니다. 여기서 주어가 3인칭 단수이면 have가 has로 바뀌고, 과거완료이면 조동사 have는 had로 바뀌고, 미래완료는 will have로 바뀝니다.

완료시제	has/have had will have	p.p	
+　　수동태		be	p.p. (-ed)
완료시제 수동태	has/have had will have	been	p.p.

시제	be + 과거분사	해석
현재완료시제	**has/have been** + 과거분사	~되어 왔다 / (방금) 되었다
과거완료시제	**had been** + 과거분사	~되었다 / 되어 있었다
미래완료시제	**will have been** + 과거분사	(미래 어느 시점 쯤에) 될 것이다

Over a thousand patients **have been cured** of the virus so far.
지금까지 천 명이 넘는 환자들이 그 바이러스로부터 **완치되어왔다.**

When he arrived at the meeting room, the meeting **had** just **been finished.**
그가 회의실에 도착했을 때, 회의는 막 **끝난 상태였다.**

By the next month, his second novel **will have been** completed.
다음 달 쯤이면, 그의 두번째 소설이 **완성될 것이다.**

③ 자주 출제되는 수동태 표현

1 <by + 행위자>를 쓰지 않는 수동태

<by + 행위자>를 쓰지 않고 숙어처럼 쓰이는 수동태가 지텔프 시험에서 자주 등장합니다. 이러한 수동태 표현을 익혀 두어 원활하게 문장을 해석할 수 있습니다.

be surprised at	~에 놀라다
be known for/as	~로 유명하다(for) / ~로서 유명하다(as)
be interested in	~에 관심이 있다
be satisfied with	~에 만족하다
be pleased with	~에 기뻐하다
be composed of	~로 구성되어 있다
be concerned about	~을 걱정하다
be covered with	~로 덮여 있다
be filled with	~로 채워져 있다

2 to부정사와 함께 쓰이는 수동태

수동태는 to부정사와 함께 쓰이는 경우가 많습니다. to부정사는 <to + 동사원형>으로 수동태와 함께 쓰이면 '~하는 것을', '~하기로', '~해서'라는 의미로 해석됩니다.

be told + to부정사	~하라는 말을 듣다
be asked + to부정사	~하라는 요청을 받다
be expected + to부정사	~할 것으로 기대되다
be required + to부정사	~하는 것이 요구되다
be forced + to부정사	~하는 것을 강요 받다
be allowed + to부정사	~하는 것이 허락되다
be advised + to부정사	~하는 것을 충고 받다/권고 받다
be encouraged + to부정사	~하는 것을 격려 받다 / ~하는 것이 장려되다
be supposed + to부정사	~하기로 되어 있다 / ~하기로 예정되다
be pleased + to부정사	~해서 기쁘다

EXERCISE

가이드를 따라 다음 문법 문제를 푸는 순서와 요령을 차근차근 익혀 보세요.

1 If a police officer asks you to pull over your car, it will be necessary that your driver's license _____ to the officer.

(a) present
(b) presented
(c) be presented
(d) is presented

STEP 1 선택지 읽기

선택지에 동사 present의 능동태와 수동태의 형태가 제시되어 있으므로 빈칸에 들어갈 동사의 태를 찾는 문제입니다. 빈칸이 있는 문장에서 시제에 관한 단서를 찾아야 합니다.

If a police officer asks you to pull over your car, **it will be necessary that** your driver's license _____ to the officer.

만약 경찰관이 당신의 차를 세우라고 요구한다면, 당신의 운전면허증이 경찰관에게 제시되어야 할 필요가 있을 것이다.

STEP 2 단서 찾기

빈칸이 있는 문장에 necessary라는 당위성을 나타내는 형용사가 있으므로, that절의 동사는 동사원형이 되어야 하므로 (a)와 (c)중에 하나가 정답이 될 수 있습니다.

(a) present
(b) presented
(c) be presented
(d) is presented

STEP 3 주어 확인 후 태 찾기

that절의 주어가 your driver's license(당신의 운전면허증)인데, 운전면허증은 '제시하다'(present)라는 행위의 주체가 아니라 '제시되는' 행위의 대상(객체)이므로 빈칸에는 수동태가 들어가야 합니다. 따라서 수동태인 (c)가 정답입니다.

정답 (c)

Words & Phrases

pull over (동) (차를) 갓길에 서서히 세우다 **necessary** (형) 필요한 **driver's license** (명) 운전면허증 **present** (동) 제시하다, 보여주다

EXERCISE

가이드를 따라 다음 문법 문제를 푸는 순서와 요령을 차근차근 익혀 보세요.

2 When I saw a doctor yesterday, I ______ to take medicine after every meal.

(a) advise
(b) advised
(c) be advised
(d) was advised

STEP 1 선택지 읽기

선택지에 동사 advise의 능동태와 수동태의 형태가 제시되어 있으므로 빈칸에 들어갈 동사의 태를 찾는 문제입니다. 빈칸이 있는 문장에서 시제에 관한 단서를 찾아야 합니다.

When I saw a doctor yesterday, **I** ______ **to take medicine** after every meal.
어제 의사의 진료를 봤을 때, 나는 모든 식사 후에 약을 복용할 것을 권고 받았다.

STEP 2 단서 찾기

빈칸이 있는 문장의 주어는 의사의 진료를 받으러 가서 '조언하다'(advise)의 주체가 될 수 없으므로, 주어는 advise라는 행위의 대상(객체)임을 알 수 있습니다. 또한 advise는 타동사인데 뒤에 목적어 없이 빈칸 뒤에 바로 to부정사가 있으므로 빈칸에는 수동태가 들어가야 합니다.

(a) advise
(b) advised
(c) be advised
(d) was advised

STEP 3 수동태 보기 찾기

보기 중에 수동태는 (c)와 (d)인데, 주어가 I이므로 be동사는 현재시제이면 am, 과거시제이면 was가 되어야 합니다. saw를 통해 문장의 시제가 과거라는 것을 알 수 있으므로 정답은 was advised입니다.

정답 (d)

Words & Phrases

see a doctor 의사의 진료를 받다 take medicine 약을 복용하다 meal [명] 식사 advise [동] 조언하다, 권고하다

확인문제

능동태/수동태의 정답 단서에 유의하며 다음 문제를 풀어 보세요.

정답 및 해설 p. 5

1 A survey _____ in the cafeteria by a food company right now. Everyone who participates gets a free donut.

(a) conducts
(b) was conducting
(c) is being conducted
(d) conducting

2 A new branch of Perry Accounting will open in Hartford. The CEO announced that senior staff members _____ for the branch manager position next week.

(a) is interviewing
(b) will be being interviewed
(c) was being interviewed
(d) had interviewed

3 Flying a single-engine plane in cold weather is particularly dangerous. It is essential that the condition of the propeller _____ by the pilot before taking off.

(a) check
(b) be checked
(c) is checked
(d) will be checking

4 Due to a hurricane in California, all the events that _____ to be held were cancelled.

(a) suppose
(b) supposed
(c) were supposed
(d) were supposing

5 In order to protect personal information of the users, it _____ to change your password every 90 days.

(a) require
(b) required
(c) be required
(d) is required

Words & Phrases

survey 명 설문 조사 cafeteria 명 구내식당, 카페테리아 participate 동 참가하다 free 형 무료의 conduct 동 수행하다, 실행하다 branch 명 지사, 지점 announce 동 발표하다, 알리다 senior 형 상급의, 고위의 position 명 업무, 직위 single 형 하나의, 단일의 particularly 부 특히 essential 형 필수적인 condition 명 상태, 조건 propeller 명 프로펠러 take off 동 이륙하다 pilot 명 (비행기) 조종사 due to 전 ~로 인해, ~때문에 hold 동 (행사 등을) 열다, 개최하다 cancel 동 취소하다 protect 동 보호하다 require 동 요구하다

❶ 분사의 기본 개념

분사는 동사가 형용사로 바뀐 것으로, 문장에서 명사를 수식하거나 보어로 사용될 수 있습니다. 분사는 현재분사와 과거분사로 나뉘며, 각각의 분사는 고유한 특징을 가지고 있습니다.

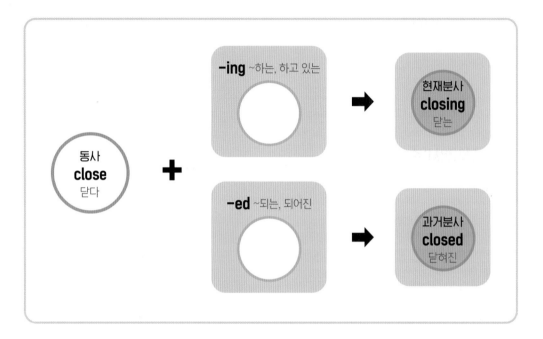

❷ 분사의 종류

분사는 동사에 -ing를 붙인 **현재분사**와 동사에 -(e)d를 붙인 **과거분사**로 나뉘어집니다. 각각의 분사는 수식하는 명사와의 관계, 그리고 보어로 쓰였을 경우에는 보충 설명하는 주어 또는 목적어와의 관계에 따라 다른 의미를 나타냅니다.

특강 21
분사를 알아야 하는 이유

> **안내** 과거분사는 동사에 따라 -(e)d를 붙이지 않고 그 동사만의 고유한 과거분사 형태를 가지는 경우가 있습니다. 이러한 동사를 불규칙동사라고 하며, <부록 불규칙동사표>에서 여러 불규칙동사의 과거형과 과거분사형을 확인할 수 있습니다.

1 현재분사: 능동 관계

현재분사는 '~하는'이라는 의미로, 명사를 수식하거나 보어로 사용됩니다. 그리고 수식 받는 명사가 현재분사가 나타내는 행위의 주체가 되며, 이때 현재분사와 명사가 능동 관계에 있다고 합니다.

> 동사 **increase** 증가하다 ➡ 현재분사 **increasing** 증가하는
>
> 수식받는 명사가 현재분사의 동작을 하면 '능동' 관계: interest rates가 '증가함'(increase) ○⋯⋯⋯
>
> It is recommended to start saving money due to <u>increasing</u> interest rates.
>
> 현재분사   수식받는 명사: '이자율'
>
> **증가하는** 이자율로 인해 저축을 시작하는 것이 권장된다.

2 과거분사: 수동 관계

과거분사는 '~되는', '된', '당하는'이라는 의미로, 명사를 수식하거나 보어로 사용됩니다. 수식받는 명사가 과거분사가 나타내는 행위의 객체가 되며, 이때 과거분사와 명사가 수동 관계에 있다고 합니다.

특강 22
분사의
능동/수동
구분

> 동사 **attach** ~을 첨부하다 ➡ 과거분사 **attached** 첨부된
>
> ○⋯ 수식받는 명사가 과거분사의 동작을 당하면 '수동' 관계: file이 '첨부됨' (attached)
>
> The <u>attached</u> file contains the user's manual and a one-year warranty.
>
> 과거분사   수식받는 명사: '파일'
>
> **첨부된** 파일은 사용 설명서와 1년 보증서를 포함하고 있습니다.   *file은 스스로 '첨부하는' 것이 아니라 '첨부되는' 것

③ 분사의 기능

분사는 동사를 형용사로 변형한 것이므로 형용사처럼 **명사를 수식**할 수 있으며, **주격보어** 또는 **목적격보어**로도 사용될 수 있습니다.

1 명사를 수식하는 분사

분사 단독으로 명사를 수식할 경우, 분사는 명사 앞에 위치합니다.

○ complete(완성하다)의 과거분사

Please submit the <u>completed</u> form by 7 o'clock.
    과거분사 수식받는 명사

7시까지 **완성된** 양식을 제출해주세요.

분사를 수식하는 부사가 있을 경우 <부사 + 분사 + 명사>의 순으로 명사를 앞에서 수식합니다.

동사 limit(제한하다)의 과거분사 ○

Visitors are not allowed to access <u>strictly</u> <u>limited</u> area.
                    부사   과거분사 수식받는 명사

방문자들은 엄격하게 **제한된** 지역에 접근하는 것이 허락되지 않습니다.

현재분사의 목적어가 있는 경우와 분사를 수식하는 전치사구가 있는 경우 명사를 뒤에서 수식합니다.

○ 동사 explain(설명하다)의 현재분사

Ms. Thomson prepared <u>a handout</u> <u>explaining</u> the details of the upcoming seminar.
            수식받는 명사   현재분사 현재분사의 목적어   전치사구

톰슨 씨는 다가오는 세미나의 세부 사항을 **설명하는** 유인물을 준비했다.

○ 동사 suggest(제안하다)의 과거분사

The idea <u>suggested</u> by Ms. Gills seems very creative.
수식받는 명사   과거분사   과거분사의 전치사구

길스 씨에 의해 **제안된** 그 아이디어는 아주 창의적으로 보였다.

꿀팁 현재분사는 목적어를 가질 수 있지만, 과거분사는 수동의 의미이기 때문에 목적어를 가지지 않습니다.

2 보어로 쓰이는 분사

분사는 주격보어와 목적격보어로 사용될 수 있습니다. 주격보어는 주어의 행위를 설명하며, 목적격보어는 목적어의 행위를 설명합니다.

arrange(정리하다)의 과거분사 ○
주격보어가 필요한 2형식 자동사 ○

After an experiment, <u>the laboratory equipment</u> <u>should remain</u> <u>arranged</u>.
        전치사구   주어   동사   주격보어
                                                (arrange의 과거분사: 정리된)

실험 후에, 실험실 장비는 **정리되어야** 합니다.

목적격보어가 필요한 5형식 타동사○   ○ '불려지는'이 목적어인 his name을 설명하므로 목적격보어
Mr. Henson heard his name called at the reception desk.
　　　주어　　　　동사　　　목적어　　목적격보어　　　　　전치사구
　　　　　　　　　　　　　　　(call의 과거분사: 불려진)

헨슨 씨는 그의 이름이 접수처에서 **불려지는** 것을 들었다.

❹ 감정동사의 분사

감정동사는 타동사로서 '사람이 감정을 느끼게 만들다'라는 감정 유발의 의미를 가지고 있습니다. 따라서 이 감정동사의 현재분사는 '감정을 유발하는'이라는 능동의 의미를 나타냅니다. 반면에 과거분사는 감정 유발을 당했다는 수동의 의미이므로 '감정을 느낀'이라고 해석됩니다.

1 감정동사의 현재분사

감정동사의 현재분사는 감정을 일으키는 원인인 사물명사를 수식하거나 보충 설명(보어 역할)합니다.

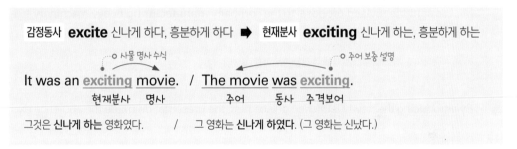

감정동사 excite 신나게 하다, 흥분하게 하다 ➡ **현재분사 exciting** 신나게 하는, 흥분하게 하는

　　　　　　　　○ 사물 명사 수식　　　　　　　　　　　　　　○ 주어 보충 설명
It was an exciting movie. / The movie was exciting.
　　　　　현재분사　명사　　　　　　주어　　동사　주격보어

그것은 **신나게 하는** 영화였다. / 그 영화는 **신나게 하였다.** (그 영화는 신났다.)

2 감정동사의 과거분사

감정동사의 과거분사는 감정을 느끼는 사람 명사를 수식하거나 보충 설명(보어 역할)합니다.

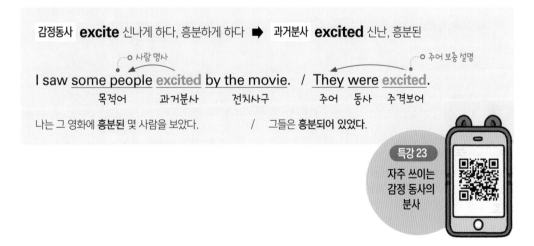

감정동사 excite 신나게 하다, 흥분하게 하다 ➡ **과거분사 excited** 신난, 흥분된

　　　　　○ 사람 명사　　　　　　　　　　　　　　　　　○ 주어 보충 설명
I saw some people excited by the movie. / They were excited.
　　　목적어　　　과거분사　　　전치사구　　　　주어　동사　주격보어

나는 그 영화에 **흥분된** 몇 사람을 보았다. / 그들은 **흥분되어** 있었다.

특강 23
자주 쓰이는 감정 동사의 분사

EXERCISE

다음 문장에서 밑줄 친 부분이 무엇인지 [보기]에서 골라 번호를 쓰세요.

[보기] ① 현재분사 ② 과거분사 ③ 동명사 ④ 과거 동사

1 <u>Analyzing</u> the data was very <u>interesting</u>.
( ) ( )

그 데이터를 분석하는 것은 매우 흥미로웠다.

2 The office <u>used</u> the software <u>developed</u> by SW Software.
( ) ( )

그 사무실은 SW 소프트웨어에 의해 개발된 소프트웨어를 사용하였다.

3 Mr. Lee <u>sent</u> the <u>revised</u> proposal to the company <u>manufacturing</u> heavy machinery.
( ) ( ) ( )

리 씨는 중장비를 제조하는 그 회사에 수정된 제안서를 보냈다.

4 By <u>introducing</u> the newly <u>launched</u> device first, the presentation <u>made</u> the audience <u>excited</u>.
( ) ( ) ( ) ( )

새로 출시된 기기를 먼저 소개함으로써, 그 발표는 청중을 흥분되게 만들었다.

5 The article <u>featured</u> in *Time* reports the <u>growing</u> number of <u>unemployed</u> youths in US.
( ) ( ) ( )

타임지에 특집으로 다루어진 그 기사는 미국에서의 점점 증가하는 실업 청년의 숫자를 보고한다.

[정답] **1** ③, ① **2** ④, ② **3** ④, ②, ① **4** ③, ②, ④, ② **5** ②, ①, ②

Words & Phrases

analyze [동] 분석하다 develop [동] 개발하다 send [동] 보내다 revise [동] 수정하다 proposal [명] 제안서 manufacture [동] 제조하다 heavy machinery [명] 중장비 introduce [동] 소개하다 newly [부] 새로 launch [동] 출시하다 device [명] 기기 audience [명] 청중, 관객 article [명] (신문, 잡지 등의) 기사 feature [동] 특집 기사로 다루다 grow [동] 자라다, 증가하다 youth [명] 젊은이

확인문제

수식 받는 명사와의 관계를 고려하여 빈칸에 들어갈 알맞은 분사의 형태를 고르세요.

정답 및 해설 p. 5

1 Due to _____ gas prices, more people try to use public transportation.

(a) rises
(b) rising
(c) risen
(d) rose

2 The flight crew made the final boarding announcement for flight number 711 _____ at 5 P.M.

(a) depart
(b) departure
(c) departed
(d) departing

3 The decision to change a pitcher early in the third inning was _____. The fans of the baseball team got upset with the decision.

(a) surprise
(b) surprised
(c) surprising
(d) to surprise

4 The X-Fit 3000 treadmill comes with 10 different fitness programs _____ in it. They vary in length and intensity.

(a) install
(b) installment
(c) installing
(d) installed

5 All department managers are required to fill out an expense form for January. Please submit the _____ document to Janice Hodge in Accounting.

(a) completes
(b) completed
(c) completing
(d) completion

Words & Phrases

due to (전) ~로 인해 gas price (명) 연료비, 유가 public transportation (명) 대중교통 rise (동) 상승하다 flight crew (명) (비행기) 승무원 make an announcement 안내 방송을 하다 final (형) 마지막의 flight (명) 비행기, 항공편 depart (동) 떠나다, 출발하다 decision (명) 결정 pitcher (명) 투수 upset (형) 속상한, 화가 난 surprise (동) 놀라게 하다 come with ~이 딸려있다 vary in ~가 가지각색이다, ~에 있어 다양하다 length (명) 길이 intensity (명) 강렬함, 강도 install (동) 설치하다 department (명) 부서 fill out (동) (문서를) 작성하다 expense (명) 지출 form (명) 양식, 서류 submit (동) 제출하다 accounting (명) 회계(부)

DAY 07 분사　85

DAY 08 접속사와 접속부사

① 접속사의 기본 개념

접속사는 문장과 문장을 연결하는 역할을 합니다. 대등한 문장 단위로 연결하는 등위접속사, 그리고 하나의 절을 다른 절의 부속 요소로 만드는 종속접속사로 나뉩니다. 지텔프에서는 종속접속사가 주로 출제되고 있어 종속접속사에 대해 알아보겠습니다.

> [안내] 등위접속사는 병렬구조를 가지는데, 병렬구조를 지닌 문장은 독해 지문에서 자주 출제되므로 「DAY 13 문장 해석 연습 3: 병렬구조」에서 다룰 것입니다.

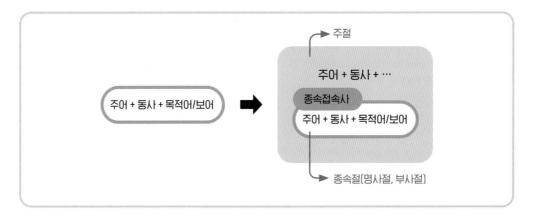

주어, 동사, 목적어, 보어 등으로 문장의 요소를 갖춘 하나의 문장이 종속접속사를 맨앞에 위치시킴으로써 다른 문장에 종속될 수 있습니다. 이때 종속접속사가 있는 절을 종속절, 종속절이 들어가 있는 문장을 주절이라고 합니다. 종속절은 주절 내에서 명사로 쓰이면 명사절, 부사로 쓰이면 부사절이라고 부릅니다.

② 부사절 접속사

종속절이 주절 내에서 부사로 쓰이면 부사절이 되는데, 이때 부사절 맨 앞에 있는 종속접속사를 부사절 접속사라고 합니다. 즉 부사절 접속사는 하나의 절을 부사처럼 사용할 수 있게 해주는 접속사입니다.

1 부사절 접속사의 종류

부사절 접속사는 시간, 이유, 조건, 양보, 대조, 결과 등 많은 종류로 나뉘며 그 수도 많습니다. 그리고 각각 의미가 다르기 때문에 모든 부사절 접속사의 의미를 파악해야 주절과의 의미 관계를 자연스럽게 이해할 수 있습니다.

의미	부사절 접속사
시간	as, when ~할 때 after ~후에 before ~전에 until ~할때 까지 as soon as ~하자마자
이유	because, as ~때문에 since(=now that) ~이므로
양보	although, even though 비록 ~이긴 하지만
조건	if 만약 ~라면 once 일단 ~하면 unless ~하지 않는다면 as long as ~하는 한
대조	whereas, while ~하는 반면
결과	so + 형용사/부사 + that + 주어 + 동사~: 너무 ~해서 (주어)가 …하다

Anders ordered a salad because he is a vegetarian.

	주절			부사절			
문장구조	Anders	ordered	a salad	because	he	is	a vegetarian.
	주어	동사	목적어	접속사	주어	동사	주격보어

직역) 앤더스는 / 주문하였다 / 샐러드를 / 왜냐하면 / 그는 / 이다 / 채식주의자

해석) 앤더스는 샐러드를 주문하였다. 왜냐하면 그는 채식주의자이기 때문이다.

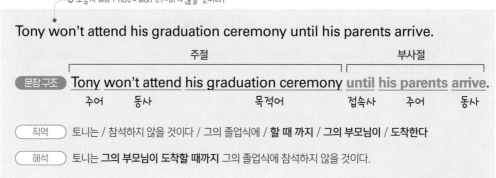

○ 조동사 will + not = won't (~하지 않을 것이다)

Tony won't attend his graduation ceremony until his parents arrive.

	주절			부사절	

문장구조 Tony won't attend his graduation ceremony until his parents arrive.
　　　　　주어　　동사　　　　　　목적어　　　　　접속사　　주어　　동사

직역 　토니는 / 참석하지 않을 것이다 / 그의 졸업식에 / 할 때 까지 / 그의 부모님이 / 도착한다

해석 　토니는 **그의 부모님이 도착할 때까지** 그의 졸업식에 참석하지 않을 것이다.

특강24
부사절
해석 방법

2 부사절의 위치

부사절은 위 예문처럼 주절 뒤에 위치할 수도 있고, 주절 앞에 위치할 수도 있습니다. 주절 앞에 위치할 경우에는 <부사절, 주절> 어순으로 부사절 뒤에 콤마(,)를 붙이고 주절을 씁니다.

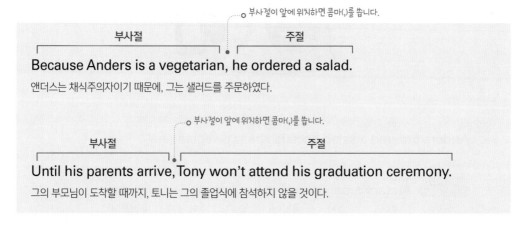

○ 부사절이 앞에 위치하면 콤마(,)를 씁니다.

부사절	주절

Because Anders is a vegetarian, he ordered a salad.
앤더스는 채식주의자이기 때문에, 그는 샐러드를 주문하였다.

○ 부사절이 앞에 위치하면 콤마(,)를 씁니다.

부사절	주절

Until his parents arrive, Tony won't attend his graduation ceremony.
그의 부모님이 도착할 때까지, 토니는 그의 졸업식에 참석하지 않을 것이다.

❸ 명사절 접속사

명사절 접속사는 하나의 절(주어와 동사가 포함된 문장)을 명사로 만들 수 있는 접속사입니다. 명사가 된 절을 명사절이라고 하며, 주절 내에서 주어, 또는 목적어, 보어 역할을 할 수 있습니다. 대부분의 명사절은 타동사의 목적어로 사용됩니다.

명사절 접속사	의미	쓰임새
that	~하는 것 / 하기를	하나의 평서문을 동사 hope(바라다), know(알다), announce(발표하다), show(보여주다) 등의 목적어로 만드는 접속사입니다.
whether	~인지 아닌지	동사 ask(묻다), decide(결정하다), determine(결정하다) 등의 목적어로서, 의문문처럼 아직 알 수 없는 내용을 전달합니다.

We hope that we will offer a wider range of fitness classes after the expansion.

문장 구조

We hope **that** we will offer a wider range of fitness classes after the expansion.
주어 동사 / 접속사 주어 / 동사 / 목적어 / 전치사구 / 전치사구
명사절(목적어)
주절

(직역) 우리는 / 바란다 / ~하기를 / 우리가 / 제공할 것이다 / 폭넓은 피트니스 강좌를 / 확장 후에

(해석) 우리는 **확장 후에 우리가 폭넓은 피트니스 강좌를 제공할 것을** 바란다.

He didn't decide whether he will join the study group for the chemical class.

문장 구조

He didn't decide whether he will join the study group for the chemical class.

주어	동사	접속사	주어	동사	목적어	전치사구

명사절(목적어)

주절

직역 그는 / 결정하지 않았다 / ~인지 / 그가 / 가입할 것이다 / 스터디 그룹에 / 화학 수업을 위한

해석 그는 화학 수업을 위한 스터디 그룹에 **가입할 것인지** 아닌지를 결정하지 않았다.

❹ 접속부사

1 접속부사의 의미와 종류

접속사는 아니지만 접속사의 의미로 사용되어 앞 문장과 뒤 문장의 의미 관계를 연결해 주는 부사를 접속부사라고 합니다. 실제로 접속부사는 문장 전체를 수식하는 부사의 기능으로 쓰입니다. 대표적인 접속부사로는 상반된 관계를 나타내는 However(하지만)가 있습니다.

의미	접속부사	쓰임새
상반 관계	however (하지만)	문맥상 <긍정+부정>, <장점+단점>, <동의+거절> 사이에 들어가서 앞 문장과 뒤 문장의 상반된 관계를 보여줍니다.
추가/첨언	in addition, besides, furthermore, moreover(게다가)	문맥상 <장점 1+장점 2>, <특징 1+특징 2> 등과 같이 동일한 대상에 대한 내용이 두 개 이상 나열 될 때, 두 번째 문장 앞에 쓰이는 접속부사입니다.
부연 설명	in fact (사실은)	앞 문장에서 하나의 사실이 진술되고, 그 뒤에 그 사실에 대한 더 자세한 부연 설명이 이어질 때 사용되는 접속부사입니다. 추가/첨언 관계와는 달리 앞서 언급된 내용의 세부 정보나 근거가 언급됩니다.
인과 관계	therefore(따라서), as a result(그 결과)	문맥상 두 개의 문장이 <원인+결과> 또는 <근거+결론>의 관계로 연결 될 때, 두 번째 문장 앞에 쓰이는 접속부사입니다.
예시	for example, for instance (예를 들어)	앞 문장에 상위 개념 또는 포괄적인 개념이 언급되고, 두 번째 문장에서 하위 개념 또는 예시가 언급될 때 두 번째 문장 앞에 쓰이는 접속부사입니다.

The house was clean, However, the yard was still a mess.

문장 구조

The house / was / clean, / **However**, / the yard / was / still / a mess.
  주어   동사 주격보어   접속부사   주어   동사 부사 주격보어

'깨끗하다'와 '엉망'이라는 상태가 서로 상반된 의미를 나타냅니다.

직역   그 집은 / ~였다 / 깨끗한 / **하지만** / 마당은 / ~였다 / 여전히 / 엉망

해석   그 집은 깨끗했다. **하지만**, 마당은 여전히 엉망이었다.

Ben decided not to go to the band's concert this time.
벤은 이번에 그 밴드의 콘서트에 가지 않기로 결정했다.

The concert tickets were expensive. Besides, Ben had already seen the band live.

문장 구조

The concert tickets / were / expensive. / **Besides**, / Ben / had / already / seen / the band live.
    주어   동사   주격보어   접속부사 주어 동사   부사   동사   목적어 부사

콘서트에 가지 않는 이유 1: 티켓이 비싸다   콘서트에 가지 않는 이유 2: 이미 라이브 공연을 봤다.

벤이 콘서트에 가지 않기로 결심하게 된 이유 2개가 나열되어 있으므로 추가/첨언 관계

직역   콘서트 티켓은 / ~였다 / 비싼 / 게다가 / 벤은 / 이미 / 보았다 / 그 밴드를 / 실황으로

해석   그 콘서트 티켓이 비쌌다. **게다가**, 벤은 그 밴드를 실황으로 이미 본 적이 있었다.

The team building event was scheduled to be held this afternoon.
팀 단합 행사가 오늘 오후에 열릴 예정이었다.

It has been raining heavily since this morning. Therefore, the event has been postponed.

문장 구조

It has been raining / heavily / since this morning. / Therefore, / the event /
주어   동사   부사   전치사구   접속부사   주어

has been postponed.
　　동사(be+ p.p.)

오늘 아침부터 비가 세차게 내리고 있는 중이다.　　　　　팀 단합 행사가 연기되었다.

비가 계속해서 내리고 있는 중이라는 사실이 팀 단합 행사가 연기되는 결과가 되었으므로 인과 관계

직역 비가 계속해서 내려오는 중이다 / 세차게 / 오늘 아침부터 / 따라서 / 그 행사는 / 연기되었다

해석 오늘 아침부터 비가 세차게 내리고 있는 중이다. **따라서**, 그 행사는 연기되었다.

2 접속부사의 위치

접속부사는 문장 전체를 수식하는 부사이므로 주로 문장 맨 앞에 위치하며, 콤마(,) 다음에, 문장(주어+동사)이 이어집니다. 또한, 주어와 동사 사이에 들어가서 콤마(,) 사이에 쓰이기도 합니다.

<접속부사>, 주어 + 동사	주어, **<접속부사>**, 동사

The house was clean. **However**, the yard was still a mess.
= The house was clean. The yard, however, was still a mess.
　　그 집은 깨끗했다. 하지만, 마당은 여전히 엉망이었다.

It has been raining heavily since this morning. **Therefore**, the event has been postponed.
= It has been raining heavily since this morning. The event, therefore, has been postponed.
　　오늘 아침부터 비가 세차게 내리고 있는 중이다. 따라서, 그 행사는 연기되었다.

EXERCISE

가이드를 따라 다음 문법 문제를 푸는 순서와 요령을 차근차근 익혀 보세요.

1   Jeff just bought ten jars of extra spicy salsa at his local grocery store. They were on sale for a very low price _____ their expiration date is next week.

(a) because
(b) once
(c) although
(d) so

STEP 1 선택지 읽기

선택지가 모두 접속사이므로 빈칸에 들어갈 알맞은 의미의 접속사를 찾는 문제입니다. 접속사 문제는 앞뒤 문맥 파악이 중요하므로 문장들을 잘 읽고 해석해야 합니다.

Jeff just bought ten jars of extra spicy salsa at his local grocery store. They were on sale for a very low price _____ their expiration date is next week.

제프는 방금 그가 사는 지역의 식품점에서 아주 매운 살사 소스 열 병을 샀다. 그것들은 매우 낮은 가격에 세일 중이었다. 왜냐하면 그것들의 유통 기한이 다음 주이기 때문이다.

STEP 2 의미 관계 찾기

빈칸 앞의 내용은 '살사 소스 10병을 샀고, 그 10병이 모두 낮은 가격에 세일 중이었다'입니다. 그리고 빈칸 뒤 내용은 '그것들의 유통 기한이 다음 주이다'입니다. 낮은 가격에 세일 중이었던 이유가 유통기한이 별로 남지 않았기 때문이라는 것을 알 수 있으므로 뒤 문장은 앞 문장의 '원인', '이유'를 나타냅니다.

(a) because
(b) once
(c) although
(d) so

STEP 3 알맞은 접속사 찾기

선택지 중에서 이유를 나타내는 접속사는 '(왜냐하면) ~때문이다'라는 의미를 가진 because이므로 정답은 (a)입니다.

정답 (a)

Words & Phrases

jar 몡 (소스 등을 담는) 병   extra 휜 특별히, 아주   spicy 혱 매운   local 혱 지역의   grocery store 몡 식품점, 슈퍼마켓   on sale 세일 중, 할인 판매 중   expiration date 몡 유통 기한, 유효 기간

EXERCISE

가이드를 따라 다음 문법 문제를 푸는 순서와 요령을 차근차근 익혀 보세요.

2 A large winter sports competition was being planned at Crystal Lakes Ski Resort. _____, there hasn't been enough snowfall this winter, so it had to be canceled.

(a) For example
(b) As a result
(c) However
(d) In fact

> **STEP 1 선택지 읽기**
>
> 선택지가 모두 접속부사이므로 빈칸에 들어갈 알맞은 의미의 접속부사를 찾는 문제입니다. 접속부사 문제는 앞뒤 문맥 파악이 중요하므로 문장들을 잘 읽고 해석해야 합니다.

A large winter sports competition was being planned at Crystal Lakes Ski Resort. _____, there hasn't been enough snowfall this winter, so it had to be canceled.
큰 규모의 겨울 스포츠 시합이 크리스탈 레이크 스키 리조트에서 계획되고 있었다. 하지만, 이번 겨울에 충분한 강설량이 있지 않았다. 그래서 그 시합은 취소되어야 했다.

> **STEP 2 단서 찾기**
>
> 빈칸 앞의 내용은 '겨울 스포츠 시합이 계획되고 있었다'입니다. 그리고 빈칸 뒤 내용은 '이번 겨울에 눈이 충분히 내리지 않아서 취소되었다'입니다. 겨울 스포츠 시합이 계획 중이었다면 진행이 되었어야 하는데 취소되었다고 하므로 앞뒤 문장의 내용이 서로 상반된 관계를 나타냅니다.

(a) For example
(b) As a result
(c) However
(d) In fact

> **STEP 3 알맞은 접속부사 찾기**
>
> 선택지 중에 상반된 관계를 나타내는 접속부사는 However이므로, 정답은 (c)입니다.
>
> 정답 (c)

Words & Phrases

competition 명 대회, 시합 snowfall 명 강설량 have to + 동사원형: ~해야 한다 cancel 동 취소하다

확인문제

앞뒤 문장의 의미 관계를 파악하여 빈칸에 들어갈 알맞은 접속사나 접속부사를 고르세요.

정답 및 해설 p. 6

1 My father is completely soaked. He was walking in a nearby park _______ it suddenly started to rain.

(a) since
(b) when
(c) because
(d) so that

2 VectorTech has a competitive price policy. It won't release a new device at a cheaper price _______ one of its rivals releases a new one.

(a) now that
(b) if
(c) unless
(d) whether

3 My dog, Biscuit, looks big and intimidating, but he's actually very shy. _______ somebody comes closer to give him some snack, he will run and hide under my bed.

(a) Because
(b) If
(c) Although
(d) Since

4 Kevin didn't pick up his little brother from basketball practice. _______, he was playing computer games in his room.

(a) Besides
(b) Consequently
(c) For instance
(d) In fact

5 We have offered 15% discount on every beverage in the menu for those who bring their personal cup since last month. _______, the sales of cups on display has increased by 20%.

(a) As a result
(b) In addition
(c) For instance
(d) In fact

Words & Phrases

completely [부] 완전히 soaked [형] 흠뻑 젖은 nearby [형] 인근의, 가까운 곳의 suddenly [부] 갑자기 competitive [형] 경쟁력 있는, 경쟁적인 price [명] 가격 policy [명] 정책 release [동] 공개하다, 출시하다 rival [명] 경쟁 상대 intimidating [형] 겁나게 하는, 겁을 주는 shy [형] 부끄러운, 수줍음을 타는 hide [동] 숨다 pick up [동] (사람을) 데려오다 offer [동] 제공하다 those who ~하는 사람들 personal [형] 개인의 on display 진열 중인

DAY 09 관계사

❶ 관계사의 기본 개념

관계사는 하나의 절이 명사를 수식할 때 쓰는 접속사 역할과 명사를 수식하는 절 내에서 수식 받는 명사를 대신해서 쓰는 대명사 역할을 합니다. 즉 관계사는 포함되어 있고, 명사를 수식하는 절을 관계사절이라고 합니다. 그리고 관계사에는 관계대명사와 관계부사가 있습니다.

■ 관계사의 종류

관계대명사	명사를 수식하는 절 안에서 수식 받는 명사를 대신해서 쓰는 대명사 수식받는 명사 + [관계대명사 (+ 주어) + 동사 (+ 목적어/보어)] 　　　　　　　　　　　○ 관계대명사절 안에서 주어 또는 목적어/보어 역할
관계부사	명사를 수식하는 절 안에서 수식 받는 명사를 대신해서 쓰는 부사(장소, 시간 등을 나타내는 전치사구) 수식받는 명사 + [관계부사 + 주어 + 동사 + 목적어/보어] 　　　　　　　　　　　○ 관계부사절 안에서 전치사구(부사구) 역할

■ 관계사의 이해

우리말은 명사를 수식할 때 형용사 어구가 항상 명사 앞에서 수식하지만, 영어는 수식하는 말이 2단어 이상일 때 뒤에서 수식합니다. 특히 영어에서는 하나의 문장이 명사를 수식할 때 우리말에 없는 관계사가 포함된 관계사절이 명사를 수식하는 것이 우리말과 영어의 차이입니다.

우리말	영어
빨간 책 형용사가 명사 수식	**a red book** 형용사가 명사 수식
영어로 쓰여진 책 동사의 수동 형태가 명사 수식	**a book written in English** 과거분사(구)가 명사 뒤에서 수식
유명한 배우가 쓴 책 '유명한 배우가 (책을) 쓰다'라는 문장에서 동사 '쓰다'에 형용사 어미가 붙어 명사 수식	**a book which a famous actor wrote** 관계대명사 which로 시작하는 관계대명사절이 명사 뒤에서 수식

❷ 관계대명사

관계대명사는 두 개의 절을 연결하는 접속사 역할을 합니다. 또한 관계대명사는 주절에 있는 명사(주어, 목적어, 보어)가 관계대명사가 이끄는 절의 수식을 받을 때 수식 받는 주절의 명사(선행사)를 대신해서 쓰는 대명사 역할도 합니다.

1 관계대명사절이 만들어지는 과정

Steven bought <u>the headphones</u>.   +   <u>The headphones</u> broke after one month.

스티븐은 헤드폰을 샀다.   그 헤드폰은 한 달 후에 고장이 났다.

① 두 번째 문장에서 중복되는 명사를 인칭대명사로 교체합니다.

> ○ 앞 절의 the headphones가 복수이고, 주어 자리이므로 3인칭 주격 복수대명사 They로 교체

Steven bought <u>the headphones</u>.   +   **They** broke after one month.

스티븐은 헤드폰을 샀다.   그 헤드폰은 한 달 후에 고장이 났다.

② 인칭대명사를 격에 맞추어 관계대명사로 교체합니다.

> ○ 주격 복수대명사를 사물 주격 관계대명사로 교체

Steven bought <u>the headphones</u>.   +   **Which** broke after one month.

스티븐은 헤드폰을 샀다.   그 헤드폰은 한 달 후에 고장이 났다.

③ 첫 문장의 마침표를 없애고 한 문장으로 결합합니다.

> ○ 수식받는 사물 명사(선행사)   ○ 사물 명사를 수식하는 주격 관계대명사절

Steven bought <u>the headphones</u> **which broke after one month**.

스티븐은 헤드폰을 샀다.   그 헤드폰은 한 달 후에 고장이 났다.

2 관계대명사절의 종류와 격

지텔프에서는 관계대명사절이 들어가는 부분이 빈칸으로 출제되므로, 선행사를 보고 관계대명사의 종류를 파악하고, 관계대명사절 내에서 관계대명사가 무슨 역할을 하는지를 파악하여 정답을 고를 수 있습니다. 이를 위해 기본적으로 관계대명사의 종류와 격에 대해서 알아두어야 합니다.

특강 25
관계대명사,
선행사 찾기

선행사	주격	목적격(생략 가능)	소유격
사람	who + 동사	whom + 주어 + 동사	whose + 명사 + (주어) + 동사 └─ 합쳐서 주어 또는 목적어 역할
사물	which + 동사	which + 주어 + 동사	whose + 명사 + (주어) + 동사 └─ 합쳐서 주어 또는 목적어 역할
공통	that + 동사 (콤마(,) 뒤에 사용불가)	that + 주어 + 동사 (콤마(,) 뒤에 사용불가)	없음

꿀팁 관계대명사 that은 콤마(,) 뒤에 쓸 수 없어서 문제의 빈칸 앞에 콤마가 있을 경우 that으로 시작하는 관계대명사절은 정답이 될 수 없습니다.

관계대명사는 선행사가 사람일 때와 사물일 때 사용되는 관계대명사가 다르므로 각각의 경우에 쓰이는 관계대명사를 구분할 수 있어야 합니다. 또한 관계대명사가 대명사의 기능을 하므로 관계대명사절에서 주어, 목적어, 그리고 소유격 역할을 하기 때문에 주격, 목적격, 소유격으로 나뉩니다.

My grandfather who had come to the United States when he was a boy worked on the railroads.

○ 선행사 (사람 명사)   ○ 주격 관계대명사 + 동사(had come)

문장구조 <u>My grandfather</u> // who had come / to the United States /
　　　　　　주어　　　　└──────────────────────┘
　　　　　　　　　　　　　　　　　　관계대명사절
when he was a boy // worked / on the railroads.
└──────────────────┘　　동사　　　전치사구

직역 나의 할아버지 // 오셨던 / 미국으로 / 그가 어렸을 때 // 작업했다 / 그 철로에서

해석 어렸을 때 미국으로 오셨던 나의 할아버지는 그 철로에서 작업을 하셨다.

❸ 관계부사

관계부사란 관계대명사처럼 주절의 명사를 수식하지만, 관계사절에서 대명사(주어, 목적어)가 아닌 부사의 역할을 하는 것을 말합니다. 이때 선행사의 종류에 따라 알맞은 관계부사를 선택합니다. 예를 들어, 선행사가 시간과 관련된 명사이면 관계부사 when을, 장소와 관련된 명사라면 관계부사 where을 사용합니다. 그리고 관계부사는 <전치사 + which>와 같은 의미이므로, 관계부사 where은 <장소 전치사 + which>와 동일합니다.

1 주절의 목적어를 수식하는 관계대명사와 관계부사 비교

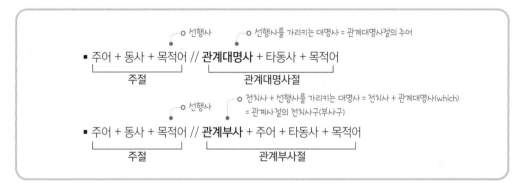

관계대명사절에서 주격 관계대명사가 쓰이면 주어가 없는 불완전한 절, 목적격 관계대명사가 쓰이면 목적어가 없는 불완전한 절이 관계대명사 뒤에 쓰이지만, 관계부사는 부사 역할을 하기 때문에 관계부사 뒤에는 완전한 절(= 주어, 동사, 목적어, 보어 등 문장에 필요한 모든 구성 성분이 갖추어진 절)이 위치합니다.

특강 26
관계부사의
특징과 종류

2 관계부사절이 만들어지는 과정

> The park has become a popular tourist destination. + The film was shot in the park.
> 그 공원은 인기 있는 관광 명소가 되었다.   그 영화가 그 공원에서 촬영되었다.

① 두 번째 문장에서 선행사와 동일한 장소를 나타내는 부사구(= 전치사구)를 문장 앞으로 이동시킵니다.

> ○ 선행사와 중복되는 장소를 나타내는 부사구
>
> The park has become a popular tourist destination. + In the park, the film was shot.
> 그 공원은 인기 있는 관광 명소가 되었다.   그 공원에서 그 영화가 촬영되었다.

② 두 번째 문장에서 선행사와 동일한 장소 명사를 관계대명사로 바꿉니다.

장소 전치사 ○┄┄┄┄┄┄┄┄┄┄┄┄○ 관계대명사 which는 the park를 가리킴

The park has become a popular tourist destination. + **In which**, the film was shot.

그 공원은 인기 있는 관광 명소가 되었다.　　　　　　　　　　　　**그곳에서**, 그 영화가 촬영되었다.

③ 관계대명사절의 <장소 전치사 + 관계대명사>를 선행사에 맞는 관계부사 where로 대체하고 관계부사절을
선행사 뒤에 위치시킵니다.

┄┄○ 장소 관계부사 = in which

The park **where** the film was shot has become a popular tourist destination.

그 영화가 촬영되었던 **그 공원은** 인기 있는 관광 명소가 되었다.

EXERCISE

가이드를 따라 다음 문법 문제를 푸는 순서와 요령을 차근차근 익혀 보세요.

1 Jeff Bezos is donating $10 billion to help fight climate change. Bezos, ______, has a net worth of approximately 129.9 billion dollars.

(a) what is the founder and CEO of Amazon
(b) where is the founder and CEO of Amazon
(c) who is the founder and CEO of Amazon
(d) which is the founder and CEO of Amazon

STEP 1 선택지 읽기
선택지가 모두 관계사일 때는 우선 선행사가 사람인지 아니면 사물인지를 파악합니다.

Jeff Bezos is donating $10 billion to help fight climate change. **Bezos**, ______, has a net worth of approximately 129.9 billion dollars.
제프 베조스는 기후 변화에 맞서는 것을 돕기 위해 100억 달러를 기부하고 있다. 베조스, 아마존의 창립자이자 대표 이사인 그는 순자산 약 1299억 달러를 가지고 있다.

STEP 2 단서 찾기
선행사 Bezos는 사람 이름이므로, 사람 명사가 선행사일 때 쓰는 관계대명사 who 또는 whom이 쓰인 관계대명사절을 보기에서 찾아봅니다.

(a) what is the founder and CEO of Amazon
(b) where is the founder and CEO of Amazon
(c) who is the founder and CEO of Amazon
(d) which is the founder and CEO of Amazon

STEP 3 알맞은 접속사 찾기
관계대명사 who가 주격 관계대명사로 쓰이고 그 뒤에 be동사, 보어가 이어지는 보기인 (c)가 정답입니다.

정답 (c)

Words & Phrases

donate [동] 기부하다 billion [명] 10억 fight [동] 맞서다, 싸우다 climate [명] 기후 net worth [명] 순자산 approximately [부] 대략 founder [명] 창립자

EXERCISE

가이드를 따라 다음 문법 문제를 푸는 순서와 요령을 차근차근 익혀 보세요.

2 Joaquin Phoenix's performance in *Joker* stunned and amazed critics and audiences. Besides, the Bronx stairs _____ have become a busy tourist attraction.

(a) which he danced in the film
(b) where he danced in the film
(c) when he danced in the film
(d) who he danced in the film

STEP 1 선택지 읽기
선택지가 모두 관계사일 때는 우선 선행사가 사람인지 아니면 사물인지를 파악합니다.

Joaquin Phoenix's performance in *Joker* stunned and amazed critics and audiences. Besides, **the Bronx stairs** _____ have become a busy tourist attraction.
영화 <조커>에서 호아킨 피닉스의 연기는 평론가와 관객들을 놀라게 하고 경이롭게 하였다. 게다가, 그가 영화에서 춤을 추었던 브롱크스 계단은 분주한 관광 명소가 되었다.

STEP 2 단서 찾기
선행사 the Bronx stairs는 사물 이름이며, 동시에 장소에 관련된 명사이므로 관계대명사 which 또는 관계부사 where이 쓰인 관계사절을 보기에서 찾아봅니다.

(a) which he danced in the film
(b) **where he danced in the film**
(c) when he danced in the film
(d) who he danced in the film

STEP 3 관계부사 정답 찾기
선택지 중에 which와 where로 시작하는 (a)와 (b) 중에서, 관계사 뒤에 주어와 자동사가 모두 갖춰진 완전한 절이 있으므로 관계부사인 where이 있는 (b)가 정답입니다. 참고로 dance는 목적어를 가지지 않는 자동사입니다.

정답 (b)

Words & Phrases

performance 명 연기, 공연 stun 동 놀라게 하다 amaze 동 경이롭게 하다, 놀라게 하다 critic 명 평론가, 비평가 audience 명 관객, 청중 besides 부 게다가 stair 명 계단 busy 형 분주한, 바쁜 tourist attraction 명 관광 명소

확인문제

문장 구조를 고려하여 빈칸에 들어갈 알맞은 관계사구를 고르세요.

정답 및 해설 p. 7

1 Bong Joon Ho's film *Parasite* has put both Korean cinema and society in the international spotlight. The film, _______, explores the theme of class division in modern society.

(a) what won four Oscar awards
(b) that won four Oscar awards
(c) who won four Oscar awards
(d) which won four Oscar awards

2 My friend and I bought different brands of wireless earbuds. Mine work perfectly, but the earbuds _______ have poor audio quality and frequently disconnect.

(a) where my friend was bought
(b) that my friend bought
(c) what my friend had bought
(d) who was bought by my friend

3 The shoppers of Daisy's Shopping Mall kept complaining about insufficiency of parking lots. The shopping mall has decided to build a second parking structure ______.

(a) which can accommodate up to 400 cars
(b) that it can accommodate up to 400 cars
(c) where can accommodate up to 400 cars
(d) whose cars of 400 can accommodate

4 Tyler is still close with his best friends from university. They get together at the bar _______ at least once a month.

(a) that they first met
(b) when they first met
(c) after they first met
(d) where they first met

5 A lot of companies are changing how they define the average workday. For example, the office _______ lets employees work from home three days a week.

(a) where I work
(b) that I work
(c) which I work
(d) who I work

Words & Phrases

international [형] 국제적인, 세계적인 spotlight [명] 스포트라이트, 세상의 주목 explore [동] 탐구하다, 탐색하다 theme [명] 주제, 테마 class [명] 계급 division [명] 분리, 구분 win an award 상을 받다 wireless [형] 무선의 earbud [명] 귀 안에 넣는 초소형 이어폰 work [동] 작동하다 poor [형] 뒤떨어진, 형편없는 frequently [부] 자주 disconnect [동] (연결을) 끊다 complain about ~에 대해 불평하다 insufficiency [명] 부족 parking structure [명] 주차 빌딩 accommodate [동] 수용하다 up to [전] 최대 ~까지 close [형] 가까운 at least [부] 최소한 define [동] 정의하다, 규정하다 average [형] 평균의, 보통의 let + 목적어 + 동사원형: ~가 …하게 하다

① 가정법의 기본 개념

가정법은 기본적으로 '실제로 일어나지 않는/않았던 일', '**사실이 아닌 일**'을 가정해서 말하는 법을 말합니다. 평서문은 '실제로 그러하다', '사실 ~이다/아니다'라는 내용을 담기 때문에 **사실과는 정반대의 내용**을 나타내는 가정법은 문장을 쓸 때 평서문과 동일하게 쓰지 않습니다. 그래서 가정법은 '만약 ~한다면'이라는 의미의 접속사 if와 함께 쓰는 if절(부사절)과 '~할텐데'라는 가정의 결과를 나타내는 주절로 나뉩니다. 그리고 if절은 현재를 가정할 때 과거시제로, 과거를 가정할 때 과거완료시제로 써서 시제를 앞당겨 사용하는 것이 특징입니다. 그리고 주절은 항상 would, could, might와 함께 씁니다.

평서문(= 직설법)	가정법
비가 와서 우리는 소풍을 갈 수 없다. (현재 사실)	비가 오지 않는다면, 우리는 소풍을 갈 수 있을 텐데. (현재 사실의 반대)
Because it **rains**, we **cannot go** on a picnic.	If it **didn't rain**, we **could go** on a picnic.

○ 과거시제를 써서 현재 사실의 반대 / 과거완료를 써서 과거 사실의 반대를 나타냄

If + 주어 + **과거시제 동사**   **+**   주어 + **would / could / might** + 동사원형

If + 주어 + **과거완료시제 동사**   **+**   주어 + **would / could / might** + have p.p.

↔ if절과 주절의 위치 변경 가능

❷ 가정법 과거

가정법 과거는 현재 사실에 반대되는 내용을 말할 때 사용하는 가정법입니다. if절에 과거시제, 주절에 <would/could/might + 동사원형>을 쓰는 것이 핵심이며, '만약 ~한다면, ~할 텐데/할 수 있을텐데/~할지도 모르는데' 라고 해석합니다.

1 가정법 과거의 형태

> **If** + 주어 + **과거시제 동사** + …, / 주어 + **would / could / might** + **동사원형**

또는

> 주어 + **would / could / might** + **동사원형** / if + 주어 + **과거시제 동사** + …

꿀팁 would, could, might가 조동사 will, can, may의 과거형이므로 'if절의 동사가 과거이면 주절의 조동사도 과거형'이라고 외우면 쉽습니다.

2 가정법 과거의 이해

if절이 긍정문인데 동사가 be동사라면 주어의 인칭에 상관없이 were을 쓰고 if절이 부정문이라면 가정법 과거의 if절 동사는 <didn't + 동사원형>이나 weren't를 씁니다.

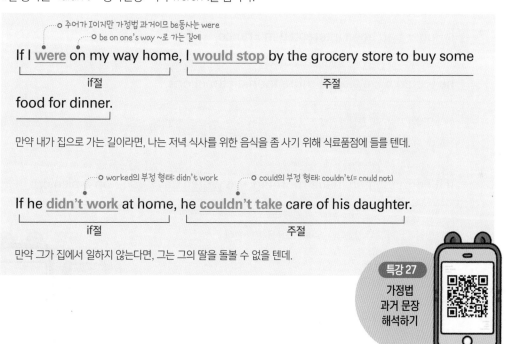

○ 주어가 I이지만 가정법 과거이므 be동사는 were
○ be on one's way ~로 가는 길에

If I <u>were</u> on my way home, I <u>would stop</u> by the grocery store to buy some
┗━━━━━━━━┛　　┗━━━━━━━━━━━━━━━━━━━┛
　　if절　　　　　　　　　　　　주절
food for dinner.
┗━━━━━━━┛

만약 내가 집으로 가는 길이라면, 나는 저녁 식사를 위한 음식을 좀 사기 위해 식료품점에 들를 텐데.

○ worked의 부정 형태: didn't work　　○ could의 부정 형태: couldn't(= could not)

If he <u>didn't work</u> at home, he <u>couldn't take</u> care of his daughter.
┗━━━━━━━━━━┛　　┗━━━━━━━━━━━━┛
　　　if절　　　　　　　　　　주절
만약 그가 집에서 일하지 않는다면, 그는 그의 딸을 돌볼 수 없을 텐데.

특강 27
가정법 과거 문장 해석하기

❸ 가정법 과거완료

가정법 과거완료는 과거 사실에 반대되는 내용을 말할 때 사용하는 가정법입니다. if절에 과거완료시제 동사(had p.p.) 그리고 주절에 <would/could/might + have p.p.>를 쓰는 것이 핵심이며, '만약 ~했다면, ~했을 텐데/할 수 있었을 텐데/~했을지도 모르는데'라고 해석합니다.

1 가정법 과거완료의 형태

> **If** + 주어 + **과거완료시제 동사(had p.p.)** + ···, / 주어 + **would / could / might** + **have p.p.**

또는

> 주어 + **would / could / might** + **have p.p.** / **if** + 주어 + **과거완료시제 동사(had p.p.)** + ···

꿀팁 🍯 have p.p.가 완료시제 형태이므로 'if절의 동사가 과거완료이면 주절의 조동사도 완료형'이라고 외우면 쉽습니다.

2 가정법 과거완료의 이해

if절의 동사가 be동사라면 had been을 쓰고 if절이 부정문이라면 가정법 과거완료의 if절 일반동사는 hadn't p.p. 그리고 be동사의 부정문은 hadn't been으로 씁니다.

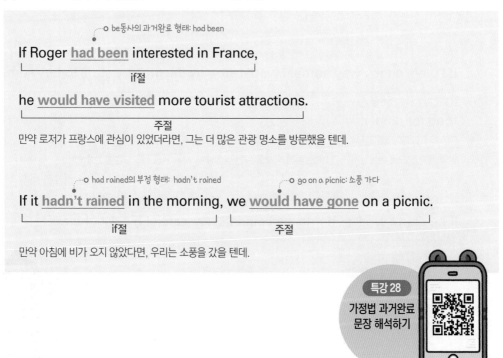

○ be동사의 과거완료 형태: had been

If Roger **had been** interested in France,
└─────── if절 ───────┘

he **would have visited** more tourist attractions.
└─────────── 주절 ───────────┘

만약 로저가 프랑스에 관심이 있었더라면, 그는 더 많은 관광 명소를 방문했을 텐데.

○ had rained의 부정 형태: hadn't rained   ○ go on a picnic: 소풍 가다

If it **hadn't rained** in the morning, we **would have gone** on a picnic.
└─────── if절 ───────┘   └─────── 주절 ───────┘

만약 아침에 비가 오지 않았다면, 우리는 소풍을 갔을 텐데.

특강 28
가정법 과거완료
문장 해석하기

EXERCISE

가이드를 따라 다음 문법 문제를 푸는 순서와 요령을 차근차근 익혀 보세요.

1 I don't know if I'll ever be able to pay off my student loans. If I ______ rich, I would pay them off immediately.

(a) am
(b) was
(c) were
(d) had been

STEP 1 선택지 읽기
선택지가 모두 be동사의 여러 시제로 이루어져 있으므로 빈칸에 들어갈 알맞은 시제를 찾는 문제라는 것을 파악합니다.

I don't know if I'll ever be able to pay off my student loans. If I ______ rich, I **would pay** them off immediately.
나는 내가 언제쯤 나의 학자금 대출금을 모두 갚을 수 있을지 모르겠다. 만약 내가 부유하다면, 나는 즉시 그것들을 모두 갚을 텐데.

STEP 2 단서 찾기
빈칸이 있는 문장은 if절이며 빈칸 앞에는 접속사 If와 주어 I가 있고, 주절의 동사는 would pay(would + 동사원형)이므로 이 문장이 가정법 과거임을 알 수 있습니다.

(a) am
(b) was
(c) were
(d) had been

STEP 3 가정법 시제 찾기
빈칸에는 가정법 과거 if절의 동사가 들어가는 자리이며, 가정법 과거에서 if절의 be동사는 항상 were로 써야 하므로 정답은 (c)입니다.

정답 (c)

Words & Phrases

ever [부] 언제쯤, 언제까지나 be able to + 동사원형: ~할 수 있다 pay off 빚을 모두 갚다 loan [명] 대출(금) immediately [부] 즉시, 당장

EXERCISE

가이드를 따라 다음 문법 문제를 푸는 순서와 요령을 차근차근 익혀 보세요.

2 Hans will have to take Statistics 250 all over again next semester. If he ______ for the final exam instead of having parties, he would have passed the class.

(a) had studied
(b) has studied
(c) will study
(d) can study

STEP 1 선택지 읽기

선택지가 모두 동사 study의 여러 시제로 이루어져 있으므로 빈칸에 들어갈 알맞은 시제를 찾는 문제라는 것을 파악합니다.

Hans will have to take Statistics 250 all over again next semester. If he ______ for the final exam instead of having parties, he **would have passed** the class.

한스는 통계학 250 수업을 다음 학기에 처음부터 다시 들어야 할 것이다. 만약 그가 파티를 하는 것 대신에 기말고사를 위해 공부를 했다면, 그는 그 수업을 통과했을 텐데.

STEP 2 단서 찾기

빈칸이 있는 문장은 if절이며 빈칸 앞에는 접속사 If와 주어 he가 있고, 주절의 동사는 would have passed(would + have p.p.)이므로 이 문장이 가정법 과거완료임을 알 수 있습니다.

(a) had studied
(b) has studied
(c) will study
(d) can study

STEP 3 가정법 시제 찾기

빈칸은 가정법 과거완료의 if절 동사가 들어가는 자리이므로 had p.p. 형태의 보기가 정답입니다. 그래서 정답은 study의 had p.p. 형태인 (a) had studied입니다.

정답 (a)

Words & Phrases

statistics [명] 통계학 all over again 처음부터 다시 semester [명] 학기 final exam [명] 학기말 고사 instead of [전] ~대신에

확인문제

문장 구조를 고려하여 빈칸에 들어갈 알맞은 동사의 형태를 고르세요.

정답 및 해설 p. 8

1 Janet found that the sink in the kitchen didn't drain water. She wanted to call her husband, but he is away for a business trip. If her husband were at home now, he _______ the sink.

(a) fixed
(b) will fix
(c) would fix
(d) would have fixed

2 Brandon was reprimanded by his supervisor for being late again. If he got up right after his alarm clock goes off, he _______ late again.

(a) will not be
(b) would not be
(c) is
(d) cannot be

3 Martin Scorsese's film *The Irishman* used new CGI technology to make the actors appear much younger than they are. If the technology __________, then the movie would have been impossible to make.

(a) was not developed
(b) has not been developed
(c) is not developed
(d) had not been developed

4 My cousin needs to buy a new car because her current one keeps breaking down. If she __________ the oil every 5,000 miles, it would have lasted longer.

(a) has changed
(b) had changed
(c) was changed
(d) will change

5 The planned sequel to *Night Cops* has been canceled by Spotlight Studios. If the first film __________ at the box office, then the sequel would have been made.

(a) is more successful
(b) was more successful
(c) has been more successful
(d) had been more successful

Words & Phrases

sink [명] (부엌의) 개수대, 싱크대 drain [동] 배출시키다, 흘려 보내다 fix [동] 고치다 reprimand [동] 질책하다, 견책하다 supervisor [명] 관리자, 감독자, 상사 right after 그 직후, 바로 후에 go off [동] 울리다, 터지다 technology [명] 기술 actor [명] 배우 appear [동] ~하게 보이다 impossible [형] 불가능한 develop [동] 개발하다 current [형] 현재의 break down 고장나다 last [동] 지속되다, 오래 가다 sequel [명] 속편, 후편 successful [형] 성공적인

문법
+
독해

DAY 01 - 15

문장 해석 연습 1: 동격 구문 및 수식어구

지텔프 독해 지문에 나오는 문장을 해석하기 위해 문장 구조를 파악하는 것만으로는 해석이 매끄럽게 되지 않는 문장 구조가 있습니다. 본 교재의 문법 챕터에서 배운 다섯 개의 문장 형식, 그리고 각각의 문법 요소를 파악하는 것과 더불어 특수하게 쓰이는 구문의 구조를 파악하여 지문 해석 능력을 높일 수 있습니다.

❶ 동격 구문

동격 구문이란 앞서 언급된 명사에 대한 부연 설명을 하기 위해 쓰는 구문으로, 개념을 설명하거나 부연 설명이 필요한 경우에 많이 쓰이는 구문입니다.

1 동격의 콤마(,)

명사 뒤에 콤마가 나오고 그 명사가 무엇인지 설명하는 명사가 나오면 콤마 앞뒤의 두 명사는 동일한 것으로 해석합니다. 문장 중간에 이 동격의 명사가 나오면 콤마를 한번 더 쓰고 문장이 이어지며, 문장 맨 뒤에 동격의 명사가 나오면 마침표로 문장이 끝납니다.

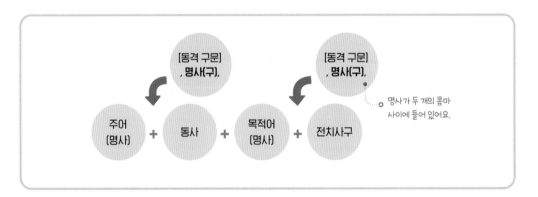

James asked Christina about today's assignment.
제임스는 크리스티나에게 오늘의 과제에 대해 물었다.

Christina is James' classmate.
크리스티나는 제임스의 반 친구이다.

○ Christina = his(= James') classmate

➡ James asked Christina, his classmate, about today's assignment.
제임스는 **그의 반 친구인 크리스티나**에게 오늘의 과제에 대해 물었다.

The company announced that it will open a new branch in China.
그 회사는 중국에 새로운 지사를 열 것이라고 발표했다.

China is the biggest market in Asia.
중국은 아시아에서 가장 큰 시장이다.

China = the biggest market in Asia ○········

➡ The company announced that it will open a new branch in **China, the biggest market in Asia.**

그 회사는 **아시아에서 가장 큰 시장인 중국**에 새로운 지사를 열 것이라고 발표했다.

2 동격의 that

명사 뒤에 that절(that + 주어 + 동사 등)에 완전한 문장이 올 경우, 이 that절은 앞에 있는 명사의 내용을 설명하는 동격 구문입니다.

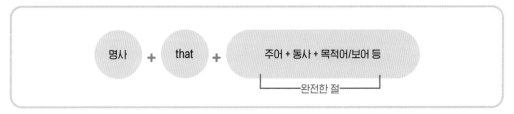

that절 앞에 명사가 있고, that절이 앞에 있는 명사를 수식하는 것처럼 해석되기에 that절을 관계대명사절로 오해할 수 있습니다. 하지만 관계대명사 that절은 주어 또는 목적어가 없는 불완전한 절인 반면에, 동격의 that절은 주어, 목적어 등 필요한 문장 성분이 모두 갖춰진 완전한 절입니다.

특강 29
완전한 절과
불완전한 절

■ 동격의 that절과 자주 쓰이는 명사

the news that ~	~라는 소식/뉴스	the belief that ~	~라는 믿음/신념
the rumor that ~	~라는 소문	the report that	~라는 보고(서)
the fact/the truth that ~	~라는 사실	in the hope that	~라는 희망을 가지고

The archaeologist has **the belief <u>that he can discover a fossil in the area</u>**.

그 고고학자는 그가 그 지역에서 화석을 발견할 수 있다는 믿음을 가지고 있다.

She wanted to visit the area to help the sick children despite **the fact <u>that</u>** <u>**there is a pandemic disease**</u>.

그녀는 그 곳에 유행성 질병이 있다는 사실에도 불구하고 아픈 아이들을 돕기 위해 그 지역을 방문하기를 원했다.

❷ 수식어구

수식어구는 문장 구조에 반드시 필요한 구성 성분은 아니지만 정확한 의미와 정보를 전달하기 위해 명사, 형용사 등을 상세히 설명하는 구를 말합니다. 주로 부사와 전치사구가 있으며, 앞서 배운 부사절과 관계사절도 수식어구에 속합니다. 수식어구가 어디에 있는지, 무엇을 수식하는지를 파악하면 문장 구조를 훨씬 쉽게 파악할 수 있어 독해 지문을 해석하는데 필수적입니다.

특강 30
부사와
전치사구

1 부사와 전치사구

	부사	전치사구
수식대상	형용사, 동사, 부사, 문장 전체	형용사, 동사, 명사(범위 한정)
의미	상태의 정도, 동작의 방법, 강조	장소, 시간, 방법, 방향, 기간
형태	대부분 <형용사 + ly> * 고유의 형태를 가진 부사도 있음	<전치사 (+ 관사 + 형용사) + 명사> ⟶ in, at, on, by, of, with, about 등

■ 동사 수식

부사는 동사의 앞, 뒤에서 수식합니다. 타동사를 수식할 때는 목적어 뒤에 위치할 수도 있습니다. 전치사구는 문장 맨 뒤에 주로 위치하여 동작이나 상태가 일어나는 장소나 시간 등을 나타내는 경우가 많습니다.

○ 동사 뒤에서 수식

The sales of our new product increased steadily.

우리의 신제품의 판매량이 **꾸준히** 증가하였다.

○ 문장 맨 뒤에서 동사 수식

Every employee has lunch at the cafeteria.

모든 직원은 **구내식당에서** 점심을 먹는다.

■ 형용사 수식

부사는 형용사 앞 또는 뒤에 위치하여 형용사를 수식합니다. 전치사구는 형용사 뒤에 위치하며 형용사를 수식합니다.

○ 형용사 앞에서 수식

The toxic chemical is extremely dangerous to deal with.

그 독성 화학물은 다루기에 **극도로** 위험하다.

■ 다른 부사 수식 (부사)

부사는 다른 부사를 수식하여 그 부사의 의미나 정도를 강조합니다.

○ 다른 부사를 수식

Eric practiced playing the guitar very hard for his first performance.

에릭은 그의 첫 번째 공연을 위해 **아주** 열심히 기타 연주를 연습했다.

■ 명사 수식 (전치사구)

전치사구는 명사를 수식하여 그 명사의 범위를 한정합니다.

○ 명사 뒤에서 수식하여 방문객들 중에서도 '출입증을 가진' 사람으로 방문객의 범위를 한정

The visitors with a pass are allowed to access the museum.

출입증을 가지고 있는 방문객들은 박물관으로 출입이 허용된다.

2 형용사절과 부사절

■ 형용사절

형용사절이란 명사를 수식하는 절이라는 의미로, 앞서 배운 관계대명사절과 관계부사절이 이에 해당됩니다. 형용사절이 문장에 포함되어 있을 경우, 문장이 길어져서 문장의 전체적인 구조를 파악하기 어려워 해석의 난이도도 높아집니다. 형용사절이 문장에 있으면 괄호로 묶고, 이를 제외한 기본 문장 구조를 먼저 파악한 뒤에 형용사절이 명사를 수식하는 것을 파악하도록 합니다.

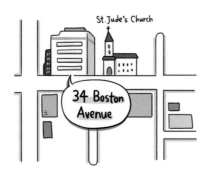

Starting March 1, he will work at the new branch which is located at 341 Boston Avenue, next to St. Jude's Church.

the new branch 설명 ○

문장 구조) Starting March 1, / he will work / at the new branch // (which is
　　　　　　　전치사구　　　　　주어　동사　　　　전치사구

관계대명사절

located / at 341 Boston Avenue / next to St. Jude's Church).

(직역) 3월 1일부터 / 그는 일할 것이다 / 새로운 지사에서 // (그것은 위치해 있다 / 보스턴 애비뉴 341번지에 / 세인트 쥬즈 교회 옆에)

(해석) 3월 1일부터 그는 세인트 쥬즈 교회 옆에 있는 보스턴 애비뉴 341번지에 위치해 있는 새로운 지사에서 일할 것이다.

관계대명사절이 동격구문처럼 콤마(,)를 이용해 삽입되어 있는 경우에는 앞의 명사를 수식하는 것이 아니라 콤마 앞에 있는 명사에 대한 부연설명이 삽입되었다고 생각하고 해석합니다. 그래서 관계대명사 앞에서 문장을 끊고 관계대명사를 '그것은/그는'(대명사)로 해석합니다.

특강 31
형용사절
해석

The music video, which is famous all over the world, features several celebrities.

관계대명사절

문장 구조 <u>The music video</u>, / **which is famous** / **all over the world**, / <u>features</u> /
주어   동사

<u>several celebrities.</u>
목적어

○ The music video에 대한 부연 설명처럼 해석

직역 그 뮤직 비디오, / **그것은 유명하다** / **전 세계에서**, / 주연으로 한다 / 몇몇의 유명인들을

해석 그 뮤직 비디오, 그것은 전 세계에서 유명한데, 몇몇 유명인들을 주연으로 한다.

■ 부사절

부사절은 부사절 접속사가 쓰인 문장을 말하며, 부사절은 주절과 함께 쓰이기 때문에 문장의 길이가 매우 긴 것이 특징입니다. 특히 전치사구와 함께 쓰이는 경우에 문장 구조를 파악하는 것이 어려울 수 있으므로 부사절 접속사를 기준으로 부사절과 주절을 구분하여 각 절의 주어와 동사를 혼동하여 해석하지 않도록 유의하며 문장을 읽어야 합니다.

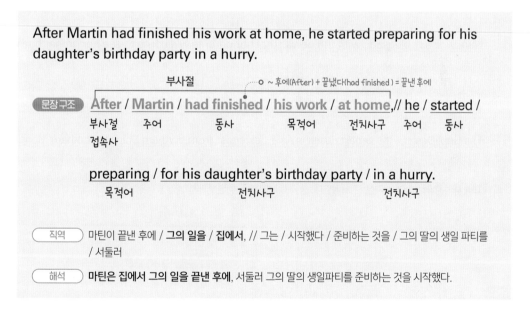

After Martin had finished his work at home, he started preparing for his daughter's birthday party in a hurry.

부사절   ○ ~ 후에(After) + 끝냈다(had finished) = 끝낸 후에

문장 구조 <u>After</u> / <u>Martin</u> / **had finished** / <u>his work</u> / <u>at home</u>,// <u>he</u> / <u>started</u> /
부사절   주어   동사   목적어   전치사구   주어   동사
접속사

<u>preparing</u> / <u>for his daughter's birthday party</u> / <u>in a hurry.</u>
목적어   전치사구   전치사구

직역 마틴이 끝낸 후에 / **그의 일을** / **집에서**, // 그는 / 시작했다 / 준비하는 것을 / 그의 딸의 생일 파티를 / 서둘러

해석 **마틴은 집에서 그의 일을 끝낸 후에**, 서둘러 그의 딸의 생일파티를 준비하는 것을 시작했다.

문법

독해

청취

VOCA

EXERCISE

문장 구조를 고려하여 빈칸에 들어갈 문장 구성 요소를 [보기]에서 골라 번호를 쓰세요.

[보기] ① 동격 구문 ② 부사 ③ 전치사구 ④ 형용사절 ⑤ 부사절

1 The store / is / conveniently / located / near the subway station.

주어 / 동사 / ( ) / 보어 / ( )

그 매장은 지하철역 근처에 편리하게 위치해 있다.

2 After Jessi finishes the project, / she / will take / a vacation / for two weeks.

( ) / 주어 / 동사 / 목적어 / ( )

제시는 그 프로젝트를 끝낸 후에, 2주 동안 휴가를 가질 것이다.

3 My sister, Bella, / who started her own business a month ago, / has been / very / busy / lately.

주어 / ( ) / 동사 / ( ) / 보어 / ( )

나의 여동생 벨라는, 한달 전에 자신의 사업을 시작했는데, 최근에 아주 바빴다.

4 Nancy / was / pleased / with the news / that her parents will come to see her on her birthday.

주어 / 동사 / 보어 / 전치사구 / ( )

낸시는 그녀의 생일에 부모님이 그녀를 보러 올 것이라는 소식에 기뻤다.

5 The Gobi Desert, / the largest desert in Asia, / extends / from northern China to southern Mongolia.

주어 / ( ) / 동사 / ( )

고비 사막은 아시아에서 가장 큰 사막인데, 중국 북부에서 몽골 남부까지 뻗어 있다.

[정답] **1** ②, ③ **2** ⑤, ③ **3** ④, ②, ② **4** ① **5** ①, ③

Words & Phrases

conveniently [부] 편리하게 located [형] 위치해 있는 near [전] ~의 가까이에 take a vacation 휴가를 가지다 start a business 사업을 시작하다 be pleased with ~에 기뻐하다 desert [명] 사막 extend [동] 뻗다, 이르다 from A to B: A에서 B까지

확인 문제 다음 문장에서 밑줄 친 부분을 해석해 보세요.

정답 및 해설 p. 9

동격의 콤마

1 Blitzkrieg, a German word for "lightning war," is a short and fierce military tactic that maximizes damage on an enemy at a rapid speed.

해석 블릿츠크리그, 즉, ______________________는 짧고 격렬한 군사 전술이며, 빠른 속도로 (다가오는) 적에게 피해를 극대화 시켜주는 전술이다.

부사절

2 While we were watching a movie at the Hargrove Theater last night, the power suddenly went out, so we were left in the dark for about 6 minutes.

해석 우리가 어젯밤에 하그로브 극장에서 ______________________, 전기가 나가서 우리는 약 6분 동안 어둠 속에 있었다.

동격의 that

3 Due to the weather forecast that there will be thick fog for the next few hours, the airline decided to cancel Flight CK731, which was scheduled to depart for New York at 7 A.M.

해석 ______________________ 기상 예보 때문에, 그 항공사는 CK731 비행편을 취소하기로 결정하였는데, 그것은 오전 7시에 뉴욕으로 떠나기로 예정되어 있던 것이었다.

Words & Phrases

German [형] 독일의, 독일어의 lighting [형] 번개같은 fierce [형] 격렬한, 사나운 military [형] 군사적인 tactic [명] 전술 maximize [동] 최대화하다 damage [명] 피해, 손상 enemy [명] 적 rapid [형] 빠른 power [명] 전기, 동력 suddenly [부] 갑자기 dark [명] 어둠 due to [전] ~때문에 weather forecast [명] 기상 예보 thick fog 짙은 안개 be scheduled to + **동사원형:** ~하기로 예정되어 있다 depart for ~로 출발하다, ~로 떠나다

문장 해석 연습 2: 분사구문

❶ 분사구문의 기본 개념

분사구문이란 부사절을 줄여서 분사의 형태로 나타낸 것을 말합니다. 형태는 분사이지만 해석은 부사절과 동일하게 하며, 부사절의 접속사가 사라진 상태이기 때문에 사라진 접속사의 의미를 유추하여 해석해야 하는 것이 특징입니다.

1 부사절과 분사구문

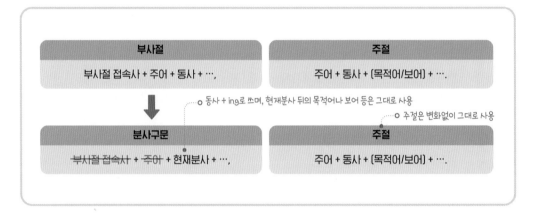

부사절이 분사구문으로 변할 때는 총 3단계의 과정을 거칩니다. ① 부사절 접속사가 생략되고, ② 부사절의 주어는 주절의 주어와 동일할 경우 생략됩니다. 그 다음 ③ 동사는 -ing를 붙여 현재분사로 만듭니다.

■ 생략 가능한 부사절 접속사

시간	as, when ~할 때 after ~후에 before ~전에 until ~할때 까지 as soon as ~하자마자
이유	because, as ~때문에
양보	although, even though 비록 ~이긴 하지만
조건	if 만약 ~라면 once 일단 ~하면 as long as ~하는 한

접속사의 의미를 분명하게 나타내기 위해서 부사절 접속사를 생략하지 않고 <부사절 접속사 + 분사> 어순으로 쓰는 경우도 있습니다.

특강 32
부사절과
분사구문

When you enter the laboratory, you should get your ID card scanned at the entrance.

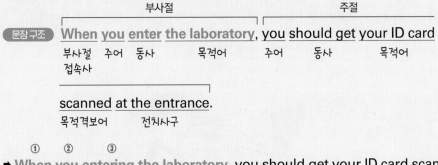

문장 구조 When you enter the laboratory, you should get your ID card
부사절 주어 동사   목적어   주어   동사   목적어
접속사

scanned at the entrance.
목적격보어   전치사구

① ② ③
➡ ~~When you~~ entering the laboratory, you should get your ID card scanned at the entrance.
➡ Entering the laboratory, you should get your ID card scanned at the entrance.

해석 실험실에 들어갈 때, 당신은 출입구에서 당신의 ID 카드를 스캔해야 한다.

2 수동태 문장의 분사 구문

부사절이 수동태일 경우, 분사구문은 Being p.p.가 되어야 하지만, Being 뒤의 p.p.(과거분사)도 현재분사와 같은 종류의 분사이므로, Being이 생략되고 p.p.로 분사구문이 시작됩니다.

After he was encouraged by his first success, he went on to write his second novel.

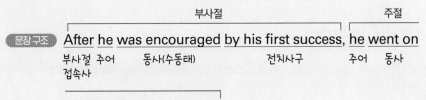

문장 구조 After he was encouraged by his first success, he went on
부사절 주어   동사(수동태)   전치사구   주어   동사
접속사

to write his second novel.
목적어

○ 생략 가능
➡ ~~After he~~ being encouraged by his first success, he went on to write his second novel.
➡ Encouraged by his first success, he went on to write his second novel.

해석 그의 첫 성공에 기운을 얻은 후, 그는 그의 두 번째 소설을 계속해서 썼다.

3 문장 뒤에 위치하는 분사구문

주절 뒤에 콤마(,)를 쓰고 분사구문이 쓰이기도 합니다. 이때 생략된 부사절 접속사의 의미가 결합되어 '~할 때', '~하기 때문에', '~하면서'라는 의미로 해석됩니다. 특히 현재분사로 시작하는 분사구문은 동시 동작의 의미로 '~하면서'라고 해석하고, 과거분사로 시작하는 분사구문은 '~되면서'라고 해석하는 경우가 많습니다.

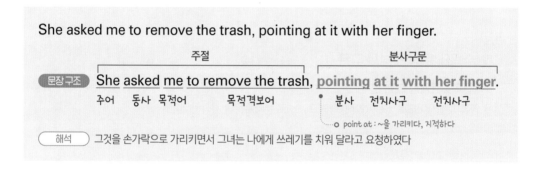

She asked me to remove the trash, pointing at it with her finger.

주절	분사구문

문장구조 She <u>asked</u> <u>me</u> to remove the trash, pointing at it with her finger.

주어　동사　목적어　　　목적격보어　　　　분사　전치사구　　전치사구

○ point at : ~을 가리키다, 지적하다

해석 그것을 손가락으로 가리키면서 그녀는 나에게 쓰레기를 치워 달라고 요청하였다

❷ 분사구문 해석 연습

분사구문은 일반적으로 부사절에 있는 부사절 접속사와 주어를 생략하고 동사를 분사로 바꾼 것이기 때문에 분사구문을 해석하기 위해서는 생략된 부사절 접속사가 무엇인지 파악해야 합니다. 분사구문을 해석하는 방법은 다음과 같습니다.

① 분사구문을 평서문과 같이 '~하다/~이다'라는 형태로 해석한다.

② 주절을 해석한다.

③ 분사구문의 의미에 부사절 접속사의 의미를 넣어 분사구문과 주절의 관계를 자연스럽게 연결해주는 접속사를 찾는다.

1 접속사 when, while, as가 생략된 분사구문

Purchasing a flight ticket online, Mr. Smith used a personal credit card.

❶ 분사구문: "비행기표를 온라인으로 구매한다"   ❷ 주절: "스미스 씨는 개인 신용 카드를 사용했다."

❸ 생략된 접속사: when (~할 때) / 비행기표를 구입하는 행위와 신용 카드를 사용하는 것은 시간상 동시에 진행

(해석) 비행기표를 온라인으로 구매했을 때, 스미스 씨는 개인 신용 카드를 사용했다.

Having a conversation with Fred, Benji said he will move to a new apartment next month.

❶ 분사구문: "프레드와 대화를 하다"   ❷ 주절: "벤지는 그가 다음 달에 새 아파트로 이사를 갈 것이라고 말했다."

❸ 생략된 접속사: while (~하는 중에) / 대화를 나누는 것과 이사를 갈 것이라고 말했다는 행위는 시간상 동시에 발생

(해석) 프레드와 대화를 하던 중에, 벤지는 그가 다음 달에 새 아파트로 이사를 갈 것이라고 말했다.

 시간을 나타내는 접속사 중에 when과 while은 분사구문에서 둘 중에 어느 접속사가 생략되었는지 명확하게 구분하기 어렵기 때문에 문맥에 맞게 혼용하여 사용하기도 합니다.

2 접속사 because가 생략된 분사구문

Feeling too tired, he decided to go home early.

❶ 분사구문: "너무 피곤하다"   ❷ 주절: "그는 집에 일찍 가기로 결정했다."

❸ 생략된 접속사: because (~때문에) / 원인(피곤하다)과 결과(집에 일찍 가기로 결정했다) 관계

(해석) 너무 피곤했기 때문에, 그는 집에 일찍 가기로 결정했다.

특강 33
분사구문
해석 연습

EXERCISE

다음 문장의 빈칸에 들어갈 부사절 접속사가 무엇인지 해석된 문장을 보고 [보기]에서 골라 번호를 쓰세요.

> **보기**　① when (~할 때)　② because (~때문에)　③ although (비록 ~하지만)　④ while (~하는 중에)　⑤ if (~한다면)

1　**Attending the project demonstration**, you can take a look at a prototype in person.

=　(　　) you attend the product demonstration

제품 시연회에 참석하는 동안, 당신은 직접 시제품을 살펴볼 수 있습니다.

2　**Following the safety regulations**, everyone was able to get out of the building safely during the fire.

=　(　　) everyone followed the safety regulations

안전 규정을 지켰기 때문에, 모든 사람이 불이 난 동안 건물에서 안전하게 나올 수 있었다.

3　**Returning to the office after the interview**, I heard I would get promoted to administrative manager.

=　(　　) I returned to the office after the interview

면담 후에 사무실로 돌아왔을 때, 나는 내가 총무 부장으로 승진될 것이라는 소식을 들었다.

4　**Merged with the IT company in Germany**, TR Telecome will expand its market share in Europe.

=　(　　) TR Telecom is merged with the IT company in Germany

독일에 있는 IT회사와 합병된다면, TR Telecom은 유럽에서의 시장 점유율을 늘릴 것이다.

5　**Not studying anything for the mid-term**, I had to take the test.

=　(　　) I didn't study anything for the mid-term

중간고사를 위해 아무 것도 공부하지 않았지만, 나는 시험을 쳐야만 했다.

정답　1 ④　2 ②　3 ①　4 ⑤　5 ③

Words & Phrases

demonstration (명) 시연(회)　take a look 살펴보다　prototype (명) 시제품, 모델　in person (부) 직접　return (동) 돌아오다　get promoted 승진하다　administrative manager (명) 총무 부장　merge (동) 합병하다, 통합하다　expand (동) 확장하다, 늘리다　market share (명) 시장 점유율　mid-term (명) 중간고사

확인 문제

다음 문장에서 밑줄 친 부분을 해석해보세요.

정답 및 해설 p. 9

인과 관계의 분사구문

1 Stretching from Pakistan to Nepal, the Himalayas covers over 2,400 kilometers of land in Asia.

[해석] ______________________________, 히말라야는 아시아에서 2,400 킬로미터 길이가 걸쳐있다.

조건의 분사구문

2 Relying on the music teacher's conducting during the performance, the school choir will be able to sing the song flawlessly.

[해석] 공연 중에 ______________________________, 학교 합창단은 실수 없이 그 노래를 부를 수 있을 것이다.

동시 동작의 분사구문

3 Mr. Swift filed a lawsuit against his accountant, accusing him of misusing his retirement savings.

[해석] 스위프트 씨는 그의 회계사가 퇴직 예금을 오용한 것을 ______________ 소송을 제기하였다.

Words & Phrases

stretch from A to B: A에서 B까지 뻗어 있다 cover [동] (언급된 지역에) 걸치다 rely on ~에 의지하다, 의존하다 conducting [명] 지휘 performance [명] 공연 choir [명] 합창단 flawlessly [부] 실수 없이, 흠잡을 데 없이 file a lawsuit against ~에게 (법적) 소송을 제기하다 accountant [명] 회계사 accuse A of B: A를 B에 대해 비난하다, 고발하다 misuse [동] 오용하다, 남용하다 retirement [명] 은퇴, 퇴직 savings [명] 저축, 예금

DAY 13 문장 해석 연습 3: 병렬구조

① 병렬구조의 기본 개념

병렬구조란 등위접속사 또는 상관접속사가 연결하는 단어, 구, 절이 문법적으로 동일한 문장 구성 요소나 시제를 가지는 것을 말합니다. 등위접속사나 상관접속사는 두 문장의 전체를 연결하지만, 뒤에 연결되는 문장에 앞 문장과 중복되는 것이 있으면 생략하기 때문에 병렬구조를 이룰 수 있습니다.

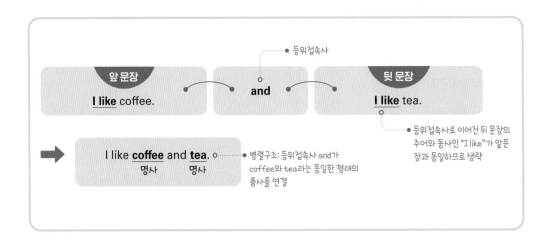

1 등위접속사

등위접속사는 문장과 문장, 단어와 단어, 구와 구를 대등하게 연결시켜주는 접속사입니다. 위의 예시처럼 A(문장/단어/구) + 등위접속사 + B(문장/단어/구)의 구조로 연결합니다. 이때 A와 B는 병렬구조를 이뤄야 하며, A와 B에서 중복되는 부분은 B에서 생략 가능합니다.

■ 등위 접속사의 종류

등위접속사	의미	쓰임새
A and B	A 그리고 B	A와 B를 순차적으로 연결
A but B	A 하지만 B	A와 B를 상반된 의미 관계로 연결
A or B	A 또는 B	A와 B 중에서 하나를 선택

She lives in New York and works as a magazine editor.

동사와 동사를 연결

문장 구조 She **lives** / in New York / **and** (she) **works** / as a magazine editor.
　　　　　　주어　동사　　　전치사구　등위접속사 주어　동사　　　　　전치사구

직역 　그녀는 **산다** / 뉴욕에 / 그리고 (그녀는) **일한다** / 잡지 편집자로

해석 　그녀는 뉴욕에 **살고**, 잡지 편집자로 **일한다**.

The seats are available but limited.

형용사와 형용사를 연결

문장 구조 The seats are / **available** / **but** (the seats are) **limited**.
　　　　　　　주어　　　동사 형용사(주격보어) 등위접속사　　주어　　　동사 과거분사(주격보어)

직역 　그 좌석들은 / **이용 가능하다** / **하지만** (그 좌석들은) / **제한되어 있다**.

해석 　그 좌석들은 **이용 가능하지만 제한되어 있다**.

She can't decide whether she should go to a restaurant or buy a sandwich
for lunch.

　　　　　　　　　　　　　　　　○ whether부터 for lunch까지 decide의 목적어로 사용된 명사절

　　　　　　　　　　　　　　　　　조동사 should 뒤 동사원형과 동사원형을 연결

문장 구조 She can't decide / whether **she should go** to a restaurant /
　　　　　　주어　　　동사　　명사절접속사 주어　　동사　　　　전치사구

　　　　or (she should) **buy** a sandwich for lunch.
　　등위접속사 주어　조동사　동사　　목적어　　전치사구

직역 　그녀는 결정할 수 없다 / **그녀가** 식당에 **가야 할지** / **또는** (그녀가) 점심으로 샌드위치를 **사야 할지를**

해석 　그녀는 **그녀가** 식당에 **가야 할지 또는** 점심으로 샌드위치를 **사야 할지를** 결정할 수 없다.

2 상관접속사

상관접속사는 서로 밀접한 상관 관계에 있는 부사와 등위접속사로 구성된 접속사입니다. 등위접속사는 의미를 강조하기 위해 등위접속사로 연결되는 두 요소 앞에 부사를 추가하여 사용합니다. 상관접속사는 함께 짝으로 사용되는 부사와 등위접속사가 정해져 있으며, 반드시 이 짝에 맞추어 사용해야 합니다.

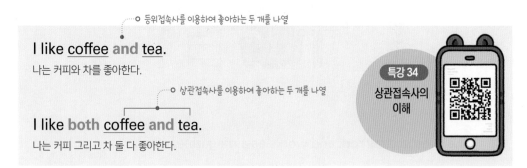

■ 상관접속사의 종류

상관접속사	의미	쓰임새
both A and B	A와 B 둘 모두	A와 B 둘 다 포함
either A or B	A와 B 둘 중 하나	A와 B 중에서 하나를 선택
neither A nor B	A와 B 둘 다 아닌	A와 B 둘 다 제외 (모두 부정)
not only A but also B	A뿐만 아니라 B도	A에 B를 추가

○ cast a ballot : 투표하다, 표를 던지다

Voters can cast a ballot either during the early voting period or on voting day.

서로 다른 전치사구를 연결

문장 구조 Voters / can cast / a ballot / either / during the early voting period /
　　　　　　주어　　　　동사　　　목적어　　　　　　　　　　　전치사구

or on voting day.

직역 유권자들은 / (표를)던질 수 있다 / 투표 용지를 / 둘 중에 하나 / 사전투표기간 동안 / 또는 / 투표일에

해석 유권자들은 사전투표기간 동안 또는 투표일 둘 중 하루에 투표할 수 있다.

The doctor advised me to have neither coffee nor fast food.

명사와 명사를 연결

문장 구조 The doctor / advised / me / to have / neither / coffee / nor / fast food.
　　　　　　주어　　　　동사　목적어　목적격보어(to부정사)　　　to부정사의 목적어

직역 그 의사는 / 권고했다 / 나에게 / 먹으라고 / 둘 다 아닌 / 커피 / ~도 아닌 / 패스트푸드를

해석 그 의사는 나에게 커피와 패스트푸드 둘 다 먹지 말라고 권고했다.

Mr. Maine wants to not only travel around New York but also get a job there.

to부정사의 동사원형과 동사원형을 연결

문장 구조 Mr. Maine / wants / to / not only / travel around New York / but also / get
　　　　　　주어　　　동사　　　목적어(to부정사)

a job / there.

직역 메인 씨는 / 원한다 / ~하는 것을 / 뿐만 아니라 / 뉴욕을 여행하는 것 / ~도 또한 / 일자리를 얻는 것 / 거기서

해석 메인 씨는 뉴욕을 여행하는 것 뿐만 아니라 거기서 일자리를 얻는 것도 또한 원한다.

❷ 병렬구조 해석 연습

병렬구조는 A와 B라는 단어, 구, 절을 연결하는 등위접속사와 상관접속사를 포함한 문장에서 나타나는 구조이므로, 지문을 읽다가 등위접속사나 상관접속사가 나오면 연결되는 부분, 즉 A와 B가 어디인지를 파악하는 것이 중요합니다. 병렬구조를 파악하는 방법은 다음과 같습니다.

① 등위접속사나 상관접속사에 네모로 표시하고, 접속사 뒤에 위치한 단어 구, 절(B)이 어떤 형태인지 파악합니다.

② 접속사 뒤에 위치한 단어, 절(B)과 동일한 형태(A)가 접속사 앞 부분에 있는지 확인합니다. (상관접속사의 경우 부사 바로 뒤에 위치)

③ 동일한 문장 구성 요소나 시제를 가진 두 연결요소를 접속사의 의미에 결합하여 자연스러운 형태로 해석합니다.

1 등위접속사의 병렬구조

The manager found out that opening the store 30 minutes earlier is not effective and makes the staff weary.

❶ 등위접속사 and 확인 후 네모 표시, and 뒤에 현재시제 동사 확인
❷ and 앞에서 현재시제 동사 is를 확인하여 현재시제 동사끼리 병렬구조를 이루고 있음을 확인
❸ 연결된 A와 B가 모두 현재시제 동사이므로 현재시제 동사 is의 주어 opening the store 30 minutes earlier를 makes의 주어로 해석

(해석) 그 매니저는 30분 더 일찍 매장을 여는 것이 효율적이지 **않고**, 직원들을 지치게 **만든다**는 것을 알아냈다.

George Martin produced the Beatles' last album, but continued working with the former members of Beatles.

❶ 등위접속사 but 확인 후 네모 표시, but 뒤에 과거시제 동사 확인
❷ but 앞에서 과거시제 동사 produced를 확인하여 과거시제 동사끼리 병렬구조를 이루고 있음을 확인
❸ 연결된 A와 B가 모두 과거시제 동사이므로 과거시제 동사 produced의 주어 George Martin을 continued의 주어로 해석

(해석) 조지 마틴은 비틀즈의 마지막 앨범을 **제작하였지만**, 비틀즈의 이전 그 멤버들과 함께 작업하는 것을 **계속했다**.

2 상관접속사의 병렬구조

All employees who work from home should both submit a daily report and share their progress.

❶ both A and B의 상관접속사 구문 확인, both 뒤에 동사원형 확인
❷ and 뒤에도 동사원형을 확인하여 동사원형끼리 병렬구조를 이루고 있음을 확인
❸ 연결된 A와 B가 모두 조동사 should 뒤에 위치하므로 submit(제출하다)과 share(공유하다)를 모두 해야 한다는 의미로 해석

(해석) 재택 근무하는 모든 직원들은 일일 보고서를 **제출하는 것**과 경과를 **공유하는 것** 둘 다 해야 합니다.

Any player who either touches the ball with his hands or pushes an opposing player will receive a yellow card as a warning.

❶ either A or B의 상관접속사 구문 확인, either 뒤에 현재시제 동사 확인
❷ or 뒤에도 현재시제 동사가 위치하여 현재시제 동사끼리 병렬구조를 이루고 있음을 확인
❸ 연결된 A와 B가 모두 주격 관계대명사 who 뒤에 위치하므로, 앞의 선행사 Any player를 수식하도록 'touches(만지다) 또는 pushes(밀다) 중 하나를 하는'이라는 의미로 해석

(해석) 손으로 공을 **만지거나, 또는** 상대방 선수를 **미는** 선수는 누구라도 경고로서 노란색 카드를 받을 것입니다.

The professor was recognized not only as a leader in the field of physics, but also as the best speaker at the academic conference.

❶ not only A but also B의 상관접속사 구문 확인, not only 뒤에 as 전치사구 확인
❷ but also 뒤에도 명사가 위치하여 as 전치사구끼리 병렬구조
❸ 연결된 A와 B가 모두 as 전치사구이므로 a leader(지도자) 뿐만 아니라 a best speaker(최고의 연설자)로서도 인정받았다는 의미로 해석

(해석) 그 교수는 물리학 분야에서 **지도자로서 뿐만 아니라**, 학술 컨퍼런스에서 **최고의 연설자로서도** 인정을 받았다.

특강 35
병렬구조
해석 연습

EXERCISE

다음 문장에서 빈칸에 들어갈 단어가 무엇인지 [보기]에서 골라 번호를 쓰세요.

[보기] ① and ② but ③ or ④ both ⑤ neither

1 Kevin is not only reliable __________ also talented.
케빈은 믿음직할 뿐만 아니라 재능이 뛰어나다.

2 The workshop was very informative for __________ experts and beginners.
그 워크숍은 전문가와 초보자 둘 다에게 매우 유익했다.

3 Ms. Wells began working on the public relations team five years ago __________ has contributed substantially to the success of the company.
웰스 씨는 5년 전에 홍보팀에서 일하기 시작했고 그 회사의 성공에 상당히 기여해왔다.

4 If you want to become a member, please send us the completed application __________ visit our office in person.
회원이 되고 싶으시다면, 완성된 신청서를 저희에게 보내주시거나, 저희 사무실을 직접 방문해 주십시오.

5 All test takers must __________ possess any electrical devices nor borrow writing instruments during the test.
모든 시험 응시자들은 시험 중에 그 어떤 전자 기기를 소지하는 것과 필기구를 빌리는 것 둘 다 허용되지 않는다.

[정답] **1** ② **2** ④ **3** ① **4** ③ **5** ⑤

Words & Phrases

reliable [형] 믿을만한, 믿음직한 talented [형] 재능이 있는, 재능이 뛰어난 informative [형] 유익한 expert [명] 전문가 beginner [명] 초보자, 입문자 public relations [명] (기업의) 홍보 contribute [동] 기여하다 substantially [부] 상당히 success [명] 성공 completed [형] 완성된 application [명] 신청서, 지원서 in person [부] 직접 test taker [명] 시험 응시자 possess [동] 소유하다 electrical [형] 전기의 writing instrument [명] 필기구

확인 문제

다음 문장에서 밑줄 친 부분을 해석해보세요.

정답 및 해설 p. 9

등위접속사 and와 병렬구조

1 Currently, the department store is offering a 20% discount on any item for customers who have a valid coupon and purchase over $300 of merchandise.

[해석] 현재 그 백화점은 유효한 쿠폰을 소지하고 300 달러 이상의 상품을 ____________ 고객들을 위해 그 어떤 물품에 대해서도 20 퍼센트 할인을 제공하고 있다.

상관접속사 either A or B와 병렬구조

2 The government must choose to either postpone the opening of the school year until September or give students online classes for a month.

[해석] 정부는 개학을 9월까지 미루거나, 또는 ____________________ 둘 중 하나를 선택해야 한다.

등위접속사 but과 병렬구조

3 The researchers noticed that the strength of the earthquakes increased but that their frequency decreased.

[해석] 연구원들은 그 지역에서 지진의 강도가 증가했지만, ____
____________________을 알아차렸다.

Words & Phrases

department store [명] 백화점 item [명] 물품 valid [형] 유효한 issue [동] 발급하다 purchase [동] 구매하다 merchandise [명] 상품 government [명] 정부 postpone [동] 연기하다, 미루다 school year [명] 학년도 start a school year 학년도를 시작하다, 학기를 시작하다 notice [동] 알아차리다 strength [명] 강도, 세기 earthquake [명] 지진 increase [동] 증가하다 frequency [명] 빈도(수) decrease [동] 줄어들다, 감소하다

DAY **14**

문장 해석 연습 4: 강조 구문

① 강조 구문의 기본 개념

독해 지문의 내용 중에 특별히 강조되어야 하는 부분이 있을 경우, 강조되는 부분이 잘 드러나지 않는 일반적인 평서문으로 쓰지 않고 특별한 강조 구문을 사용하여 내용을 강조합니다. 강조되는 대상은 명사, 부사구(전치사구), 형용사, 부사, 동사입니다.

강조되는 대상에 따라 각각의 강조 구문이 다른 형태를 가지고 있어서 이런 강조 구문을 알지 못하면 해석하기가 어렵고, 자칫 오역을 할 수도 있기 때문에 미리 강조 구문을 학습하고 해석하는 연습을 해야 합니다.

1 It ~ that 강조 구문

It ~ that 강조 구문은 명사 또는 부사구(전치사구)를 강조할 때 사용하는 구문입니다. It 과 that 사이에 강조하고자 하는 명사나 부사구를 넣고, that 뒤에는 강조되는 명사 또는 부사구를 제외한 나머지 문장 성분을 씁니다. 우리말로 '~**한 것은 바로 [명사/부사구]이다**'라고 해석합니다.

특강 36
It ~ that
강조구문
해석

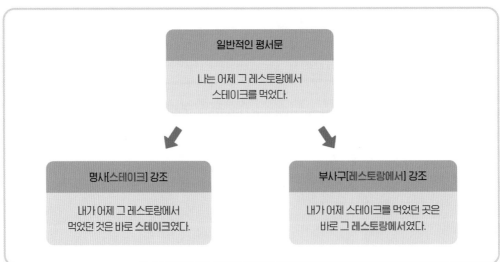

일반적인 평서문

나는 어제 그 레스토랑에서
스테이크를 먹었다.

명사[스테이크] 강조

내가 어제 그 레스토랑에서
먹었던 것은 바로 스테이크였다.

부사구[레스토랑에서] 강조

내가 어제 스테이크를 먹었던 곳은
바로 그 레스토랑에서였다.

■ It ~ that 강조 구문 형태

> ⚬ be동사가 시제를 나타냄(현재시제: is / 과거시제: was)
>
> It + be동사 + **[명사/부사구]** + that + (주어) + 동사 + 목적어/보어 + (부사구) 등
>   강조되는 내용

I had a steak at the restaurant yesterday.
나는 어제 그 레스토랑에서 스테이크를 먹었다.

· 명사[a steak] 강조

It was a steak / that I had / at the restaurant / yesterday.

직역 그것은 **스테이크**였다 / 내가 먹었던 것은 / 그 레스토랑에서 / 어제

해석 내가 어제 그 레스토랑에서 먹었던 것은 바로 **스테이크**였다.

· 부사구[at the restaurant] 강조

It was at the restaurant / that I had / a steak / yesterday.

직역 그것은 **그 레스토랑에서**였다 / 내가 먹었던 곳은 / 스테이크를 / 어제

해석 내가 어제 스테이크를 먹었던 곳은 바로 **그 레스토랑에서**였다.

She enjoyed reading poetry during her vacation.
그녀는 그녀의 휴가 동안 시를 읽는 것을 즐겼다.

· 명사[the poetry] 강조

It was poetry / that she enjoyed / reading / during her vacation.

직역 그것은 **시**였다 / 그녀가 즐겼던 것은 / 읽는 것을 / 그녀의 휴가 동안

해석 그녀가 그녀의 휴가기간 동안 읽는 것을 즐겼던 것은 바로 **시**였다.

· 부사구[during her vacation] 강조

It was during her vacation / that she enjoyed / reading / poetry.

직역 그것은 **그녀의 휴가기간 동안**이었다 / 그녀가 즐겼던 것은 / 읽는 것을 / 시를

해석 그녀가 시를 읽는 것을 즐겼던 것은 바로 **그녀의 휴가 동안**이었다.

2 so ~ that 강조 구문

so ~ that 강조 구문은 **형용사** 또는 **부사를 강조**하는 구문입니다. 형용사나 부사가 나타내는 의미의 정도를 강조하여 that 절의 내용과 **인과 관계**를 나타냅니다. so 뒤에 형용사나 부사를 쓰고, that 뒤에는 완전한 절을 써서 '**아주/너무 [형용사/부사]해서 ~하다**'라는 의미를 가집니다.

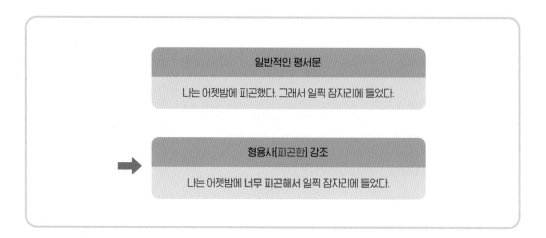

■ so ~ that 강조 구문 형태

주어 + 동사 + … + so + **[형용사/부사]** + **that** + **주어 + 동사 + 목적어/보어 등**
강조되는 내용   접속사   결과 내용

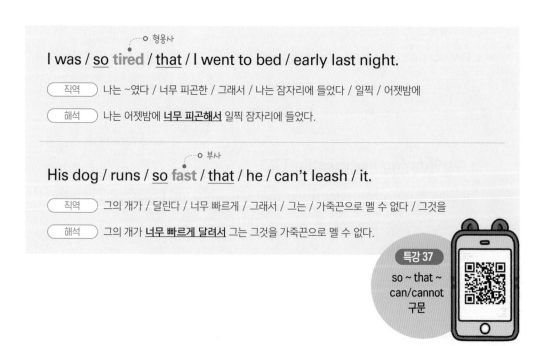

○ 형용사

I was / so tired / that / I went to bed / early last night.

(직역) 나는 ~였다 / 너무 피곤한 / 그래서 / 나는 잠자리에 들었다 / 일찍 / 어젯밤에

(해석) 나는 어젯밤에 **너무 피곤해서** 일찍 잠자리에 들었다.

○ 부사

His dog / runs / so fast / that / he / can't leash / it.

(직역) 그의 개가 / 달린다 / 너무 빠르게 / 그래서 / 그는 / 가죽끈으로 멜 수 없다 / 그것을

(해석) 그의 개가 **너무 빠르게 달려서** 그는 그것을 가죽끈으로 멜 수 없다.

특강 37

so ~ that ~ can/cannot 구문

3 부정어 도치 강조 구문

부정어 도치 강조 구문은 not, never, little, few와 같은 부정어를 강조하기 위해 부정어를 문장 맨 앞에 쓰고 문장의 주어와 조동사의 위치를 바꾸는 구문을 말합니다. 이렇게 말의 위치를 바꾸는 것을 '도치'라고 합니다. 부정어 도치 강조 구문은 일반적인 부정문과 해석에는 차이가 없으나 영어 문장의 어순이 특이하여 이에 유의해서 해석하는 연습이 필요합니다.

■ 부정어 도치 강조구문 형태

부정어 + **조동사** + **주어** + **동사원형** + **목적어/보어 등**

not, never, little, 등 do, have, can 등

■ 부정어의 종류

no 어떤 ~도 아닌	not ~이 아닌	never 결코 ~않는
hardly 거의 ~않는	seldom 거의 ~않는	rarely 좀처럼 ~않는
barely 거의 ~않는	little 별로 ~않는, 거의 ~없는(셀 수 없는 명사)	few 거의 ~ 없는(셀 수 있는 명사)
neither A nor B A도 B도 둘 다 아닌		

부정어 도치 강조 구문에서 위와 같은 부정어 뒤에 위치하는 조동사 자리에 조동사 없이 일반동사가 쓰인 문장에서는 do, does, did가 부정어 뒤에 사용되고, be동사가 쓰인 문장에서는 be동사가 직접 부정어 뒤에 위치합니다.

현재완료(have p.p.)나 과거완료시제(had p.p.)의 경우, 조동사 역할을 하는 중에서 각각 have와 had가 부정어 뒤에 위치합니다.

ㅇ 현재완료시제 has p.p.

<u>**Never has he visited**</u> his grandmother since last year.
부정어   주어

= He / has never visited / his grandmother / since last year.

(직역) 그는 / 결코 방문한 적이 없다 / 그의 할머니를 / 작년 이후로

(해석) 그는 작년 이후로 그의 할머니를 결코 방문한 적이 없다.

❷ 강조 구문 해석 연습

1 It ~ that 강조 구문

It ~ that 강조 구문에서 It은 '그것은'이라고 해석하고, that은 관계대명사와 같은 역할을 합니다. 그래서 It is/was 뒤에 나오는 명사 또는 부사구(= 전치사구), 그리고 그 뒤에 that절이 이어지면 강조 구문으로 볼 수 있습니다. 지문 해석 시에 '~한 것은 바로 ~이다'라고 하는 것보다 영어 문장의 어순대로 '그것은 바로 ~이다 / ~한 것은'이라고 해석하는 것이 더 효율적입니다.

It was <u>in Hawaii</u> **that** my family had a vacation for 2 weeks last summer.
　　　　전치사구

❶ It 뒤에 be동사, 그리고 that 앞에 부사구(=전치사구)인 in Hawaii가 있으므로 It ~ that 강조 구문이 쓰인 것을 확인
❷ 영어 문장의 어순대로 It was in Hawaii를 '그것은 바로 하와이에서였다'라고 먼저 해석하고 that 절을 '~하는 곳은'이라고 해석

(해석) **그것은 바로** 하와이에서였다 / 나의 가족이 지난 여름에 2주 동안 휴가를 보낸 **곳은**

It was <u>Taekwondo</u> **that** became an official Olympic sport in the 2000
　　　　명사
Sydney Olympics.

❶ It 뒤에 be동사, 그리고 that 앞에 명사 Taekwondo가 있으므로 It ~ that 강조 구문이 쓰인 것을 확인
❷ 영어 문장의 어순대로 It was Taekwondo를 '그것은 바로 태권도였다'라고 먼저 해석하고 that절을 '~했던 것은'이라고 해석

(해석) **그것은 바로** 태권도였다 / 2000년도 시드니 올림픽에서 공식적인 올림픽 종목이 되었던 **것은**

2 so ~ that 강조 구문

so ~ that 강조 구문은 문장에서 <so + 형용사/부사> 뒤에 that절이 위치한 것을 보고 파악할 수 있습니다. 이 때 <so + 형용사/부사>는 단어의 의미 그대로 '너무 ~하다/~하게'라고 해석하고, 뒤에 나오는 접속사 that은 '그래서'라고 해석해야 합니다.

He spoke **so** <u>quietly</u> **that** the audience asked him to speak louder.
　　　　　　부사

❶ so 뒤에 부사 quietly가 있고 뒤에 that절이 위치한 것을 보고 so ~ that 구문이 쓰인 것을 확인
❷ so는 quietly를 수식하고, that은 '그래서'라고 해석하여 원인과 결과의 관계로 해석

(해석) 그는 **너무 조용히 말해서** 청중들이 그에게 더 크게 말하라고 요청했다.

The hospital was **so** <u>crowded</u> **that** I had to wait for a long time to be treated.
　　　　　　　　　　　　형용사

❶ so 뒤에 형용사 crowded가 있고 뒤에 that절이 위치한 것을 보고 이어지므로 so ~ that 구문이 쓰인 것을 확인

❷ so는 crowded를 수식하고, that은 '그래서'라고 해석하여 원인과 결과의 관계로 해석

(해석) 그 병원은 **너무 붐벼서** 치료를 받기 위해 나는 오랜 시간 동안 기다려야 했다.

3 부정어 도치 강조 구문

부정어 도치 강조 구문은 다만 <부정어 + be동사 +주어> 또는 <부정어 + 조동사 + 주어 + 동사원형>의 어순이라 일반적인 부정문과 달라서 문장 해석이 어려울 수 있습니다. 이때 <주어 + be동사 + 부정어>로 어순을 바꾸거나 <주어 + 조동사 + 부정어>로 어순을 바꾸어 동사원형 앞에 위치시키면 일반적인 부정문과 동일하므로 해석하기에 더 수월해집니다.

Not only <u>was</u> <u>the student</u> late for the class, but also he didn't submit the
　　　　　　동사　　　주어

assignment.

❶ 부정어 not이 문장 맨 앞에 위치해 있고 be동사 was와 주어 the student가 도치되어 있는 것을 확인

❷ 주어를 문장 맨 앞에 위치시키고 not only를 be동사 뒤에 위치시켜 일반적인 부정문으로 변경
= The student was not only late for the class, but also he didn't submit the assignment.

(해석) 그 학생은 수업에 늦었을 **뿐만 아니라**, 그는 과제도 제출하지 않았다.

Hardly <u>could</u> <u>I</u> <u>say</u> anything to the doctor because of my sore throat.
　　　　　조동사　주어 동사원형

❶ 부정어 hardly가 문장 맨 앞에 위치해 있고 조동사 could와 주어 I가 도치되어 있는 것을 확인

❷ 주어를 문장 맨 앞에 위치시키고, hardly를 조동사 could 뒤에 위치시켜 일반적인 부정문으로 변경
= I could hardly say anything to the doctor because of my sore throat.

(해석) 나는 내 인후염 때문에 의사에게 그 어떤 말도 **거의** 할 수가 **없었다.**

특강 38
부정어 도치
문장 해석
연습

EXERCISE

다음 문장에서 빈칸에 들어갈 단어가 무엇인지 **해석을 읽고** [보기]에서 골라 번호를 쓰세요.

[보기] ① it ② so ③ that ④ not ⑤ little

1 It is in Texas __________ the university where George graduated is located.
조지가 졸업한 대학교가 위치해 있는 곳은 바로 텍사스이다.

2 __________ only did Tom get a job in Chicago, but also his wife is from there.
톰은 시카고에서 직장을 구했을 뿐만 아니라 그의 부인은 그곳 출신이다.

3 My car is __________ old __________ I can't drive fast on an uphill road.
내 차는 너무 오래 되어서 나는 오르막길에서 빠르게 운전할 수가 없다.

4 __________ was Alexander Gustave Eiffel __________ designed and built the Eiffel Tower.
에펠 탑을 디자인하고 지은 것은 바로 알렉산더 귀스타브 에펠이었다.

5 __________ did I like mathematics, but I was good at it.
나는 수학을 별로 좋아하지는 않았지만, 그것을 잘했다.

[정답] **1** ③ **2** ④ **3** ②, ③ **4** ①, ③ **5** ⑤

Words & Phrases

graduate [동] 졸업하다 be located 위치하다 uphill road [명] 오르막길 design [동] 디자인하다, 설계하다 be good at ~을 잘하다

확인 문제

다음 문장에서 밑줄 친 부분을 해석해보세요.

정답 및 해설 p. 10

It ~ that 강조 구문

1 It is fossil fuel burning that is the main source of greenhouse gases.

해석 온실 가스의 주된 원천은 바로 ______________________________.

so ~ that 강조 구문

2 Her teaching method was so useful for children that it spread to many schools all over the world.

해석 그녀의 교수법은 아이들에게 ____________________, 그것은 전 세계에 있는 많은 학교로 퍼졌다.

부정어 도치 강조 구문

3 Little is he remembered today, but Antonio Meucci was the inventor of the telephone.

해석 그는 ______________________. 하지만 안토니오 메우치가 전화기의 발명자였다.

Words & Phrases

fossil fuel [명] 화석 연료 burning [명] 연소 teaching method [명] 교수법 useful [명] 유용한 spread [동] 퍼지다, 확산되다 be remembered 기억되다 inventor [명] 발명가, 발명자

PART별 지문 풀이

「문법 DAY 01~10」에서 배운 문법 이론과 「독해 DAY 11~14」에서 배운 독해 지문의 문장 해석 연습을 적용해 볼 수 있는 실전 유형의 독해 지문으로 문제를 푸는 연습을 하여 실전에 대비할 수 있도록 합니다.

❶ 독해 문제 풀이 방법

독해 영역에는 세부정보, 주제 및 목적, 추론 등 여러 가지 문제 유형이 출제 됩니다. 하지만, 모든 문제를 푸는 방법은 문제에 있는 키워드를 먼저 찾고 지문에 이와 일치하는 키워드가 있는 문장을 찾아 정답의 단서를 확인하는 것입니다.

<예제>

> Maya Angelou was born Marguerite Johnson in St. Louis, Missouri, on April 4, 1928, the second child of Bailey Johnson and Vivian Johnson. ② A traumatic and abusive incident in **her childhood** left Angelou mute for almost five years. It was during this period of silence that Angelou developed her love for poetry and literature.

⌐···○ 키워드

1. What is true about **Maya Angelou's childhood?**

(a) She showed an early interest in dance.

(b) She attended numerous schools.

(c) She wrote a book of poetry.

(d) She did not talk for several years.

> 마야 안젤루는 1928년 4월 4일, 미주리 주의 세인트루이스 시에서 베일리 존슨과 비비안 존슨 사이의 둘째 아이 마게리트 존슨으로 태어났다. 그녀의 어린 시절에 충격적이고 폭력적인 사건이 안젤루를 거의 5년 동안 말을 못하는 상태로 만들었다. 안젤루가 시와 문학에 대한 애정을 키운 것은 바로 이 침묵의 기간동안이었다.

1. 마야 안젤루의 어린 시절에 관해 사실인 것은 무엇인가?

(a) 그녀는 춤에 일찍 관심을 보였다.

(b) 그녀는 많은 학교를 다녔다.

(c) 그녀는 시집을 썼다.

(d) 그녀는 몇 년 동안 말을 하지 않았다.

STEP 1 **질문 읽고 키워드 찾기**

질문이 What is true about ~ (~에 대해 사실인 것은 무엇인가?)이므로 보기에서 지문의 내용과 일치하는 것을 찾는 문제임을 확인하고, 그 뒤의 명사 Maya Angelou's childhood(마야 안젤루의 어린시절)이 키워드인 것을 확인합니다.

STEP 2 **단서 찾기**

지문에서 마야 안젤루의 어린시절에 관한 문장을 읽고 해석합니다.

STEP 3 **지문의 내용과 일치하는 보기 찾기**

지문 중 A traumatic and abusive incident in her childhood left Angelou mute for almost five years. 라는 문장에서 '거의 5년 동안 말을 하지 않았다(mute for almost five years)는 내용이 (d)와 일치하므로 정답은 (d)입니다.

정답 (d)

어휘 정리 p. 147   정답 및 해설 p. 10

PART 1은 특정 인물의 전기문(Biographical Article)이며, 역사적 인물 또는 유명 인사, 연예인, 가수, 기업인 등 다양한 인물에 대한 글이 제시됩니다. 세부정보 유형과 사실 확인(true/not true) 유형의 문제가 주로 출제됩니다.

MAYA ANGELOU

Maya Angelou was an African-American writer, singer, dancer, and civil rights activist. During her lifetime, she published seven autobiographies, several books of poetry, and is credited with an extensive list of plays, movies, and television shows over her long career.

In 1951, against her mother's wishes, Angelou married a Greek electrician, disregarding society's general condemnation of interracial relationships. She enrolled in modern dance classes during this time, and formed a dance team with dancers and choreographers Alvin Ailey and Ruth Beckford. [1] Angelou then moved with her husband and son to **New York City** so she could learn African dance from instructor Pearl Primus, but returned to San Francisco approximately 14 months later. After Angelou's marriage dissolved in 1954, she danced professionally in nightclubs around San Francisco, including the Purple Onion. Up until then she had gone by the name of "Marguerite Johnson", but at the urging of her managers at the Purple Onion, [2] she **adopted the professional name of "Maya Angelou".**

ㅇ 키워드

1. Why did Maya Angelou originally **move to New York City**?

왜 마야 안젤루는 처음에 뉴욕시로 이사갔는가?

(a) because she wanted to move into her husband's home 남편의 집에 들어가는 것을 원했기 때문에

(b) because she hoped to establish a dance team 댄스팀을 결성하기를 바랐기 때문에

(c) because she wanted to learn a different style of dance 다른 스타일의 춤을 배우고 싶었기 때문에

(d) because she was following the wishes of her mother 그녀의 어머니의 소망을 따르고 있었기 때문에

ㅇ 키워드

2. When did she **begin using the name Maya Angelou**?

언제 그녀는 마야 안젤루라는 이름을 사용하기 시작하였는가?

(a) when studying dance with Pearl Primus 펄 프라이머스와 춤을 연구했을 때

(b) while performing as a dancer in San Francisco 샌프란시스코에서 댄서로 공연하는 중에

(c) when writing her first autobiography 그녀의 첫 자서전을 썼을 때

(d) while working at a newspaper in Africa 아프리카에 있는 신문사에서 일하고 있는 중에

❸ PART 2 문제 풀이

어휘 정리 p. 147 정답 및 해설 p. 10

PART 2에는 신문이나 잡지의 기사문(News/Magazine Article)이 출제됩니다. 기삿거리가 될 수 있는 과학, 사회, 환경 등과 관련된 사건이 주로 다뤄지며, 주제 및 목적, 세부정보, 사실확인, 추론과 같은 대부분의 독해 문제 유형이 출제되는 파트입니다.

A New Species of Dinosaur Has Been Discovered in Japan

Japanese paleontologists have unearthed an almost complete fossil of a previously unknown dinosaur species from the Cretaceous Period. The fossils were discovered in a 72-million-year-old marine deposit in Mukawa Town in northern Japan. Because it is the largest ever dinosaur fossil found in Japan, the scientists named it Kamuysaurus japonicus, which roughly translates to Divine Being Of Japanese Dinosaurs.

Kamuysaurus japonicus was found to be a new species of a herbivorous hadrosaurid dinosaur. 3(c) Its name is derived from the word 'kamuy', which means divine being in Ainu, the language of the original inhabitants of Hokkaido, and 3(a) japonicus means its discovery in Japan. 3(d) It has also been informally nicknamed "Mukawaryu," after the excavation site.

Histological studies concluded that the dinosaur was at least 9 years old when it died, had a length of approximately 8 meters, and 4 weighed either 4 tons or 5.3 tons, depending on whether it walked using two legs or four legs when it was alive. For instance, if it were quadripedal - walking on four legs - its forelegs would certainly have had increased muscle mass. Studies of the frontal bone suggested that the dinosaur's head may have been adorned with a thin, flat crest.

ㅇ 키워드

3. Which is not true about the naming of the recently found dinosaur?
최근에 발견된 공룡의 작명에 관해 사실이 아닌 것은 어느 것인가?

(a) Its name stems from the country of Japan. 그것의 이름은 일본에서 유래한다.
(b) Its name indicates that the dinosaur was a herbivore. 그것의 이름은 그 공룡이 초식 동물이었음을 나타낸다.
(c) Its name includes a local Hokkaido word. 그것의 이름은 홋카이도의 방언을 포함한다.
(d) Its nickname refers to the original fossil location. 그것의 별명은 화석의 원위치를 지칭한다.

ㅇ 키워드

4. Why are researchers unable to determine the exact weight of Kamuysaurus?
왜 연구자들은 카무이사우르스의 정확한 체중을 밝힐 수 없는가?

(a) because they have not recovered enough bones 충분한 뼈를 발견하지 않았기 때문에
(b) because they are uncertain whether it could swim 그 공룡이 헤엄을 칠 수 있었는지 확신하지 못하기 때문에
(c) because they are unsure whether it walked on two legs 그 공룡이 두 다리로 걸었는지 확신할 수 없기 때문에
(d) because they cannot ascertain its dietary habits 그 공룡의 식습관을 확인할 수 없기 때문에

PART 3에는 백과사전 지문(Encyclopedia Article)이 출제됩니다. 주로 동·식물, 지리, 역사, 사회 과학, IT 분야와 관련된 내용의 개념 설명이기 때문에 의견보다는 사실을 전달하는 것이 대부분입니다. 그래서 세부정보 유형이 주로 출제되는 파트입니다.

GOBI DESERT

The Gobi Desert, commonly referred to as simply the Gobi, is a large desert and brushland region covering parts of northern and northeastern China and southern Mongolia. [5] The Gobi played an important role throughout history as it contained several settlements that served as crucial trading hubs along the Silk Road. More recently, it has found importance as a source of fossils. Archeologists and paleontologists have excavated large areas of the Gobi's Nemegt Basin, where they have uncovered numerous fossilized animal remains and prehistoric stone implements.

A wide variety of animals inhabit the Gobi, despite its seemingly inhospitable climate. Camels, gazelles, and polecats are abundant and indigenous to the region, and snow leopards and brown bears often come down from the surrounding mountains in search of prey. [6] Vegetation found in the southern and central regions of the desert primarily consists of shrubs that have adapted to survive droughts, and these are increasingly rare as a result of livestock trampling and grazing. In the Mongolian region of the desert especially, shrubland is vanishing rapidly because of goats that are raised by nomadic herders as a source of wool.

5. How can **the Gobi Desert be described**? ○ 키워드

고비 사막은 어떻게 설명될 수 있는가?

(a) a region covering a part of northern India 인도 북부의 일부를 덮는 지역
(b) a largely unexplored ecosystem 충분히 탐사되지 않은 생태계
(c) an area rich in precious minerals 귀중한 광물이 풍부한 지역
(d) a region of historical significance 역사적 중요성이 있는 지역

6. Why are **plants** getting rare **in the southern and central parts of the desert**? ○ 키워드   ○ 키워드

왜 식물들이 그 사막의 남부와 중부에서 희귀해지고 있는가?

(a) because they receive barely any rainfall 그것들이 비를 거의 맞지 않기 때문에
(b) because livestock eats and stamps them 가축이 그것들을 먹고 짓밟기 때문에
(c) because locals use them for firewood 지역 주민들이 그것들을 장작으로 사용하기 때문에
(d) because they are permanently covered in frost 그것들이 영구적으로 서리에 덮여 있기 때문에

5 PART 4 문제 풀이

어휘 정리 p. 147 정답 및 해설 p. 12

PART 4에는 비즈니스 서신(Business Letter)이 출제됩니다. 그 내용은 회사의 상품이나 서비스 소개, 설명, 이직, 구직, 행사 초대 및 기획, 그리고 글쓴이의 사과 또는 감사의 내용을 담고 있습니다. 편지를 쓰는 목적, 세부사항, 추론 유형의 문제가 주로 출제됩니다.

[7] Mr. Oliver Reeves
58 Weston Boulevard / San Diego, CA 92037

Dear Mr. Reeves,

[7] It is my pleasure to let you know that, from July 12 onwards, you will be able to visit the newest branch of Flyte Fitness in San Diego. While you have enjoyed your membership at our Sherman Heights gym for several years now, we think you might find our Southcrest location more conveniently located and better equipped to suit your needs.

The branch in Southcrest is located at 341 Boston Avenue in an extremely spacious modern building next to St. Jude's Church. [8] **We are hoping** that this expansion will enable us to offer a wider range of fitness classes and double our class sizes.

Should you choose to join the Southcrest gym and have any concerns or complaints about the location, please fill out a feedback form at www.flytefitness.com or speak directly to the branch manager.

Kindest regards,

[7] Veronica Dengler
Members Services Manager
Flyte Fitness

키워드 키워드

7. **Why** did Veronica Dengler **write** Oliver Reeves a letter?
왜 베로니카 덴글러 씨는 올리버 리브스 씨에게 편지를 썼는가?

(a) to invite him to join a new gym 새로운 체육관에 가입하도록 초대하기 위해서
(b) to detail changes to a class schedule 강습 일정에 대한 변경 사항을 자세히 알려주기 위해서
(c) to inform him that his membership expired 그의 회원권이 만료되었음을 알려주기 위해서
(d) to thank him for becoming a member 회원이 되어 줄 것에 대해 감사하기 위해서

키워드

8. What is Flyte Fitness **hoping to do with its new branch**?
플라이트 피트니스가 새로운 지점에서 하기를 바라는 것은 무엇인가?

(a) hire more experienced fitness instructors 좀 더 경력이 많은 피트니스 강사를 고용하는 것
(b) install more advanced exercise equipment 좀 더 상급의 운동 기구를 설치하는 것
(c) attract younger individuals to become members 젊은 사람들을 회원으로 끌어들이는 것
(d) accommodate more members in larger classes 더 큰 강습에 더 많은 회원을 수용하는 것

Words & Phrases

❶ 독해 문제 풀이 방법

traumatic [형] 대단히 충격적인, 정신적 외상을 초래할 정도의 abusive [형] 폭력적인, 학대하는 incident [명] 사건 mute [형] 말을 못하는 silence [명] 침묵 poetry [명] 시 literature [명] 문학 interest in ~에 대한 관심[흥미] numerous [형] 수많은

❷ PART 1 문제 풀이

civil rights activist [명] 인권 운동가 publish [동] ~을 출간하다 autobiography [명] 자서전 credit A with B: B에 대한 공을 A에게 돌리다, B에 대한 A의 공로를 인정하다 extensive [형] 광범위한, 폭넓은 over [전] ~ 동안에 걸쳐 career [명] 활동 기간, (직업) 경력 disregard [동] ~을 무시하다 general [형] 일반적인 condemnation [명] 비난 interracial [형] 인종간의 relationship [명] 관계 enroll in ~에 등록하다 form [동] ~을 형성하다, 구성하다 choreographer [명] 안무가 instructor [명] 강사 approximately [부] 약, 대략 dissolve [동] (관계, 계약 등이) 끝나다, 효력이 사라지다 professionally [부] 전문적으로 up until then [부] 그때까지 계속 go by the name of A: A라는 이름으로 통하다 at the urging of ~의 권유로, 촉구로 adopt [동] ~을 택하다 originally [부] 애초에, 원래 establish [동] ~을 설립하다, 확립하다 follow the wishes of ~의 바람대로 따르다 perform [동] 공연하다, 실시하다

❸ PART 2 문제 풀이

species [명] (동식물) 종 dinosaur [명] 공룡 discover [동] ~을 발견하다 paleontologist [명] 고생물학자 unearth [동] ~을 발굴하다 complete [형] 완전한 fossil [명] 화석 previously [부] 이전의 Cretaceous Period [명] 백악기 marine deposit [명] 해양 침전물 name A B: A를 B라고 이름 짓다 roughly [부] 대략적으로 translate [동] ~을 해석하다 be found to be A: A인 것으로 드러나다 herbivorous [형] 초식성의 hadrosaurid [명] 오리너구리류 be derived from (근원 등이) ~에서 나오다, 유래되다 divine [형] 신성한 being [명] 존재 informally [부] 비공식적으로 nickname A B: A의 별명을 B라고 짓다 site [명] 장소, 현장 histological [형] 조직학의 conclude that ~라고 결론 내다 at least [부] 최소한, 적어도 weigh [동] ~의 무게가 나가다 depending on ~에 따라 다른, ~에 달려 있는 whether A or B: A인지 B인지 bipedal [형] 두 발로 걷는 quadrupedal [형] 네 발로 걷는 foreleg [명] 앞다리 certainly [부] 분명, 확실히 muscle mass [명] 근육량 frontal bone [명] 전두골 suggest that ~임을 나타내다(= indicate that) adorn [동] 꾸미다, 장식하다 crest [명] 볏 reference [동] ~을 참고하다 herbivore [명] 초식 동물 include [동] ~을 포함하다 refer to [동] ~을 가리키다 original [형] 최초의, 원래의 location [명] 위치, 지점 be unable to do ~할 수 없다 exact [형] 정확한 recover [동] ~을 되찾다, 회수하다 unsure [형] 확신이 없는(= uncertain) ascertain [동] ~을 확인하다

❹ PART 3 문제 풀이

commonly [부] 흔히 referred to as ~라고 일컬어지는 brushland region [명] 관목림 지역 cover [동] ~을 뒤덮다 play an important role 중요한 역할을 하다 settlement [명] 정착(지) serve as ~로서의 역할을 하다 crucial [형] 중대한 hub [명] 중심(지) importance [명] 중요(성) source [명] 출처, 근원 fossil [명] 화석 archaeologist [명] 고고학자 paleontologist [명] 고생물학자 excavate [동] ~을 파내다, 발굴하다(= unearth) uncover [동] ~을 발견하다 fossilized [형] 화석화 된 remains [명] 잔해 prehistoric [형] 선사 시대의 implement [명] 도구 seemingly [부] 겉으로 보기에 inhospitable [형] 살기 힘든 abundant [형] 많은, 풍부한 indigenous to ~ 토착인, ~가 원산의 in search of ~을 찾아 prey [명] 먹이 vegetation [명] 식물 primarily [부] 주로 consist of ~로 구성되다 shrub [명] 관목 adapt 적응하다 drought [명] 가뭄 increasingly [부] 점점 더 rare [형] 희귀한 livestock [명] 가축 trample [동] 짓밟다 graze [동] 풀을 뜯다 vanish [동] 사라지다 raise [동] ~을 기르다 nomadic herders [명] 유목민들 describe [동] ~을 설명하다 commerce [명] 상업 largely [부] 대체로, 충분히 unexplored [형] 탐사되지 않은 ecosystem [명] 생태계 rich in ~가 풍부한 precious [형] 귀중한 mineral [명] 광물 of historical significance 역사적인 중요성을 지닌 barely [부] 거의 ~ 않는 stamp [동] 짓밟다 local [명] 현지인, 지역 주민 permanently [부] 영구적으로 frost [명] 성에, 서리

❺ PART 4 문제 풀이

let A know that: A에게 ~임을 알리다 onwards [부] (특정 시점부터) 계속, 앞으로 be able to do ~할 수 있다 branch [명] 지점 several [형] 여럿의, 몇몇의 find A **형용사**: A가 ~하다고 생각하다 conveniently located 편리하게 위치한 equipped [형] 갖춰진, 준비된 suit [동] ~에 어울리다, 알맞다 extremely [부] 대단히, 매우 spacious [형] 넓은, 널찍한 expansion [명] 확장, 확대 enable A to do: A에게 ~할 수 있게 해 주다 offer [동] ~을 제공하다 a wider range of 더 다양한 종류의 double [동] ~을 두 배로 늘리다 Should you + **동사원형**: 당신이 ~하신다면 (=If you should + 동사원형) location [명] 지점, 위치 concern [명] 우려 complaint [명] 불만, 불평 fill out [동] ~을 작성하다 feedback [명] 의견 form [명] 양식, 서식 directly [부] 직접, 곧바로 detail [동] ~을 자세히 설명하다 inform A that: A에게 ~임을 알리다 expire [동] 만료되다 invite A to do: A에게 ~하도록 요청하다 hire [동] ~을 고용하다 experienced [형] 경험 많은 instructor [명] 강사 install [동] ~을 설치하다 advanced [형] 발전된, 진보된 equipment [명] 장비 attract [동] ~을 끌어들이다 individual [명] 사람, 개인 accommodate [동] ~을 수용하다

청취 + 보카

DAY 01 - 15

15
DAY

DAY 01 청취 영역 소개 및 기초 질문 듣기

❶ 청취 영역 소개

▶ 문항 구성: 4개의 PART, 26문제 (각 PART당 6~7문항)

▶ 음원 길이: 약 26~27분 (각 PART당 약 6분 30초)

▶ 문제 유형: 주제 및 목적, 사실 확인, 세부정보, 추론, 대화 후 할 일

▶ 특이 사항: 각 문제의 질문은 표기되어 있지 않고, (a)~(d) 4개의 보기만 제공

■ 각 PART별 출제 경향

PART 1	**남자 성우와 여자 성우의 일상 대화**이며, 이 둘 사이의 대화 주제에 관해 묻는 문제가 첫번째 문제로 출제됩니다. 그 주제는 대부분 문제 해결, 특정 장소 방문, 일정 및 계획과 관련이 있습니다.
PART 2	**남자 또는 여자 성우가 혼자서 행사(event)나 제품(product)에 대해 말하는 담화문**입니다. 특정 장소에서 나오는 안내 방송 또는 광고, 지시 사항에 해당하는 내용이며, 대부분 세부정보 유형의 문제가 출제되기 때문에 키워드를 잘 들어야 합니다.
PART 3	**남자 성우와 여자 성우의 대화**인데, 둘 중 한 사람이 **두 가지 물건을 두고 하나를 선택해야 하는 상황**에서 각각의 **장점과 단점을 논의**한 후, 최종적으로 어떤 것을 고를 것인지를 이야기합니다. 그래서 무엇에 대해 이야기를 하는지, 즉 주제를 묻는 문제가 항상 첫 문제로 출제되며, 두 가지 물건의 장점과 단점에 관한 세부정보 유형이 출제됩니다. 그리고 항상 마지막 문제는 최종적으로 두 가지 물건 중 어느 것을 선택하는지를 묻는 문제이므로 대화를 끝까지 들어야 합니다. 대부분 직접적으로 '어느 것'을 선택할 것이라고 말하지 않고 선택하려는 물건의 특징을 언급하므로 지문을 들으면서 두 물건의 장점과 단점에 대해서 모두 알고 있어야 합니다.
PART 4	주로 **특정 주제에 대한 과정이나 방법을 나열하는 1인 담화문**입니다. 첫 문제는 대부분 주제가 무엇인지를 묻는 문제이며, 그 외에 세부정보 유형의 문제가 출제됩니다. 패러프레이징이 심하게 된 문제가 출제되는 경우도 있으며, 추론 유형의 문제 또한 높은 난이도로 출제됩니다.

❷ 청취 영역 진행 순서

청취 영역은 들으면서 보기를 읽고 질문에 맞는 보기를 찾아야 해서 청해력과 독해력, 그리고 순발력이 요구되는 복잡하고 어려운 영역입니다. 긴 지문을 듣고 6~7문제를 풀어야 하며, 문제지에 질문이 적혀 있지 않기 때문에 정해진 구간의 음원 내용을 놓치면 문제를 풀 수 없습니다. 그래서 보기를 미리 읽고, 음원을 들으면서 적극적으로 질문을 받아 적는 것이 청취의 기본입니다.

다음 표에 제시된 청취 영역이 진행되는 순서를 알고 보기를 읽어야 하는 시간과 질문을 듣고 적어 둬야 하는 시간을 알아두도록 합니다.

청취 영역 시작 전	청취 지시문 및 샘플 문제 (1' 20")	PART 1의 문제 보기를 미리 읽고 **보기의 내용을 우리말로 작게 메모합니다.**
각 PART 시작	지시문 (20") ex) PART 1. You will hear ~	해당 PART의 문제 보기를 미리 읽고 **보기의 내용을 우리말로 작게 메모합니다.**
청취 영역 진행 중	**질문 듣기** (각 문제 약 5초 간격) ex) Now listen to the questions.	질문을 들으면서 **질문의 키워드를 문제지에 메모합니다.**
	지문 듣기 (3' ~ 3' 30") ex) Now you will hear ~	메모한 내용이 지문에서 언급되면 보기의 내용을 보면서 **지문의 내용과 일치하는 보기를 정답으로 선택**합니다.
	질문 다시 듣기 (각 문제 10초 간격) ex) Now listen to the questions.	다음 PART의 문제 보기를 미리 읽고 **보기의 내용을 우리말로 작게 메모합니다.**

❸ 질문 듣기 기초 연습

지텔프 시험지에는 청취 영역의 질문이 적혀 있지 않기 때문에 질문을 반드시 잘 들어야 합니다. 따라서 청취 영역에 대비하기 위한 기초적인 연습으로 의문문의 구조와 표현법에 대해 알아보겠습니다.

1 What (무엇 / 무슨) 🎧 1-1.mp3

특강 39
의문사가 있는
의문문의 어순

대표적인 의문사인 What은 '무엇', '무슨'이라는 의미를 가지고 있습니다. 이 두 의문사 뒤에 명사가 와서 시간, 날짜, 이름, 주제, 금액 등을 묻는 질문이 될 수 있습니다. 그래서 What 뒤에 이어지는 명사, 동사가 가장 중요한 단어이며, 이런 단어들에 강세가 들어가므로 이런 부분들을 놓치지 말고 들어야 합니다.

- **What is + 명사?: ~은 무엇인가요?**

  - **What is the reason[the purpose]~?** ~하는 이유가[목적이] 무엇인가요?
  - **What is Howard's problem?** 하워드의 문제는 무엇인가요?
  - **What is the talk about?** 이 연설(담화)는 무엇에 관한 것인가요?

- **What + 조동사 + 주어 + 동사원형 ~?: 무엇을 ~할 것인가요? / 무엇을 ~해야 하나요? 등**

  - **What will A do ~?** A는 무엇을 할 것인가요?
  - **What should one do when ~?** ~할 때 무엇을 해야 하나요?
  - **What did the speaker ask for?** 화자는 무엇을 요청했나요?

- **What + A + 동사~?: 무슨 [명사]가 ~인가요?**

  - **What kind[type] of company is ~?** ~는 무슨 종류[유형]의 회사인가요?
  - **What advantage does A have?** A는 무슨[어떤] 장점을 가지고 있나요?

- **What + 동사 ~?: 무엇이 ~하나요/했나요?**

  - **What affects the weather in the area?** 무엇이 그 지역에서의 날씨에 영향을 주나요?
  - **What encouraged Steve to do ~?** 무엇이 스티브를 ~하게 했나요?
  - **What made Jenny decide to do ~?** 무엇이 제니가 ~하기로 결정하게 만들었나요?

2 Which (어느 / 어느 것) 🎧 1-2.mp3

의문사 Which는 '어느' 또는 '어느 것'이라고 해석하며, <Which + 명사~?> 혹은 <Which of + 명사 ~?>의 형태로 주로 출제됩니다. What과 다른 점은 What은 범위가 주어지지 않은 것에 대해 막연한 대답을 요구하는 의문사이며, Which는 범위가 정해져 있는 것들 중에서 '어느 것'인지를 묻는 의문사입니다.

■ **Which is + A ~?: A는 어느 것인가요?**

- **Which is the result of ~?** ~의 결과는 어느 것인가요?
- **Which is an advantage of ~?** ~의 장점은 어느 것인가요?
- **Which is a part of Tommy's daily routine?** 타미의 일상의 일부인 것은 어느 것인가요?

■ **Which + A + 동사~?: 어느 A가 ~인가요?**

- **Which product is ~?** 어느 제품이 ~인가요?
- **Which statement is not true about ~?** ~에 관해서 어느 진술이 사실이 아닌가요?
- **Which benefit will John receive?** 존은 어느 혜택을 받을 것인가요?

■ **Which of the following + 동사 ~?: 다음 중 어느 것이 ~인가요?**

- **Which of the following is a way to do ~?** 다음 중 어느 것이 ~하는 방법 인가요?
- **Which of the following best describes the product?** 다음 중 어느 것이 그 제품을 가장 잘 설명하나요?

■ **Which is not ~?: ~이 아닌 것은 어느 것인가요?**

- **Which is not true about ~?** ~에 관해서 사실이 아닌 것은 어느 것인가요?
- **Which is not mentioned about ~?** ~에 대해 언급된 것이 아닌 것은 어느 것인가요?
- **Which is not a reason why ~?** ~하는 이유가 아닌 것은 어느 것인가요?

Words & Phrases

reason (명) 이유 **purpose** (명) 목적 **advantage** (명) 장점, 유리한 점 **statement** (명) 진술 **affect** (동) 영향을 주다 **encourage** (동) 장려하다, 북돋우다, 기운을 주다 **daily routine** (명) (반복적인) 일상, 일과 **benefit** (명) 장점, 혜택, 이득 **describe** (동) 설명하다, 묘사하다 **mention** (동) 언급하다

3 Why (왜 / 무슨 이유)   🎧 1-3.mp3

Why는 '왜'라는 의미로 원인이나 이유를 물을 때 사용하는 의문사입니다. 질문의 전체적인 내용을 이해해야 정확하게 답을 고를 수 있는 유형입니다.

꿀팁 🐝 보기 (a)~(d)가 모두 because로 시작하는 문제가 있다면 해당 문제의 질문은 의문사 Why로 시작합니다.

■ **Why + is/was ~?: 왜 ~인가요/였나요?**

- Why is it a good idea to do~? 왜 ~하는 것이 좋은 생각인가요?

- Why is Ken pleased with ~? 왜 켄은 ~에 기뻐하나요?

- Why was the statue named "Venus"? 왜 그 조각상은 "Venus"라고 이름 지어 졌나요?

■ **Why + do/does/did + 주어 + 동사원형 ~?: 왜 ~하나요/했나요?**

- Why do the employees call the president "Big daddy"?
  직원들은 왜 회장님을 "Big daddy"라고 부르나요?

- Why does the speaker ask ~? 왜 화자는 ~을 요청하나요?

- Why did Henry visit ~? 왜 헨리는 ~을 방문했나요?

■ **Why + 조동사 + 주어 + 동사원형 ~?: 왜 ~할 수 있나요/할 것인가요/해야 하나요? 등**

- Why can people access ~? 왜 사람들은 ~에 접근할 수 있나요?

- Why will Aaron attend ~? 왜 애런은 ~에 참석할 것인가요?

- Why should the students bring ~? 왜 학생들은 ~을 가져와야 하나요?

4 How (어떻게) 1-4.mp3

How의 기본 뜻은 '어떻게'로서, 방법이나 수단을 물을 때 사용되는 의문문입니다. 방법이나 수단은 What이나 Which와 같이 단순한 명사구로 답변할 수 없는 내용이기 때문에 질문의 전체적인 내용을 정확히 이해해야 정답을 고를 수 있는 유형입니다.

꿀팁   '~함으로써'라는 의미의 표현인 <by + 동명사>가 정답으로 출제되며 보기 (a)~(d)가 모두 <By + 동명사>로 시작하는 문제가 있다면 해당 문제의 질문은 How 의문문임을 알 수 있습니다.

■ How + is/are + 주어 + 형용사(분사) ~? 어떻게 ~한가요?

- How are the products different from~? 그 제품들은 어떻게 ~와 다른가요?
- How is the frozen food stored? 냉동 식품은 어떻게 저장되나요?
- How is Kevin able to help ~? 케빈은 어떻게 도와줄 수 있나요?

■ How + do/does/did + 주어 + 동사원형 ~?: 어떻게 ~하나요/했나요?

- How do the residents pay for electricity? 그 주민들은 어떻게 전기 요금을 지불하나요?
- How does Ben manage his allowance? 벤은 어떻게 그의 용돈을 관리하나요?
- How did George find the store's number? 조지는 어떻게 그 가게의 번호를 찾았나요?

■ How + 조동사 + 주어 + 동사원형 ~?: 어떻게 ~할 수 있나요/할 것인가요/해야 하나요? 등

- How can people get a coupon? 사람들은 어떻게 쿠폰을 얻을 수 있나요?
- How will the employees commute? 그 직원들은 어떻게 통근할 것인가요?
- How should a customer get a refund? 손님은 어떻게 환불을 받아야 하나요?

Words & Phrases

be pleased with ~에 기뻐하다 statue 몡 조각상 named 몡 이름 붙여진 access 통 접근하다 attend 통 참석하다 frozen 몡 얼어붙은, 냉동된 resident 몡 거주민 electricity 몡 전기 manage 통 관리하다 allowance 몡 용돈 commute 통 통근하다, 통학하다 get a refund 환불 받다

EXERCISE

1-5.mp3

질문을 듣고 빈칸에 들어갈 의문사를 [보기]에서 골라 번호를 쓰세요.

[보기] ① what ② which ③ why ④ how

1 __________ Mr. Clint wrote the letter to Ms. Chan?

2 __________ activity is replaced with the volunteer work?

3 According to Jack, __________ will he help Lisa to fix her computer?

4 __________ of the following is not a feature of the printer?

5 __________ kind of music will be performed in tomorrow's concert?

[정답] **1** ③ / 클린트 씨는 챈 양에게 왜 편지를 썼나요? **2** ① / 무슨 활동이 봉사 활동과 교체되나요?
3 ④ / 잭에 따르면, 그는 어떻게 리사가 그녀의 컴퓨터를 고치는 것을 도와줄 것인가요? **4** ② / 다음 중 어느 것이 프린터의 특징이 아닌가요?
5 ① / 내일 콘서트에서 무슨 종류의 음악이 공연될 것인가요?

Words & Phrases

activity [명] 활동 be replaced with ~와 교체되다 volunteer work [명] 봉사 활동, 자원 봉사 according to [전] ~에 따르면, ~에 따라서 fix [동] 수리하다 feature [명] 특색, 특징 perform [동] 공연하다, 연주하다

확인문제

질문을 듣고 빈칸에 들어갈 단어를 [보기]에서 골라 쓰세요. 1-6.mp3 정답 및 해석 p. 13

[보기] what which why how does should is will type

1 ________ floor ________ Mr. Anderson's office on?

2 ________ ________ Jackson want to cancel his trip?

3 ________ ________ of public transportation ________ Bill use when he goes to work?

4 ________ ________ Becky going to learn Spanish for two weeks?

5 According to Dr. Martin, ________ ________ the patient take medicine before every meal?

Words & Phrases

floor [명] (건물의) 층 cancel [동] 취소하다 public transportation [명] 대중교통 patient [명] 환자 take medicine 약을 복용하다 meal [명] 식사

DAY 02 질문 키워드 듣고 질문 메모하기

❶ 질문 유형 패턴

1 의문사 듣고 적기

> ▷ **What** is ~?
> ▷ **Why** is ~?
> ▷ **When** will ~?
> ▷ **How** most likely ~?
> ▷ Based on the conversation, **what** will ~?
> ▷ According to 화자 이름, **how** ~?

지텔프 청취 영역의 질문은 항상 what, when, why, how, which 등의 의문사로 시작됩니다. 따라서 질문을 들을 때 의문사가 무엇인지 듣고 반드시 메모해 둬야 합니다. 특히 Based on 또는 According to로 시작되는 질문의 경우, 그 뒤에 의문사가 언급되니 유의해야 합니다.

의문사는 질문이 시작하자마자 바로 언급되므로 이를 빠르게 메모하는 것이 중요합니다. 그래서 메모할 때 짧게 약어를 쓰는 것이 좋습니다.

■ 의문사 메모하기

의문사	메모	의문사	메모
What (무엇)	t	Where (어디)	er
Why (왜)	y	How (어떻게)	h
When (언제)	en	Which (어느)	ch

❷ 질문에서 키워드 찾기 🎧 2-1.mp3

청취 영역의 질문을 들을 때는 의문사 뒤에 나오는 질문의 핵심 내용을 파악하는 것이 중요합니다. 질문의 내용을 파악하기 위해서 질문의 모든 내용을 다 듣는 것이 가장 좋겠지만, 그렇지 못할 경우 가장 중요한 내용만이라도 파악해야 합니다. 질문의 핵심 내용을 담고 있는 것이 바로 키워드(Keyword)입니다. 그리고 이 키워드는 대부분 질문의 뒷부분에 위치합니다. 이런 키워드를 쉽게 찾기 위해서 질문의 문장 구조를 미리 알아두는 것이 좋습니다.

특강 40
키워드
찾기

키워드 빈출 구간

의문사 + be동사/조동사 + 주어 + 동사 + 목적어/보어 + 부사/전치사구 ?

What will Jessica receive?

[문장구조] What(의문사) will(조동사) Jessica(주어) receive(동사)?

[직역] 무엇 / 할 것인가 / 제시카는 / **받는다**?

[키워드] **무엇, 받는다**

[해석] 제시카는 무엇을 받을 것인가?

Why did Peter go to the park?

[문장구조] Why(의문사) did(조동사) Peter(주어) go(동사) to the park(전치사구)?

[직역] 왜 / 했는가 / 피터는 / **가다** / **그 공원으로**?

[키워드] **왜, 갔는가, 공원으로**

[해석] 왜 피터는 공원으로 갔는가?

How can the product help the buyers to do exercises?

[문장구조] How(의문사) can(조동사) the product(주어) help(동사) the buyers(목적어) to do exercises(목적격보어)?

[직역] 어떻게 / 할 수 있다 / 그 제품이 / **돕다** / **구매자들이** / **운동하는 것을**?

[키워드] **어떻게, 돕다, 구매자들이, 운동하는 것을**

[해석] 그 제품은 구매자들이 운동하는 것을 어떻게 도울 수 있는가?

Words & Phrases

receive [동] 받다 product [명] 제품 buyer [명] 구매자 do exercise 운동하다

❸ 질문 유형별 키워드 받아 적기 🎧 2-2.mp3

다음 예시 질문이 나오는 음원을 들으면서 직접 키워드가 무엇인지 메모해 봅시다. 키워드를 메모할 때, 질문이 아주 빠르게 지나가므로 우리말과 영어 중에서 빠르게 필기할 수 있는 것으로 자유롭게 씁니다. 그리고 메모를 한 후에 자신의 메모와 정답을 비교해 봅니다.

1 주제 및 목적 유형

Q What are Joseph and Laura discussing?
조셉과 로라가 논의하고 있는 것은 무엇인가?

질문에서 원하는 정보	조셉과 로라가 논의하는 것
키워드	What, discuss
질문 메모	t, discuss

꿀팁 🐝 대화 지문에는 남자(Joseph)와 여자(Laura)만 등장하므로 이들의 이름은 키워드가 되지 않습니다.

2 사실 확인 유형

Q Which is true about Jane's computer?
제인의 컴퓨터에 관해 사실인 것은 어느 것인가?

질문에서 원하는 정보	제인의 컴퓨터에 관한 사실
키워드	Which, true, Jane's computer
질문 메모	ch, tr, Jane com

안내 질문 메모에서 의문사를 메모하는 방법은 <의문사 메모하기> (p.158)을 참고하세요.

3 세부정보 유형

Q When did Peter arrive at the airport?
피터가 공항에 도착한 것은 언제인가?

질문에서 원하는 정보	피터가 공항에 도착한 시간
키워드	When, arrive, the airport
질문 메모	en, arrive, 공항

4 추론 유형

Q Why most likely did Cameron give up taking a trip?
캐머론이 여행하는 것을 포기한 이유는 무엇일 것 같은가?

질문에서 원하는 정보	캐머론이 여행하는 것을 포기한 이유
키워드	Why, give up, a trip
질문 메모	y, ㅊㄹ, give up, trip

꿀팁 질문에 most likely가 언급되면 지문에서 정답의 단서가 직접적으로 언급되지 않는 추론 유형입니다. most likely를 들으면 곧장 '추론' 또는 'ㅊㄹ'이라고 메모합니다. 추론 유형의 질문은 most likely를 제외하면 세부정보 유형의 질문과 동일합니다.

Words & Phrases

discuss [동] 논의하다 arrive [동] 도착하다 airport [명] 공항 give up [동] 포기하다 take a trip 여행하다

EXERCISE

2-3.mp3

질문을 듣고 [예제]와 같이 키워드에 동그라미 표시를 하세요.

[예제] What will Jessica receive?
제시카는 무엇을 받을 것인가?

1 What is the topic of the conversation?
대화의 주제는 무엇인가?

2 Why did Jennifer go to the post office?
제니퍼는 왜 우체국에 갔는가?

3 Which is not described as an advantage of the wearable device?
착용 가능한 기기의 장점으로 설명되지 않은 것은 무엇인가?

4 How can the data be useful in making a marketing strategy?
어떻게 그 데이터가 마케팅 전략을 만드는 데 유용할 수 있는가?

5 According to the speaker, when can the employees leave the office early?
화자에 따르면, 직원들은 언제 사무실을 일찍 떠날 수 있는가?

정답 **1** what, topic **2** why, go, post office **3** which, not, described, advantage, wearable device **4** how, data, useful, marketing strategy **5** when, leave, office, early

Words & Phrases

post office [명] 우체국 describe [동] 설명하다, 묘사하다 advantage [명] 장점, 이점 wearable [형] 착용 가능한 device [명] 기기, 장치 useful [형] 유용한, 쓸모 있는 strategy [명] 전략 early [부] 일찍

확인문제

질문을 듣고 다음 빈칸에 들어갈 단어를 [보기]에서 골라 쓰세요.

2-4.mp3 정답 및 해설 p. 13

[보기] when who why start borrow allowed electric car characteristic benefit interns

1 __________ will take the ____________ to the factory?

2 Based on the talk, which is a __________ of the new product?

3 __________ is James not __________ to __________ a book in the library?

4 __________ most likely will Jeff __________ the meeting?

5 According to Erin, what is the __________ of buying an ______________?

Words & Phrases

borrow [동] 빌리다 allow [동] 허락하다 electric car [명] 전기 자동차 characteristic [명] 특징, 성격 benefit [명] 장점, 혜택, 이득 intern [명] 인턴 사원, 수습 사원 take [동] 데려가다 factory [명] 공장 based on ~에 기반하여, ~을 바탕으로 according to [전] ~에 따르면

DAY 03 지문 듣고 단서 메모하기

지문에서 질문의 키워드가 언급되기 직전이나 언급된 후에 질문의 답이 될 수 있는 정보가 함께 언급됩니다. 이것을 듣고 메모하여 정답을 고를 수 있는 단서로 활용할 수 있습니다.

❶ 주제 및 목적 유형

주제 및 목적 유형은 1인 담화 형태인 PART 2와 PART 4에서 주제를 묻는 유형으로 항상 출제되며, 질문의 키워드인 what, subject, mainly about, discuss가 본문에서 그대로 언급되지 않고 지문의 첫 부분에서 대화/담화의 주제가 나타납니다.

▌ 정답의 단서를 알려주는 빈출 표현

I will[am going to] tell you + 단서 I will[am going to] talk about + 단서	~에 대해 말씀 드릴게요 / 말할게요
I'd like to talk about + 단서	~에 대해 말씀드리고 싶습니다
I will[am going to] give you tips on 단서	~에 대한 팁을 드릴게요
I am here to introduce[present] + 단서	저는 ~을 소개하고자[보여드리고자] 여기 있습니다

특강 41
빠르고
간단하게
메모하는 팁

2 정답 단서 메모하기 [3-1.mp3]

주제 및 목적의 정답 단서는 '말할 것이다 / (~에 대해) / [단서]'의 순서로 앞에서 배운 빈출 표현의 뒷부분에 언급되므로 이 뒷부분에 오는 명사를 간략하게 메모해 둬야 합니다. 명사를 모두 받아 적기보다는 간략한 핵심 단어만 적거나, 첫 글자만 빠르게 적는 등의 방법을 활용합니다.

키워드

Q **What** is the **main subject** of the talk?
담화의 주제는 무엇인가?

정답의 단서

여: Good morning! I'm the marketing manager of Tech-Global Electronics, and today, I'd like to talk about our new model of smartphone, Epic X2. 정답의 단서를 암시하는 표현

안녕하세요! 저는 테크글로벌 전자의 마케팅 부장입니다. 오늘, 저는 저희 스마트폰의 새 모델, 에픽 X2에 대해 말하고 싶습니다.

단서	our new model of smartphone, Epic X2
메모	new, smartphone 또는 '새 폰'

Words & Phrases

would like to + 동사원형(='d like to) ~하고 싶다 introduce [동] 소개하다 present [동] 보여주다, 선사하다 main [형] 주된 subject [명] 주제

❷ 사실 확인 유형

true/not true 문제라고도 하는 사실 확인 유형은 본문에서 언급된 것과 일치하는 것 또는 불일치하는 것을 묻는 문제 유형입니다. 질문은 「What/Which is (not) true about + 키워드」 또는 「What/Which is not + 키워드」로 출제되고, 지문에 질문의 키워드와 함께 보기 4개에서 언급된 내용과 관련된 내용이 나란히 열거됩니다.

1 정답의 단서를 알려주는 빈출 표현

키워드 has many advantages[benefits] including 단서 a , 단서 b , 단서 c , and 단서 d .	**키워드**는 a, b, c, 그리고 d를 포함하여 많은 장점을 가지고 있습니다.
When you do **키워드**, you have to 단서 a , 단서 b , and 단서 c . In addition, you should 단서 d .	당신은 **키워드**를 할 때 a, b, c를 해야 합니다. 게다가 d도 해야 합니다.
~ is **키워드** with 단서 a , 단서 b , and 단서 c .	~는 a, b, c를 가진 **키워드**입니다. * 언급되지 않은 단서 d가 정답인 경우

2 정답 단서 메모하기 🎧 3-2.mp3

사실 확인 유형에서는 질문의 키워드가 지문에서 먼저 언급되고, 정답 단서를 담은 여러 정보가 그 뒤에 나란히 나열된다는 점이 특징입니다. 정답을 제외하고 최소 세 가지의 정보가 나열되므로, 단서가 언급될 때 반복되는 품사(명사 또는 동사)의 단어를 간략하게 메모합니다.

                                           ⌐∘ 키워드

Q **Which** of the following is **not a benefit of subscribing to the magazine?**
다음 중 잡지를 구독하는 것의 혜택이 아닌 것은 어느 것인가?

남: **For the subscribers of our magazine**, we offer a 20% discount coupon for all items in our online store. Any items purchased by the subscriber will be shipped for free. And we also offer an invitation to the New Jersey Film Festival.
저희 잡지의 구독자들을 위해 저희는 저희의 온라인 매장의 모든 물품에 대해 20퍼센트 할인 쿠폰을 제공해드립니다. 구독자가 구입한 그 어떤 물품이라도 무료로 배송될 것입니다. 그리고 저희는 또한 뉴저지 영화제로의 초대장을 제공해드립니다.

단서	a 20% discount coupon, Any items purchased by the subscriber will be shipped for free, an invitation to the New Jersey Flim Festival
메모	20%, free shipping, invitation 또는 '할인 쿠폰, 무배(무료 배송), 초대장'

③ 세부정보 유형

세부적인 정보를 묻는 질문 유형으로, 질문에 있는 특정 사물 또는 사람, 장소 등이 키워드로 언급되고, 이와 관련해서 지문에서 언급되는 특정 정보를 듣고 메모해야 합니다.

1 정답의 단서를 알려주는 빈출 표현

I do ***키워드***, and[so] I do [단서]	저는 ***키워드***를 합니다. 그리고[그래서] ~합니다.
I have ***키워드*** that[which] [단서]. I have ***키워드*** to do [단서].	저는 ~하는 ***키워드***를 가지고 있습니다. 저는 ~할 ***키워드***를 가지고 있습니다.
I want to ***키워드*** because I like [단서].	나는 ~을 좋아하기 때문에 ***키워드***하고 싶습니다.
Would you mind doing ***키워드***? / Sure, I will [단서].	***키워드***를 해주시겠습니까? / 물론이죠, ~하겠습니다.

2 정답 단서 메모하기 (3-3.mp3)

세부정보 유형 질문의 정답 단서는 지문에서 질문의 키워드가 언급되는 문장에 함께 포함되어 있거나, 그 다음 문장에서 언급되는 경우가 많습니다. 단서가 언급되는 즉시 핵심 단어를 짧게 줄여 쓰거나 우리말로 간략하게 메모합니다.

키워드

[Q] **What is Erin's good news?**
에린의 좋은 소식은 무엇인가?

남: Hi, Erin! It's good to see you. It seems like you are happy about something.
안녕, 에린! 만나서 반가워. 뭔가에 행복한 것처럼 보이네.

여: Ian! Hi. In fact, I have **good news** to tell you. I just heard that I got an internship at Google. They said my résumé and my interview were impressive.
이안! 안녕. 사실 너에게 말해 줄 좋은 소식이 있어. 나 구글에 인턴직을 구했어. 그들이 말하길 내 이력서와 면접이 인상적이었대.

단서	got an internship at Google
메모	internship 또는 '인턴십'

Words & Phrases

advantage [명] 장점, 이점 benefit [명] 혜택, 장점 in addition [부] 게다가 subscribe [동] 구독하다 subscriber [명] 구독자 purchase [동] 구매하다 ship [동] 배송하다 for free 무료로 invitation [명] 초대장 Would you mind 동사ing? ~해주시겠습니까?(요청, 부탁) seem like ~처럼 보이다 in fact [부] 사실 résumé [명] 이력서 interview [명] 면접, 인터뷰 impressive [형] 인상적인, 감명 깊은

④ 추론 유형

추론 유형의 문제를 푸는 방식은 지문에서 질문의 키워드와 함께 언급되는 정답 단서를 듣고 정답을 고른다는 점에서 세부정보 유형과 동일하지만, 정답의 단서가 정답과 직접적으로 연결되지 않고, 단서를 근거로 유추의 과정을 통해 정답을 찾는 것이 다른 점입니다.

1 정답의 단서를 알려주는 빈출 표현

I want[need] to do **키워드** because 단서 .	저는 **키워드**하는 것을 원합니다[필요로 합니다]. 왜냐하면 ~하기 때문입니다.
If you'd like to **키워드**, please 단서 .	만약 **키워드**하고 싶으시면, ~해주세요.
You can[had better] do **키워드** when 단서 is available.	~가 이용 가능할 때 당신은 **키워드**를 할 수 있어요[하는 게 좋아요].
Have you made a decision about **키워드**? / Yes, I will do 단서 .	**키워드**에 대해 결정했나요? / 네, 저는 ~을 할 것입니다.

2 정답 단서 메모하기 🎧 3-4.mp3

지문에서 언급되는 정답 단서가 직접적으로 정답으로 연결되지 않기 때문에 추론을 위한 근거로 활용하기 위해 단서를 메모해 두는 것은 매우 중요합니다. 추론 유형의 단서가 언급되는 즉시 핵심 단어를 짧게 줄여 쓰거나 우리말로 간략하게 메모합니다.

ㅇ 키워드 ··· 키워드

Q Why most likely will the bakery have a tasting event?
제과점이 시식 행사를 갖는 이유는 무엇일 것 같은가?

남: Since we opened this bakery two days ago, we decided to have a tasting event this weekend. Anyone who wants to try a variety of breads, cakes, and pastries will be welcomed. So, I want you to talk to your family and neighbors about this event and stop by at our bakery, which is located at 61 Vincent Street.

저희가 이틀 전에 이 제과점을 개업했기 때문에, 저희는 이번 주말에 시식 행사를 갖기로 결정했습니다. 다양한 빵, 케익, 그리고 패스츄리를 맛보길 원하시는 분은 환영받을 것입니다. 그래서, 여러분의 가족과 이웃들에게 이 행사에 대해 말씀해 주시고 빈센트 스트리트 61번지에 위치해 있는 저희 제과점에 잠시 들러 주셨으면 합니다.

단서	talk to your family and neighbors about this event and stop by at our bakery ⇒ 시식 행사의 목적: 많은 사람들에게 제과점을 알리는 것
메모	talk, family, neighbors, stop by, bakery 또는 '가족, 이웃, 제과점 들름'

Words & Phrases

had better ㉙ ~하는 것이 좋다 available ㉅ 이용 가능한, 구입 가능한 make a decision 결정하다 newly ㉄ 새로 decide ㉕ 결정하다 tasting event ㉈ 시식 행사 try ㉕ 시도하다, 맛보다 a variety of 다양한 stop by ㉕ 잠시 들르다 be located in ~에 위치하다

EXERCISE

3-5.mp3

음원을 듣고 [예제]와 같이 정답의 단서에 밑줄로 표시하세요.

[예제] **Q.** What is the main subject of the talk? 담화의 주제는 무엇인가?

Hi! I'm the marketing manager of Tech-Global Electronics, and today, I'd like to talk about <u>our new model of smartphone</u>.

안녕하세요! 저는 테크글로벌 전자의 마케팅 부장입니다. 오늘, 저는 저희 스마트폰의 새 모델에 대해 말하고 싶습니다.

1 What is the talk about? 담화는 무엇에 관한 것인가?

Hello, everyone! Welcome to *Everyday Driving*. A lot of drivers don't think much about their tires. So today, I will give you tips on how to maintain your tires for safe driving.

안녕하세요, 여러분! <에브리데이 드라이빙>에 오신 것을 환영합니다. 많은 운전자들은 타이어에 대해 많은 생각을 하지 쓰지 않습니다. 그래서 오늘 저는 여러분에게 안전 운전을 위해 여러분의 타이어를 관리하는 법에 대한 팁을 드릴 것입니다.

2 What should consumers do to get a coupon?
손님은 쿠폰을 얻기 받기 위해 무엇을 해야 하는가?

While you shop around, be sure to stop by the information desk to become a Sun Valley Mall premium shopper and receive a coupon for 10% off any purchase.

여러분이 쇼핑몰에서 가게들을 둘러보는 동안, 썬밸리 쇼핑몰의 프리미엄 고객이 되시고 모든 구매품에 대해 10퍼센트 할인 쿠폰을 받기 위해 반드시 안내 데스크에 들르시길 바랍니다.

3 What most likely will consumers do after purchasing the DIY Furniture's product ?
DIY 퍼니쳐의 제품을 구매한 후 소비자들은 무엇을 할 것 같은가?

At DIY Furniture, we sell our products at a reasonable price that's at least 20% cheaper than any other stores. It is because our products are not put together by us, but contain all the parts separately with a manual for assembly.

저희 DIY 가구에서는 다른 매장들보다 적어도 20퍼센트 더 저렴하게 합리적인 가격으로 제품을 판매합니다. 그것은 저희 제품들은 조립되어 있지 않고, 조립 설명서와 함께 모든 부품을 따로 포함하고 있기 때문입니다.

[정답] **1** how to maintain your tires for safe driving **2** to stop by the information desk to become a Sun Valley Mall premium shopper **3** but contain all the parts separately with a manual for assembly

Words & Phrases

part [명] 부품, 부분 maintain [동] 유지하다 assembly [명] 조립 shop around 가게를 둘러보다 be sure to do: 확실히 ~하게 하다, 반드시 ~하다 reasonable [형] 합리적인 put together 조립하다 contain [동] 포함하다 separately [부] 따로, 개별적으로 manual [명] 설명서, 안내 책자

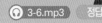
확인문제

[예제]와 같이 질문과 본문을 듣고 정답의 단서에
밑줄로 표시를 하세요.

예제　**Q.** What is Sally's problem? 샐리의 문제는 무엇인가?

> F: Oh, hello, Paul. I'm doing well. Hey, I'm going to visit my grandmother in hospital, but
> <u>I can't decide whether I should bring her, healthy food or just flowers.</u>
>
> 오, 안녕, 폴. 난 잘 지내고 있어. 있잖아, 나 병원에 계시는 할머니를 방문할 거야. 그런데 할머니께 건강 식품, 아니면 꽃 중에어느 것을
> 가져가야 할지 결정을 못하겠어.

1 What is the talk about?
담화는 무엇에 관한 것인가?

> M: Good afternoon, everybody! I am John Watts, and I'm here to teach you how to give
> first aid to injured people in an emergency situation.
>
> 남: 안녕하세요, 여러분! 저는 존 왓츠이고, 저는 여러분들에게 응급 상황에서 부상 당한 사람들에게 응급처치를 하는 법을 가르쳐 드리기 위
> 해 이곳에 왔습니다.

2 What is the best way for an interviewee to go to the company?
면접자가 회사로 가는 가장 좋은 방법은 무엇인가?

> F: Hello, I have an interview at your company next week. So, could you please tell me
> how to get there?
> M: Sure. There is a bus stop in front of the company, but we run a free shuttle bus from
> the subway station to the company every 5 minutes for interviewees. So, it will be
> the best way to take the subway and then take our free shuttle to the company.
>
> 여: 안녕하세요. 저는 다음 주에 귀사에 면접이 있습니다. 그래서 그곳에 도착하는 방법을 알려주실 수 있으실까요?
> 남: 물론이죠. 회사 앞에 버스 정류장이 있지만, 저희는 면접자들을 위해 지하철역에서 회사까지 5분마다 무료 셔틀을 운영합니다. 그래서 지
> 하철을 타고 회사로 무료 셔틀을 타는 것이 가장 좋은 방법일 것입니다.

3 Which is true about the reason that Kevin doesn't want to use Jane's computer?
케빈이 제인의 컴퓨터를 사용하고 싶지 않은 이유에 관해 사실인 것은 어느 것인가?

> F: Kevin, if you have to continue working on your report, why don't you use my computer?
> M: Oh, thanks, Jane. But I think your computer can't access my private cloud server. I set up
> the server to block all other IP addresses except mine.
>
> 여: 케빈, 만약 보고서 작업을 계속해야 한다면, 내 컴퓨터를 쓰는 게 어때?
> 남: 오, 고마워, 제인. 하지만 네 컴퓨터는 내 개인 클라우드 서버에 접속할 수 없을 것 같아. 내가 내 서버를 나의 IP 주소 외에 다른 모든 IP 주
> 소를 차단하도록 설정했거든.

Words & Phrases

first aid 몡 응급 처치 injured 혱 부상 당한 emergency situation 몡 응급 상황 run 통 운영하다 interviewee 몡 면접자 why
don't you + **동사원형?** ~하는 게 어때요? block 통 차단하다 access 통 접속하다, 접근하다

지문 듣고 정답 찾기

정답이 되는 보기는 지문에서 언급된 정답 단서와 다른 단어나 문장 구조로 쓰여져 있는 경우가 많습니다. 그래서 지문에서 정답의 단서를 들었다고 하더라도, 보기 중에서 이것과 영어 표현은 다르지만 의미가 비슷한 것을 정답으로 찾는 연습을 해야 합니다.

❶ 패러프레이징

지문에서 직접 언급된 키워드에 직결되는 정답의 단서가 제시되는 경우 비교적 수월하게 정답의 단서를 찾을 수 있습니다. 하지만 지문에서 언급된 정답의 단서가 그대로 보기에 있는 것이 아니라, 단어, 구, 또는 문장 구조가 모두 바뀌어서 결과적으로 의미는 같지만 다른 표현인 보기가 정답인 경우가 많습니다.

이렇게 **같은 의미의 내용을 다른 표현으로 나타내는 것을 패러프레이징(Paraphrasing)**이라고 합니다. 보기의 내용이 패러프레이징되어 있다는 점에 유념하며 정답을 찾아야 합니다.

지문 내용	보기 내용
host the event 행사를 열다	The event takes place 행사가 개최되다
last a long time 오랜 시간 지속되다	have durability / be durable 내구성이 있다
They were buried with 그것들은 ~와 함께 묻혔다	They were placed in the tomb of 그것들은 ~의 무덤에 놓여졌다
allow both hands to keep on the steering wheel while driving 운전 중에 양 손을 핸들 위에 계속 둘 수 있게 하다	allow drivers to use both hands to steer 운전자가 운전을 하기 위해 양손을 사용하도록 하다
The store has the best variety and prices. 그 매장은 최고의 다양성과 가격을 가지고 있다.	The store sells various products at the reasonable price. 그 매장은 다양한 제품을 합리적인 가격에 판매한다.

기본적으로 동의어를 이용한 패러프레이징이 있으며, 동사의 경우 명사나 형용사, to부정사 등으로 변형된 단어를 사용하여 문장 구조를 바꿔서 같은 의미가 되도록 만드는 패러프레이징이 있습니다. 위와 같이 본문에서 언급되는 내용이 보기에서 어떻게 제시되는지 비교하면서 패러프레이징 패턴을 학습하는 것이 필요합니다.

특강 42
청취에 나오는
패러프레이징

② 주제 및 목적 유형 4-1.mp3

주제 및 목적 유형의 보기는 지문의 정답 단서와 거의 일치하거나 같은 단어를 조금 다르게 사용하는 등 어렵지 않은 수준으로 패러프레이징됩니다.

1. (a) how to order a steak 스테이크를 주문하는 법
   (b) how to reserve a table 테이블 예약하는 법
   (c) how to enjoy the course 코스 요리를 즐기는 법
   (d) how to practice good table manners 식사 예절을 실천하는 법

키워드

1 What is the talk about?
담화는 무엇에 대한 것인가?

여: Hello, nice to meet you, everyone. I am the chef of Albert's Steakhouse. Thank you for dining with us today. The dinner is going to start in 10 minutes. Before it starts, I'm going to give you a guide on how to enjoy today's special course, starting with the appetizer, the main dish, and finally dessert.

안녕하세요, 만나서 반갑습니다, 여러분. 저는 알버트 스테이크하우스의 주방장입니다. 오늘 저희 매장에서 식사해주셔서 감사합니다. 저녁 식사가 10분 후에 시작될 것입니다. 시작하기 전에, 제가 여러분에게 애피타이저로 시작해서, 주요리, 마지막으로 디저트까지 오늘의 특별 코스 요리를 즐기는 법에 대해 안내를 해드리겠습니다.

단서	how to enjoy today's special course, starting with the appetizer, the main dish, and finally dessert
메모	enjoy, today's course 또는 '즐기는 법, 오늘의 코스 요리'

주제 및 목적에 대한 정답 단서를 알려주는 표현인 "I'm going to give you a guide on ~" 뒤에 정답과 직결되는 단서가 언급됩니다. '오늘의 특별 코스 요리를 즐기는 법'이라는 의미의 "how to enjoy today's special course"가 보기 (c)에 how to enjoy the course로 나타나 있으므로 정답은 (c)가 됩니다. 이렇게 정답 단서의 표현이 보기의 정답으로 그대로 나올 경우, 단서를 듣자마자 미리 읽어 둔 보기 중에서 일치하는 보기를 정답으로 고릅니다.

Words & Phrases

order [동] 주문하다 reserve [동] 예약하다 course [명] (식당의) 코스 요리 practice [동] 실천하다 manners [명] 예절 chef [명] 주방장 dine [동] 식사하다 appetizer [명] 애피타이저, 전채 요리 main dish [명] 주요리 dessert [명] 디저트, 후식

❸ 사실 확인 유형 🎧 4-2.mp3

사실 확인 유형의 정답 단서는 질문의 키워드가 지문에서 언급되고, 그 이후에 여러 정보가 나란히 나열되므로 질문의 키워드에 대한 다수의 정보를 메모해야 한다는 점에서 다소 어려울 수 있습니다. 하지만, 보기를 먼저 해석해 두고, 질문의 키워드가 언급되면 그 후에 언급되는 내용을 기반으로 보기를 하나씩 소거하는 방식으로 풀면 좀 더 쉽게 문제를 풀 수 있습니다.

2. (a) They were on exhibition in the museum. 박물관에서 전시 중이다.

   (b) They were discovered in 1974. 1974년에 발견되었다.

   (c) They were made by almost 10,000 workers. 거의 10,000명의 일꾼들에 의해 만들어졌다.

   (d) They were placed in the tomb of the first emperor of China. 중국의 첫 황제의 무덤에 놓여졌다.

키워드

(2) **Which is not true about the Terracotta Army sculptures?**
다음 중 병마용 조각품들에 대한 사실이 아닌 것은 무엇인가?

남: Hey, Joanna. I heard you went to the National History Museum yesterday. How was it?
안녕, 조앤나. 어제 네가 국립 역사 박물관에 갔다는 얘기를 들었어. 어땠어?

여: Hi, Mike. It was really interesting! I saw an exhibition of some of the Terracotta Army sculptures, and other ancient artifacts uncovered in China. It was a really major archaeological discovery in 1974. There are almost 10,000 sculptures in total, and they were buried with the first emperor of China in the year 209 BCE.
안녕, 마이크. 정말 흥미로웠어! 중국에서 발견된 몇몇 병마용 조각품들과 다른 고대 유물 전시회를 봤어. 그것은 1974년도의 정말로 중요한 고고학적 발견물이야. 전부 합쳐서 거의 10,000개의 조각품들이 있는데, 기원전 209년에 중국의 첫 황제와 함께 묻었어.

단서	It was a really major archaeological discovery in 1974. There are almost 10,000 sculptures in total, and they were buried with the first emperor of China in the year 209 BCE.
메모	major discovery, 1974, 10,000 sculptures, buried with emperor 또는 '주요 발견, 1974, 만 조각, 첫 황제와 묻힘'

질문의 키워드인 Terracotta Army sculptures가 지문에서 언급되고 그 뒤로 보기(a)~(d)의 내용이 차례대로 언급됩니다. 조앤나가 박물관에서 병마용 조각품들의 전시를 보았다고 했으므로 (a)의 내용은 사실이며, 그 뒤에 discovery in 1974라는 부분에서 (b)의 내용도 확인할 수 있습니다. 그리고 지문에서는 '거의 10,000개의 조각상들이 있다'고 했으나 (c)는 '10,000명의 일꾼들에 의해 만들어졌다'는 내용이므로 정답은 (c)입니다. 첫 황제와 함께 묻혔다는 문장의 'were buried with'가 'were placed in the tomb'으로 패러프레이징된 (d)도 본문과 일치하는 내용입니다.

4 세부정보 유형 4-3.mp3

지문에서 질문의 키워드가 언급된 후에 이와 관련해서 나온 정보는 세부정보 유형 문제의 정답 단서가 됩니다. 그래서 지문에서 질문의 키워드가 언급된 전후 내용을 빠르게 메모하여 보기의 내용과 비교하여 정답을 찾습니다.

3. (a) by including anti-collision systems 충돌 방지 시스템을 포함시킴으로써
(b) by allowing them to use both hands to steer 그들에게 운전하기 위해 양손을 사용하도록 함으로써
(c) by helping them to slow down more easily 좀 더 쉽게 속도를 줄이는 것을 도와줌으로써
(d) by providing a wider range of gears for them to use 그들이 더 다양한 변속 기어를 사용하도록 제공함으로써

키워드

[3] **Why are automatic cars safer for drivers?**
왜 자동 변속기 자동차들이 운전자들에게 더 안전한가?

여: Hi, Charles! I am glad to see you. There's something you could give me advice on. I'm planning to buy my first car, and I can't decide whether I should get one with an automatic transmission or a manual transmission.
안녕, 찰스, 만나서 반가워. 네가 나에게 조언을 줄 수 있는 게 있어. 내가 내 첫 차를 구입하려고 계획 중인데, 자동 변속기로 된 것을 사야할 지, 아니면 수동 변속기로 된 것을 사야할 지 결정을 못하겠어.

남: Hi, Melissa! Well, first of all, cars that have an automatic transmission allow drivers to keep both hands on the steering wheel most of the time, so this makes them generally safer to drive than manual cars.
안녕, 멜리사! 글쎄, 무엇보다도, 자동 변속기가 있는 자동차들은 대부분의 시간에 운전자들에게 운전대에 양손을 놓아둘 수 있게 해 주니까, 이 점이 일반적으로 그것들이 수동 변속기 자동차보다 더 안전하게 운전할 수 있게 하지.

단서	allow drivers to keep both hands on the steering wheel most of the time
메모	both hands on wheel 또는 '양손, 핸들에'

지문에서 남자가 cars that have an automatic transmission이라는 표현으로 질문의 키워드인 automatic cars를 언급했으며, 그 뒤에 정답의 단서로 '대부분의 시간에 운전대에 양손을 놓아둘 수 있게 해준다'는 내용이 그대로 언급됩니다. 자동차의 핸들을 a steering wheel이라고 하는데, steering의 동사 형태인 steer가 '조종하다', '운전하다'라는 의미이므로 보기 중 (b)가 정답의 단서와 일치합니다.

Words & Phrases

be on exhibition 전시 중이다 discover [동] 발견하다 place [동] ~을 놓다 tomb [명] 무덤 emperor [명] 황제 artifact [명] 유물 uncovered [형] 발견된, 노출된 archaeological [형] 고고학적인 discovery [명] 발견 sculpture [명] 조각 in total 총, 합계로 be buried with ~와 묻히다 anti-collision [명] 충돌 방지 collision [명] 충돌 steer [동] 운전하다, 조종하다 slow down [동] 속도를 줄이다 a wide range of 다양한, 광범위한 gear [명] 변속기 automatic [형] 자동의 transmission [명] 변속기 manual [형] 수동의 steering wheel [명] (자동차의) 핸들 generally [부] 일반적으로

⑤ 추론 유형 4-4.mp3

추론 유형은 지문에서 언급된 세부정보를 통해 유추할 수 있는 사실을 묻는 문제로, 정답의 단서가 정답의 보기 내용과 완전히 일치하지 않습니다. 그래서 보기를 먼저 읽고 지문을 들으면서 지문의 문맥상 같은 의미를 나타내거나 세부정보를 통해 알 수 있는 사실을 정답으로 고르는 연습이 필요합니다.

4. (a) subscribe to the premium plan 프리미엄 요금제에 가입한다
   (b) subscribe to the standard plan 스탠다드 요금제에 가입한다
   (c) renew her membership to Cinema Net 씨네마넷에 멤버십을 갱신한다
   (d) go to the movies 영화를 보러 간다

키워드 키워드

4 What will the woman most likely do after the conversation?
여자는 대화 후에 무엇을 할 것 같은가?

남: The premium plan costs $34 a month, and it comes with three free movies every month that you can watch at any time on a special channel. But if you are a premium member with Cinema Net, an app that you can install on your smartTV, it would be better to have the standard plan. It doesn't offer free movies, but it has the same number of channels as the premium plan. It's only $20 a month. So, have you decided which TV channel plan you'd like?
프리미엄 요금제는 한달에 34달러의 비용이 들어. 그리고 이것에는 니가 특별 채널에서 매달 언제든 볼 수 있는 무료 영화 3편이 같이 딸려 있어. 하지만 만약 네가 스마트 TV에 설치할 수 있는 씨네마넷 애플리케이션의 프리미엄 멤버면, 스탠다드 요금제를 가지는게 더 좋을 거야. 그것은 무료 영화를 제공하지 않지만, 프리미엄 요금제와 동일한 개수의 채널 수를 가지고 있어. 그것은 한달에 고작 20달러야. 그래서, 네가 어느 TV 채널 요금제를 원하는지 결정했어?

여: Yes, I recently canceled my membership with Cinema Net because I've been so busy. I don't have time to watch movies, and the membership fee was quite expensive. So, I'll go with the cheaper plan.
응, 난 너무 바빠서 최근에 씨네마넷 멤버십을 취소했어. 나는 영화를 볼 시간이 없고 그 멤버십 요금이 꽤 비쌌거든. 그래서 난 더 저렴한 요금제로 갈거야.

단서	I'll go with the cheaper plan. ⇒ 더 저렴한 요금제 = 스탠다드 요금제
메모	p $30, s $20, cheaper plan 또는 '프 30달러, 스 20달러, 저렴한 것으로'

"Have you decided~?"는 대화 후에 할 일을 묻는 질문에 대한 정답 단서를 나타내는 표현입니다. 남자의 말 중에 "The premium plan costs $34 a month"를 'p $30' 또는 '프 30달러'로 메모하고, "It's only $20 a month"를 's $20' 또는 '스 20달러'라고 메모합니다. 여자는 더 저렴한 것을 선택할 것이라고 했으므로, 스탠다드 요금제에 가입할 것이라는 것을 유추할 수 있습니다. 그래서 정답은 (b)입니다.

Words & Phrases

subscribe to ~에 가입하다, 구독하다 renew [동] 갱신하다 go to the movies 영화를 보러 가다 come with ~이 딸려 있다, (제품이) 함께 판매되다 install [동] 설치하다 would like to + 동사원형(='d like to) ~하고 싶다 recently [부] 최근에 cancel [동] 취소하다 quite [부] 꽤 go with ~으로 선택하다, ~을 받아들이다

EXERCISE

다음 1인 담화를 듣고 다음 문제의 정답을 고르세요. 그리고 다음 페이지에서 정답의 단서를 밑줄로 표시하세요.

1　(a) how to join popular hobbies
　　(b) how to make video games
　　(c) how to build computers
　　(d) how to sell old electronic devices

2　(a) online stores
　　(b) secondhand shops
　　(c) major retailers
　　(d) local markets

EXERCISE

SCRIPT

키워드

1. **What is the talk about?**
담화는 무엇에 관한 것인가?

키워드 키워드

2. According to the speaker, **where is the best place to shop** for **computer parts**?
화자에 따르면, 컴퓨터 부품을 사기에 가장 좋은 장소는 어디인가?

남: Hello, everyone. Welcome to *Tech Tonight*. Nowadays, playing computer games is one of the most popular hobbies in the world. But, you need a powerful computer capable of running games with amazing graphics. So on tonight's episode, I'm going to teach you how you can build your own affordable, high-quality gaming computer. My first tip is obvious. You shouldn't buy a pre-built computer. It is much cheaper to buy the parts separately, and then put your computer together yourself. But where can you buy parts? Online suppliers always have the best variety and prices. Plus, you don't even need to leave your home!

안녕하세요, 여러분. <테크 투나잇>에 오신 것을 환영합니다. 요즘, 컴퓨터 게임을 하는 것은 세계에서 가장 인기 있는 취미 중 하나입니다. 하지만, 여러분들은 놀라운 그래픽과 함께 게임을 실행할 수 있는 강력한 컴퓨터가 필요합니다. 그래서, 오늘의 에피소드에서는 여러분들이 알맞은 가격의 고급 게이밍 컴퓨터를 만드는 방법을 가르쳐 드리겠습니다. 저의 첫번째 팁은 명백합니다. 미리 만들어진 컴퓨터를 사시면 안됩니다. 부품들을 따로 사서 직접 컴퓨터를 조립하는 것이 훨씬 더 저렴합니다. 하지만 부품들을 어디서 살 수 있을까요? 온라인 공급업체들이 항상 최고의 다양한 상품과 가격을 가지고 있습니다. 게다가, 여러분은 집에서 나설 필요도 없습니다!

[정답] **1** (c), 단서: I'm going to teach you how you can build your own affordable, high-quality gaming computer.
2 (a), 단서: Online suppliers always have the best variety and prices.

Words & Phrases

popular [형] 인기 있는 build [동] 만들다, 짓다 electronic [형] 전기의 secondhand [형] 중고의 retailer [명] 소매업자 local [형] 지역의 part [명] 부품 capable of ~가 가능한 affordable [형] 가격이 알맞은 obvious [형] 명백한 pre-built [형] 미리 만들어진, 사전에 조립된 separately [부] 따로, 개별적으로 put together 조립하다 supplier [명] 공급업체 variety [명] 다양성, 다양함 price [명] 가격

1 (a) cities with good sports teams
   (b) cities with a lot of history
   (c) cities with many parks
   (d) cities with great food

2 (a) They are much older.
   (b) They have been recently remodeled.
   (c) They have interesting designs.
   (d) They are more crowded together

 SCRIPT

---

1. What kind of cities does Warren like to visit?

2. How are buildings in Barcelona different from those in Chicago?

F: Warren, you're back from your trip! How was Barcelona? It must've been amazing.

M: It was everything I dreamed it would be, Sarah! You know how much I love cities with a lot of history, right? Every street in Barcelona was full of fascinating history. I learned so much about Spain, from the medieval times through the 20th century.

F: I bet you were so happy.

M: I was. I went on so many tours and visited so many museums. I really learned so much.

F: It was probably a nice change of scenery, too. Chicago must seem so boring now!

M: You know I'll always love Chicago. But the buildings in Barcelona all have such unique architecture. There are so many different designs. In Chicago, there are only skyscrapers.

Words & Phrases

crowded ⓗ 붐비는, 복잡한 be different from ~와 다르다 back from ~로부터 돌아온 be full of ~로 가득 차 있다 fascinating ⓗ 매력적인 medieval ⓗ 중세의 century ⓜ 세기, 100년 bet ⓤ 틀림없다, 분명하다 change of scenery 기분 전환 unique ⓗ 독특한 architecture ⓜ 건축 양식 skyscraper ⓜ 고층 건물

DAY 01~05에서 배운 청취 영역의 문제 풀이 방식을 적용해보면서 실전 유형의 청취 문제를 푸는 연습을 하여 실전에 대비할 수 있도록 합니다.

❶ 문제 풀이 방법

청취 영역의 문제에는 세부정보, 주제 및 목적, 추론 등 여러 가지 유형이 있습니다. 하지만 모든 문제를 푸는 방법은 미리 보기 (a)~(d)를 해석한 다음, 질문 듣기가 시작되면 질문의 키워드를 메모하고, 지문을 들으면서 질문의 키워드가 언급되는 부분을 듣고 정답의 단서를 파악하여 보기 중에서 정답을 고르는 것입니다.

<예제> 🎧 5-1.mp3

1. (a) to conduct research on history
역사에 대한 연구를 수행하기 위해서

(b) to learn more about the museum
박물관에 대해 더 알기 위해서

(c) to spend his spare time
그의 여가 시간을 보내기 위해서

(d) to participate in a seminar
세미나에 참가하기 위해서

1. **Why did Henry ② go to the National Museum?**

F: Hi, Henry! Hey, I saw you coming out of the museum yesterday.

M: Hello, Jessi. Did you see me? I went to the National Museum ③ to attend the seminar on the history of the Joseon Dynasty.

1. 왜 헨리는 국립 박물관에 갔는가?

여: 안녕, 헨리! 야, 나 어제 네가 박물관에서 나오는 걸 봤어.

남: 안녕, 제시. 날 봤어? 나는 조선 왕조의 역사에 대한 세미나에 참석하려고 국립 박물관에 갔었어.

STEP 1 보기 해석하기

음원이 시작되기 전에 보기 (a)~(d)를 해석합니다.

STEP 2 질문 듣고 키워드 메모하기

질문을 듣고 질문 속의 키워드 Why, go, the National Museum을 "왜 / 갔나 / 박물관"으로 메모합니다.

STEP 3 본문에서 단서 찾기

질문에서 언급된 주어 Henry는 대화 중 남자인 것을 알 수 있으며, 남자의 말 중에서 "I went to the National Museum"에서 질문의 키워드가 언급되었습니다. 그리고 바로 뒤에 정답의 단서가 "to attend the seminar on the history of the Joseon Dynasty"라고 언급됩니다.

STEP 4 단서와 일치하는 정답 찾기

남자가 말한 "to attend the seminar on the history of the Joseon Dynasty"는 세미나에 참석하기 위해서라는 내용이므로 보기 중 (d) to participate in a seminar가 정답입니다.

정답 (d)

❷ 주제 및 목적 유형 문제 풀이

정답 및 해설 p. 15

"purpose", "discuss" 등과 같은 주제 및 목적 유형 문제의 키워드는 지문에서 직접적으로 언급되지 않고 대부분 지문 초반부에 언급됩니다. 이 부분에서 해당 대화 또는 담화의 목적이 언급되기 때문에 항상 각 PART의 첫 문제로 출제됩니다. 지문의 초반부를 잘 듣고 화자가 말하는 주제가 무엇인지 파악하여 보기에서 일치하는 내용을 찾아야 합니다.

🎧 5-2.mp3

1. (a) the most fuel-efficient types of vehicles 가장 연료 효율이 좋은 종류의 차량
   (b) the best methods for learning how to drive 운전하는 법을 배우기 위한 가장 좋은 방법
   (c) the ways that car transmissions have evolved 자동차 변속기가 진화해 온 방식
   (d) the benefits and drawbacks of two types of cars 두 가지 종류의 자동차의 장점과 결점

 SCRIPT

> ○ 키워드   ○ 키워드
>
> 1. **What** are Melissa and Charles **discussing**?
> 멜리사와 찰스는 무엇을 논의하고 있는가?
>
> F: Hi, Charles, I'm glad I bumped into you. There's something you might be able to help me with.
>
> M: Sure thing, Melissa. I have some free time now if you'd like to chat.
>
> F: Great! Well, I'm planning to buy my first car, and I can't decide whether I should get one with an automatic transmission or a manual transmission.
>
> M: I see. That's certainly something I have experience in. Let's take a look at the pros and cons of each to make your decision a bit easier.

사실 확인 유형은 true/not true 유형이라고도 하며, 특정 명사에 관해 설명된 내용과 일치하는 보기를 고르거나 불일치하는 보기를 정답으로 고르는 유형입니다. 특히 특정 명사에 대해 여러가지 특징이 나열될 경우, 해당되는 특징이 아닌 것을 고르는 불일치(not true) 유형의 문제로 자주 출제됩니다. 이 경우, 음원을 들으면서 보기의 내용이 언급되면 하나씩 소거하는 방식으로 풀이합니다.

2. (a) Its display is constantly on. 화면이 지속적으로 켜져 있다.

   (b) Its applications are operated by gestures. 어플리케이션이 몸짓에 의해 작동된다.

   (c) Its battery can last for a long time. 배터리가 오랜 시간 동안 지속될 수 있다.

   (d) It has a sensor that detects the user's heart rate. 사용자의 심박수를 감지하는 센서가 있다.

📄 *SCRIPT*

> ┈┈○ 키워드   ┈┈○ 키워드   ┈┈○ 키워드
>
> 2. **Which** of the following is **not true** about **the Epic Watch**?
>   다음 중 에픽 워치에 관해 사실이 아닌 것은 무엇인가?
>
> F: At this year's California Tech Expo, you don't want to miss anything from the mobile technology section. Several leading tech companies are running booths. Most notable among them is Tech-Global Electronics, which is showcasing its first wearable device, the **Epic Watch**. It features an Always-On display, a heart-monitoring sensor, voice-operated applications, and a built-in compass. During Tech-Global's showcase, the audience was especially impressed with the Epic Watch's battery. It has 500 mAh, so it can last for five days without needing to be charged.

❹ 추론 유형 문제 풀이

질문에서 most likely 또는 probably라는 부사가 언급되면 정답의 단서가 화자에 의해 직접 언급되는 것이 아니라 화자가 말하는 정보를 근거로 질문의 답을 유추해야 하는 추론 유형입니다. 정답의 단서가 지문에 직접적으로 언급되지 않기 때문에 지문에서 질문의 키워드가 언급된 부분의 전후 문맥을 파악해서 정답을 골라야 합니다.

3. (a) purchase a laptop computer 노트북 컴퓨터를 살 것이다
   (b) seek more advice 더 많은 조언을 구할 것이다
   (c) postpone buying a computer 컴퓨터를 사는 것을 미룰 것이다
   (d) purchase a tablet computer 태블릿 컴퓨터를 살 것이다

📄 SCRIPT

> ○ 키워드   ○ 키워드   ○ 키워드
>
> 3. **What** will Daniel **most likely** do **after the conversation**?
>   다니엘은 대화 후에 무엇을 할 것 같은가?
>
> M: Hi, Samantha, I'm so glad to see you. I need your advice.
>
> F: It's nice to see you, too, Daniel. What advice do you need?
>
> M: I'm thinking about buying a computer. I can't decide whether I should buy a laptop computer or a tablet computer.
>
> F: Well, first of all, you should consider your main purpose of using the computer.
>
> M: I need one that I can bring with me anywhere so I can browse the Internet and create documents for my assignments.
>
> F: If you just want to do simple tasks like surfing the Internet and word processing, the tablet computer is surely the answer. However, it is a bit more expensive than the average laptop computer.
>
> M: I think I have enough budget for that. By the way, is it lightweight enough to bring anywhere, like a classroom, or the library?
>
> F: Yes. It weighs no more than 500 grams, while a laptop computer ranges from 1 kilogram to 2.5 kilograms. Actually, although a laptop computer is quite heavy to bring around, it can last up to 6 hours without charging. It means you don't have to bring a charger or an extra battery if you use it for less than 6 hours. On the other hand, a tablet computer has a short battery life, which can run out just after 3 hours.
>
> M: Okay, I usually bring a lot of things in my bag, so I need to buy a lighter computer despite the short battery life.

⑤ 세부정보 유형 문제 풀이

정답 및 해설 p. 16

세부정보 유형은 청취 영역의 문제 중에서 가장 많이 출제되는 유형입니다. 세부정보를 묻는 질문에는 What, Who, Which, How, Where, When 등 거의 모든 의문사가 포함되며, 지문에서 언급된 키워드와 같거나 비슷한 정답의 단서가 제시되므로 비교적 수월하게 정답의 단서를 찾을 수 있습니다. 다만 본문에서 언급된 정답의 단서가 표현이 바뀌지 않은 채 그대로 보기에 있는 것이 아니라, 단어나 구, 문장 구조를 바꾸어 의미는 같지만 다른 표현으로 구성된 보기가 정답인 경우가 많습니다. 이렇게 같은 의미의 내용을 다른 표현으로 바꾸어 나타내는 것을 패러프레이징(Paraphrasing)이라고 하며, 특히 청취 영역의 문제 보기에서 자주 나타납니다.

🎧 5-5.mp3

4.

(a) It is more likely to break down. 고장나기 쉽다.

(b) It is more difficult to sell. 팔기가 더 어렵다.

(c) It is more susceptible to theft. 도난되기에 더 쉽다.

(d) It is harder to drive in bad weather. 궂은 날씨에 운전하기가 더 어렵다.

5.

(a) by using fuel more efficiently 연료를 더 효율적으로 사용함으로써

(b) by using a low-cost type of fuel 저가 비용의 연료를 사용함으로써

(c) by coming with an extended warranty 연장된 보증서가 딸려 있음으로써

(d) by lowering insurance costs 보험 비용을 줄임으로써

6.

(a) because they are inconveniently located 불편한 곳에 위치해 있기 때문에

(b) because they are difficult to remove from cars 차에서 제거하기가 어렵기 때문에

(c) because they have a more complex design 더 복잡한 디자인을 가지고 있기 때문에

(d) because they can break if handled incorrectly 부적절하게 다뤄지면 깨질 수 있기 때문에

4. According to Melissa, **what** is a specific **problem with automatic cars**?
○ 키워드 ○ 키워드

멜리사에 따르면, 자동 변속기 자동차의 특정 문제점은 무엇인가?

5. **How** can a **manual transmission** help a driver to **reduce expenses**?
○ 키워드 ○ 키워드 ○ 키워드

수동 변속기는 어떻게 운전자가 연료의 지출을 줄이는데 도움을 주는가?

6. According to Charles, **why** are **automatic transmissions** more **difficult to repair**?
○ 키워드 ○ 키워드 ○ 키워드

찰스에 따르면, 왜 자동 변속기가 수리하기가 더 어려운가?

M: One disadvantage of buying an automatic car is that they are typically more expensive than manual cars.

F: And ④ being an automatic vehicle, it is more likely to be stolen, according to some statistics I saw.

M: That's right, Melissa. Now, let me tell you about some of the advantages of cars that have manual transmissions. First of all, you can significantly ⑤ cut down on your gas expenses in the long run when you drive manual cars and use fuel efficiently.

F: I like the sound of that. And how about the difference between how both types of cars handle on the roads?

M: That's a good question. You see, even though a manual car might be more difficult to learn to drive, it actually provides the driver with more control over their vehicle. Because you control the gears, it is easier to slow down and stop whenever you want to.

F: It sounds like it might be worth taking the time to learn then. Is there anything else I should know?

M: Oh, there is another important thing to consider. ⑥ Automatic transmissions are more difficult and costly to maintain and repair.

F: Really? ⑥ Why is that?

M: ⑥ Automatic ones are much more complex than manual ones, so they require more expensive parts and more repair work.

청취 + 보카

DAY 01 - 15

15
DAY

명사 1

빈출 단어를 핵심 표현과 함께 숙지하여 문법, 청취, 독해 문제의 이해도를 높일 수 있습니다.

culture /컬쳐ㄹ/

몡 문화, 교양, 문명

maintain one's traditional **culture**
~의 전통 문화를 유지하다

crowd /크라웃/

몡 군중, 사람들
동 모여들다, 메우다
　(be crowded with ~로 붐비다)

stand out from the **crowd**
사람들 속에서 눈에 띄다(= 남들보다 뛰어나다)

education /에듀케이션/

몡 교육

require college **education**
대학 교육을 요구하다

communication /커뮤니케이션/

몡 의사소통, 연락, 통신

boost a speaker's **communication**
skills
연설자의 의사소통 능력을 향상시키다

interview /인터ㄹ뷰/

몡 면접, 인터뷰
동 면접을 보다

The job **interview** went well.
그 취업 면접은 잘 진행되었다.

cause /커-즈/

몡 원인, 이유
동 야기하다, 초래하다

the **cause** of the noise 소음의 원인
cause A to do: A가 ~하도록 초래하다

crime /크라임/

몡 범죄, 범행

apprehend **crime** suspects
범죄 용의자를 체포하다

pay /페이/

몡 급여, 임금, 보수
동 지불하다

pay raise 임금 인상
pay extra money 추가 금액을 지불하다

climate /클라이밋/

명 기후, 분위기

the **climate** change
기후 변화

development /디**벨**럽먼트/

명 발전, 성장, 개발

the **development** of technology
기술의 발전

chemical /케미컬/

명 화학 물질
형 화학의, 화학적인

retain the residues of toxic **chemicals**
독성 화약 물질의 잔류물을 함유하다

care /케어ㄹ/

명 돌봄, 보살핌, 조심, 주의
동 관심을 가지다

take **care** of ~을 돌보다
with **care** 신중히, 주의 깊게

difference /디풔런스/

명 차이(점), 다름

make a **difference** 차이를 만들다
a **difference** between A and B:
A와 B의 차이

finance /**빠**이낸스/

명 재원, 자금
동 자금을 대다

manage **finances** 자금을 관리하다
finance a business 사업체에 자금을 대다

supply /서플라이/

명 공급(량)
동 공급하다, 제공하다

demand and **supply** 수요와 공급
supply A with B: A에게 B를 공급하다

change /체인쥐/

명 변화
동 변하다, 바꾸다

adapt to **changes** 변화에 적응하다
change one's mind ~의 마음을 바꾸다

benefit /베네삣/

명 이익, 혜택, 이득
동 혜택을 받다, 유용하다
　(benefit from ~의 도움을 받다)

health care **benefits** 의료 보험 혜택
benefit from the technology
그 기술의 도움을 받다

offer /오뻐ㄹ/

명 제의, 제안
동 제의하다, 제안하다

turn down an **offer** 제의를 거절하다
offer a discount 할인을 제공하다

advantage /애드밴티쥐/

명 유리한 점, 이점, 장점

take **advantage** of ~을 이용하다
consider A as an **advantage**:
A를 장점/이점으로 여기다

control /컨트롤/

명 지배(권), 통제, 제어
동 지배하다, 통제하다, 제어하다

out of **control** 제어할 수 없는, 통제를 벗어난
control one's mind ~의 마음을 통제하다

cost /코스트/

명 값, 비용, 경비
동 (비용이) ~이다, ~의 비용이 들다

cost of living 생활비, 생계비
cost A B: A에게 B(시간/돈/수고 등)를 들이게 하다

career /커뤼어ㄹ/

명 직업, 경력

pursue a **career** 직업을 찾다, 경력을 추구하다

situation /시츄에이션/

명 상황, 처지, 환경

address a complex **situation**
복잡한 상황을 해결하다

customer /커스터머ㄹ/

명 고객, 손님

encourage **customers** to buy new products
고객들에게 신제품 구매를 권장하다

degree /디그뤼/

명 (각도, 온도의 단위) ~도, 정도, 학위

bachelor's[master's] **degree**
학사[석사] 학위
a second-**degree** burn 2도 화상

device /디바이스/

명 장치, 기구

an ingenious **device** 독창적인 장치
a **device** with useful features
유용한 특징이 있는 기기

disease /디지즈/

명 질환, 질병, 병폐

infectious **disease** 전염병
recover from a **disease**
질병으로부터 회복하다

environment /인바이뤈먼트/

명 자연 환경, (주변) 환경

preserve the **environment**
환경을 보호하다
environment-friendly 친환경적인

display /디스플레이/

명 전시, 진열, (기기의) 화면
동 전시하다, 진열하다, 내보이다

put A on **display**: A를 진열하다
display leadership skills
리더십 능력을 보여주다

product /프라덕트/

명 생산물, 제품, 산물

introduce a new **product** 신제품을 소개하다
product supply 제품 공급

지텔프 보카 맛보기 퀴즈 빈칸에서 알맞은 단어를 고르세요.

정답 및 해석 p. 17

1. Despite the promotion, my [pay / degree] has not increased.
2. The device will be useful for the [development / product] of your skill.
3. The factory does not release toxic [disease / chemicals].
4. The quarterly budget of the company will be reported by the [control / finance] department.
5. Ms. Fisher started her [supply / career] in cooking in 2012.
6. It is a great [advantage / communication] for us to be chosen as your supplier.

빈출 단어를 핵심 표현과 함께 숙지하여 문법, 청취, 독해 문제의 이해도를 높일 수 있습니다.

budget /버짓/
ⓜ 예산(안), 비용
ⓓ 예산을 세우다

---

have a tight **budget** 빠듯한 예산을 가지다
budget $3,000 for building repairs
건물 수리에 3,000달러의 예산을 세우다

effect /이펙트/
ⓜ 영향, 효과, 결과

---

effect of A on B: B에 대한 A의 영향
have an **effect** on ~에 영향을 미치다

difficulty /디퓌컬티/
ⓜ 어려움, 곤란

---

have **difficulty** (in) -ing
~하는 데 어려움을 겪다

chance /챈스/
ⓜ 기회, 우연, 가능성

---

by **chance** 우연히, 뜻밖에
Chances are ~: 아마 ~일 것이다

client /클라이언트/
ⓜ 고객, 의뢰인, 거래처

---

client's needs 고객들의 요구[필요]
satisfy a **client** 고객을 만족시키다

branch /브뢘취/
ⓜ 지사, 분점, 분야, 나뭇가지

---

open a **branch** office 지사[지점]를 열다
a **branch** of medicine 의학의 한 분야

conflict /컨플릭트/
ⓜ 충돌, 대립, 다툼, 분쟁
ⓓ 충돌하다, 대립하다, 겹치다

The schedule **conflicts** with the
meeting.
그 일정은 그 회의와 겹친다.

disadvantage /디서드밴티쥐/
ⓜ 불리한 점, 열세, 불이익

---

be[become] a great **disadvantage** to
~에게 엄청난 약점이다[이 되다]
to one's **disadvantage** ~에게 불리하게

emergency /이머ㄹ전시/

명 비상 (사태), 응급 상황, 돌발 사건

an **emergency** situation 긴급 상황
a response to an **emergency**
비상 사태에 대한 반응

opportunity /아퍼ㄹ튜너티/

명 기회

opportunity (for A) to do: (A가) ~할 기회
a huge commercial **opportunity**
엄청난 상업적 기회

knowledge /날리쥐/

명 지식, 인지, 숙지

impart **knowledge** 지식을 전하다
require **knowledge** of
~에 대한 지식을 요구하다

colleague /칼리그/

명 동료, 동업자

work with a **colleague** 동료와 함께 일하다

expert /엑스퍼ㄹ트/

명 전문가, 숙련자

an **expert** in ~의 전문가
Experts expect that ~: 전문가들은 ~라고 예측한다

aid /에이드/

명 지원, 도움, 보조(물)
동 돕다, 원조하다

first **aid** 응급 처치, 구급 요법
aid in ~에 도움을 주다

challenge /챌린쥐/

명 도전, 이의, 힘든 일
동 도전하다, 의심하다, 문제 삼다

a **challenge** to peace 평화에 대한 도전
challenge the results 결과를 문제 삼다

medication /메디케이션/

명 약, 약물 (치료)

prescribe a **medication** 약물을 처방하다
be on **medication** for
~에 대해 약물 치료 중이다

analysis /어낼러시스/

몧 분석

a genetic **analysis** 유전자 분석
data for **analysis** 분석을 위한 데이터

opponent /어파우넌트/

몧 상대방, 반대자, 대항자, 적수
혱 반대의, 대립하는, 반대쪽의

against an **opponent** 상대방에 대항하여
win over an **opponent** team
상대 팀을 이기다

guard /가ㄹ드/

몧 경호원, 보호자, 경계, 방어
뫟 보호하다, 지키다, 경계하다, 방어하다

a security **guard** 보안 경비원
guard against ~에 대비하여 경계하다

material /머티어뤼얼/

몧 재료, 자재, 물품, 자료
혱 물질의

construction **materials** 건축 자재
supply us with **materials**
우리에게 재료를 공급하다

movement /무브먼트/

몧 움직임, 운동, 동작, 이동

a mass **movement** 대규모 이동, 대규모 운동
with a quick **movement** 빠른 움직임으로

sort /쏘ㄹ트/

몧 종류, 품질, 유형
뫟 분류하다, 구분하다, 정리하다

a **sort** of 얼마간, 어느 종류의, 다소
sort out 해결하다, 정리하다

drought /드롸웃/

몧 가뭄, 고갈, 장기적 결핍

fight the **drought** 가뭄을 물리치다
drought of funds 자금 부족

plenty /플렌티/

몧 많음, 충분, 다수, 다량, 풍부함

plenty of 많은, 충분한

figure /쀠규어ㄹ/
명 수치, 인물
동 생각하다

look over the sales **figures**
매출 수치를 살펴보다
figure out 알아내다, 이해하다

rate /뤠잇/
명 요금, 등급, 비율, 속도
동 등급을 매기다, 평가하다

the interest **rate** 이자율
rate A on a scale of 1 to 10:
1에서 10까지의 등급으로 A를 평가하다

defect /디쀀트/
명 결함, 하자, 흠

discover serious product **defects**
심각한 제품 결함을 발견하다
with a **defect** 결함이 있는

value /봽류/
명 가치, 값어치, 유용성
동 소중하게 여기다

market **value** 시장 가치, 시세
of **value** 가치 있는, 귀중한

replacement /뤼플레이스먼트/
명 교체(품), 대체(자), 후임

train one's **replacement**
~의 후임자를 교육하다
replacement of equipment 장비 교체

operation /아퍼뤠이션/
명 운영, 가동, 조작, 운행

expand its **operations** nationwide
전국적으로 운영을 확대하다
in full **operation** 완전 가동 중인

지텔프 보카 맛보기 퀴즈 빈칸에서 알맞은 단어를 고르세요.

정답 및 해석 p. 18

1. We are worried about having a tight [budget / branch] for the project.
2. Good music can have a positive [expert / effect] on us.
3. It can be a great [opportunity / emergency] for us to expand our business.
4. A local company is supposed to supply us with construction [opponents / materials].
5. During the meeting, we looked over the sales [defects / figures].
6. Mr. Kim is scheduled to train his [operation / replacement] this week.

빈출 단어를 핵심 표현과 함께 숙지하여 문법, 청취, 독해 문제의 이해도를 높일 수 있습니다.

---

danger /데인저ㄹ/
명 위험(물)

be in **danger** 위험에 빠지다
put A in **danger**: A를 위험에 빠뜨리다

---

audience /어디언스/
명 관객, 청중, 시청자

address the **audience** 청중에게 연설하다
target international **audiences**
해외 시청자를 대상으로 하다

---

signal /시그널/
명 신호, 조짐, 통신
동 신호하다, 신호를 보내다

send a **signal** 신호를 보내다
turn the light into electrical **signals**
빛을 전기 신호로 바꾸다

---

barrier /배뤼어ㄹ/
명 장벽, 장애물

language **barrier** 언어 장벽
The **barrier** separated the country.
그 장벽이 그 나라를 갈라놓았다.

---

disorder /디스오더ㄹ/
명 무질서, 혼란, 장애, 이상

suffer from sleep **disorder**
수면 장애로 고통을 받다
fall into **disorder** 혼란에 빠지다

---

distance /디스턴스/
명 거리, 간격
동 멀리 떨어지게 하다

distance from ~로부터의 거리
long **distance** 장거리(의)

---

treatment /트릿먼트/
명 대우, 취급, 치료(법)

medical **treatment** 의학 치료, 진료
develop appropriate **treatments**
적절한 치료법을 개발하다

---

adventure /어드벤춰ㄹ/
명 모험(심), 뜻하지 않은 사건

an **adventure** seeker 모험을 찾는[즐기는] 사람
tell them about the **adventure**
그들에게 모험담을 이야기 해주다

---

childhood /차일드훗/

명 어린 시절, 유년기

from[since] (early) **childhood** 어릴 때부터
throughout one's **childhood**
~의 어린 시절 내내

ancestor /앤세스떠리/

명 조상, 선조, 원형

the first **ancestor** 시조
a direct **ancestor** of modern crocodiles
현대 악어의 직계 조상

error /에뤄ㄹ/

명 잘못, 실수, 오류

make an **error** 실수하다, 오류를 범하다
trial and **error** 시행 착오

gap /갭/

명 간격, 차이, 갈라진 틈

generation **gap** 세대 차이
narrow the **gap** 차이를 좁히다

revolution /뤠벌루션/

명 혁명, 큰 변혁

Industrial **Revolution** 산업 혁명
drive a **revolution** 혁신을 이끌다

crisis /크라이시스/

명 위기, 중대 국면

a financial **crisis** 재정적 위기
crisis management 위기 관리

term /터ㄹ엄/

명 조건, 용어, 기간

long-**term** 장기간의
terms of the contract[agreement]
계약 조건

belongings /빌롱잉즈/

명 소유물, 소지품 (cf. belonging: 소속, 속성)

personal **belongings** 개인 소지품
unpack one's **belongings**
~의 소지품 꾸러미를 풀다

reputation /뤠퓨테이션/

명 평판, 명성

gain[develop] a **reputation** as
~로서의 명성을 얻다
of good **reputation** 평판이 좋은

outcome /아웃컴/

명 결과, 성과

satisfactory **outcome** 만족스러운 결과
have a similar **outcome** 유사한 결과가 나오다

triumph /트롸이엄프/

명 승리, 정복, 대성공

celebrate one's **triumph**
~의 승리를 축하하다
in **triumph** 의기양양하여, 승리감에 도취하여

profit /프라삣/

명 이익, 수익, 이윤

make a **profit** 이익을 내다, 수익이 생기다
to one's own **profit** 자신의 이익을 위하여

proposal /프뤄포우절/

명 제안(서)

make a **proposal** 제안하다
turn down a **proposal** 제안을 거절하다

measure /메줘ㄹ/

명 조치, 측정, 치수
동 재다, 측정하다

take strict **measures** 엄격한 조치를 취하다
measure a patient's progress
환자의 경과를 측정하다

view /뷰-/

명 견해, 관점, 경관
동 보다, 여기다

one's point of **view** ~의 관점
rooms with a **view** of the ocean
바다 경관이 보이는 객실들

effort /에풔ㄹ트/

명 노력, 수고

one's **effort** to do ~하려는 …의 노력
in an **effort** to boost sales
매출을 증대하기 위한 노력으로

purpose /퍼ㄹ퍼즈/

명 목적

for the **purpose** of ~의 목적으로, ~을 위해
be used for commercial **purposes**
상업적 목적으로 사용되다

refund 명 /뤼뻔드/ 동 /뤼뻔드/

명 환불(액)
동 환불해주다

a full **refund** 전액 환불
ask for a **refund** 환불을 요구하다

ability /어빌러티/

명 능력

have an **ability** to do ~할 능력이 있다
exceptional problem-solving **ability**
뛰어난 문제 해결 능력

release /륄리스/

명 출시, 공개, 발표
동 출시하다, 공개하다, 내보내다

the **release** of a new book 신간 도서의 출시
release a product 제품을 출시하다

application /어플리케이션/

명 신청(서), 지원(서), 적용

a completed **application** 작성 완료된 신청서
Please submit your **application** by
Friday. 금요일까지 지원서를 제출해주세요.

appearance /어피어뤈스/

명 외관, 외형, 외모, 등장, 출연

improve the **appearance** of the office
사무실의 외관을 개선하다

지렐프 보카 맛보기 퀴즈 빈칸에서 알맞은 단어를 고르세요.

정답 및 해석 p. 18

1. Appropriate [treatments / adventures] will be developed by some researchers.
2. The company has gained a [reputation / outcome] as a global manufacturer.
3. We need to take strict [profits / measures] to reduce our electricity bill.
4. One of the customers has asked for a full [term / refund] for her item.
5. The famous writer is pleased with the [release / ability] of his new book.
6. Please send your [appearance / application] by the end of the week via e-mail.

문법
독해
청취
VOCA

동사 1

BASIC VOCABULARY

빈출 단어를 핵심 표현과 함께 숙지하여 문법, 청취, 독해 문제의 이해도를 높일 수 있습니다.

obtain /업테인/
(동) 얻다, 입수하다, 획득하다

obtain a license 자격증을 취득하다
obtain power 권력을 얻다

confirm /컨뻠/
(동) 확인하다, 입증하다, 확정하다

confirm a reservation 예약을 확정하다
confirm the purpose of ~의 목적을 확인하다

connect /커넥트/
(동) 연결하다, 접속하다, 관련시키다, 이어주다

be **connected** with ~와 관련이 있다

improve /임프루브/
(동) 개선하다, 향상시키다

improve productivity 생산성을 향상시키다
improve working conditions
근무 조건을 개선하다

indicate /인디케잇/
(동) 가리키다, 지시하다, 나타내다

indicate health problems
건강상의 문제를 가리키다

purchase /퍼ㄹ처스/
(동) 구매하다
(명) 구매(품)

purchase it online 그것을 온라인으로 구매하다
the date of **purchase** 구매 날짜

survive /서ㄹ봐입/
(동) 살아남다, 생존하다, 잔존하다

in order to **survive** 생존하기 위해서
He **survived** the accident.
그는 그 사고에서 살아남았다.

reduce /뤼듀스/
(동) 줄이다, 축소하다, 감소시키다

reduce costs 비용을 줄이다
reduce the risk 위험율을 줄이다

pollute /펄룻ㅌ/

(동) 더럽히다, 오염시키다

pollute the ocean with plastic waste
플라스틱 쓰레기로 바다를 오염시키다
be polluted by ~에 의해 오염되다

accomplish /어캄플리쉬/

(동) 성취하다, 달성하다

accomplish a goal 목표를 달성하다

remain /뤼메인/

(동) 남아 있다, ~한 상태로 있다

remain with ~와 함께 남아 있다
remain silent 조용한 상태로 있다

succeed /석씨드/

(동) 성공하다, 물려받다

succeed in ~에 성공하다
succeed to the position 그 직책을 물려받다

prefer /프뤼쀄ㄹ/

(동) 선호하다

prefer A to B: B보다 A를 선호하다
would prefer to do
~하고 싶다, ~하는 것을 선호하다

establish /이스태블리쉬/

(동) 설립하다, 확립하다, 제정하다

establish a company 회사를 설립하다
establish a goal 목표를 세우다

pick /픽/

(동) 고르다, 선발하다, 뽑다
(명) 선택(권)

pick up 집어 들다, (차로) 태워 주다, 회복하다
pick the best one 가장 좋은 것을 고르다

introduce /인트뤄듀스/

(동) 소개하다, 도입하다

introduce a new technology
새로운 기술을 도입하다

perform /퍼ㄹ뿨/

(동) 공연하다, 실시하다, 수행하다

perform an inspection 점검을 실시하다
perform at Broadway theaters
브로드웨이 극장에서 공연하다

discuss /디스커스/

(동) 논의하다, 이야기하다

discuss the plan 그 계획을 논의하다
discuss a marketing strategy with staff
직원들과 마케팅 전략을 논의하다

prepare /프뤼페어ㄹ/

(동) 준비하다, 마련하다, 대비하다

prepare for ~을 준비하다
get prepared 준비되다

breathe /브뤼드/

(동) 숨쉬다, 호흡하다

breathe out 숨을 내쉬다, 내뿜다

protect /프뤄텍트/

(동) 보호하다, 지키다, 막다

protect a right 권리를 보호하다
protect A from -ing: A가 ~하는 것을 막다

allow /얼라우/

(동) 허락하다, 허용하다, 가능하게 하다

allow A to do: A에게 ~하는 것을 허락하다
allow him to pass the entrance
그에게 입구를 통과하는 것을 허락하다

provide /프뤄봐이드/

(동) 제공하다, 공급하다

provide A with B: A에게 B를 제공하다
provide some helpful services
몇몇 유익한 서비스를 제공하다

decide /디싸이드/

(동) 결정하다, 결심하다, 마음먹다

decide to offer discounts
할인을 제공하기로 결정하다
decide what to do 무엇을 할지 결정하다

increase 동 /인크뤼스/ 명 /인크뤼스/

동 증가하다, 증가시키다
명 증가, 증대

predict **increase** in revenue
수익 증가를 예측하다

happen /해펀/

동 (일이) 일어나다, 발생하다, 생기다

What **happened**? 무슨 일 있었어?
happen to do 우연히 ~하다

interest /인트레스트/

동 관심을 갖게 하다, 흥미를 일으키다
명 흥미, 관심(사), 이익, 이자

be **interested** in ~에 관심이 있다
have much **interest** in ~에 많은 관심을 갖다

attend /어텐드/

동 출석하다, 참석하다, 돌보다(to)

attend a conference 컨퍼런스에 참석하다
attend to the patient 그 환자를 돌보다

encourage /인커뤼쥐/

동 권하다, 장려하다

encourage the employees to participate in the event
직원들에게 그 행사에 참여하는 것을 권하다

expect /익스펙트/

동 기대하다, 예상하다

be **expected** to arrive there in 10 minutes
10분 후에 그곳에 도착할 것으로 예상되다

지텔프 보카 맛보기 퀴즈 빈칸에서 알맞은 단어를 고르세요.

정답 및 해석 p. 19

1. The CEO has asked to [improve / purchase] working conditions.
2. We will hold a meeting to discuss how to [reduce / indicate] overall costs.
3. A new marketing strategy will be needed to [remain / succeed] in boosting sales.
4. They will [provide / decide] us with some helpful services soon.
5. Managers are [performing / encouraging] employees to participate in the workshop.
6. The event is [increased / expected] to attract many local residents.

동사 2

빈출 단어를 핵심 표현과 함께 숙지하여 문법, 청취, 독해 문제의 이해도를 높일 수 있습니다.

require /뤼콰이어ㄹ/

(동) 필요로 하다, 요구하다

require that he submit the report by next morning
그에게 내일 아침까지 보고서를 제출하도록 요구하다

describe /디스크롸입/

(동) 묘사하다, 서술하다, 설명하다

describe the event precisely
그 사건을 자세히 묘사하다

waste /웨이스트/

(동) 허비하다, 낭비하다
(명) 허비, 낭비, 쓰레기, 황무지

waste an effort 노력을 허비하다
waste of material 재료의 낭비

maintain /메인테인/

(동) 유지하다, 주장하다

maintain their traditional culture
그들의 전통 문화를 유지하다

contact /컨택트/

(동) 접촉하다, 연락하다(with)
(명) 접촉, 교제, 연락

contact with the dentist's office
치과에 연락하다
physical **contact** 신체적 접촉

follow /빨로우/

(동) ~의 뒤를 잇다, 따라가다, 따르다

A be **followed** by B: A 다음에 B가 이어지다
follow the rules 규칙을 따르다

affect /어쀅트/

(동) ~에 영향을 미치다(= have an effect on)

affect one's mood ~의 기분에 영향을 미치다

determine /디터ㄹ민/

(동) 결정하다, 밝혀내다, 알아내다

determine to take different route
다른 경로를 이용하기로 결정하다

ensure /인슈어ㄹ/

(동) 반드시 ~하도록 하다, 보증하다

ensure that all employees attend
반드시 모든 직원이 참석하게 하다

publish /퍼블리쉬/

(동) 출판하다, 출간하다, 공표하다

publish his first novel
그의 첫 번째 소설을 출간하다

advise /어드봐이즈/

(동) 충고하다, 조언하다, 권고하다

The doctor **advised** that he work out 3 times a week.
의사는 그에게 일주일에 세 번 운동하도록 조언했다.

occur /어커ㄹ/

(동) 발생하다, 일어나다(= happen)

A traffic accident **occurred** at the bus stop.
교통 사고가 그 버스 정류장에서 발생했다.

grow /그로우/

(동) 자라다, 성장하다, 점점 ~하게 되다, 재배하다

The industry **grows** every year.
그 산업은 매년 성장한다.
grow old 늙어 가다

agree /어그뤼/

(동) 동의하다, 찬성하다, (의견이) 일치하다

agree with him 그의 말에 동의하다
agree about what to do
할 일에 대해 의견이 일치하다

achieve /어취브/

(동) 성취하다, 달성하다(= accomplish)

achieve a goal 목표를 달성하다
the best way to **achieve** one's dream
~의 꿈을 이루기 위한 최선의 방법

quit /큇트/

(동) 그만두다, 중지하다

quit a job 일을 그만두다, 사직하다
quit eating fast food
패스트푸드를 먹는 것을 그만두다

contain /컨테인/

동 포함하다, 함유하다, ~이 들어 있다

contain vitamin C 비타민 C를 함유하다
contain errors 오류를 포함하다[오류가 있다]

lower /로우어ㄹ/

동 낮추다, 내리다, 줄이다, 내려가다
형 하급의, 더 낮은

lower electricity use 전기 사용을 줄이다
a **lower** class 하층 계급

rise /롸이즈/

동 오르다, 상승하다
명 상승, 떠오름, 발생, 근원

The sea level **rises**. 해수면 높이가 상승하다.
The **rise** of the novel 소설의 부상

consider /컨시더ㄹ/

동 여기다, 간주하다, 고려하다, 숙고하다

consider him (as) a failure
그를 실패자로 여기다

deliver /딜리붜ㄹ/

동 배달하다, 전달하다

deliver a supply 공급품을 배송하다
deliver a speech[an address] 연설을 하다

prevent /프뤼붼트/

동 예방하다, 막다, 방지하다

prevent A from -ing: A가 ~하는 것을 막다
prevent the growth of cancer cells
암세포의 성장을 막다

announce /어나운스/

동 발표하다, 공고하다

announce that the company will
release the new product
그 회사가 그 신제품을 출시할 것이라고 발표하다

generate /줴너뤠잇/

동 발생시키다, 일으키다, 초래하다

generate electricity 전기를 발생시키다
generate more interest
더 많은 관심을 발생시키다

suggest /서줴스트/

(동) 제안하다, 암시하다, 나타내다

The research **suggests** that ~
그 연구는 ~라는 것을 나타낸다

exist /이그지스트/

(동) 존재하다, 실재하다

No research on the virus **exists**.
그 바이러스에 대한 연구는 존재하지 않는다.

seek /씩/

(동) 찾다, 추구하다, 구하다

seek after ~을 찾다/구하다
seek a new employee 새로운 직원을 구하다

exchange /익스췌인쥐/

(동) 교환하다, 맞바꾸다
(명) 교환, 환전

exchange A for B: A를 B와 교환하다
in **exchange** for ~에 대한 대가로

attempt /어템프트/

(동) 시도하다
(명) 시도

attempt to escape 탈출을 시도하다
attempts to make a change
변화하기 위한 시도

complain /컴플레인/

(동) 불평하다

complain about ~에 대해 불평하다
complain to the manager about low
wages 낮은 임금에 대해 매니저에게 불평하다

지텔프 보카 맛보기 퀴즈 빈칸에서 알맞은 단어를 고르세요.

정답 및 해석 p. 19

1. The speech will be [described / followed] by a music performance.
2. The team leader [requires / generate] that we submit the document by this Friday.
3. The doctor [achieved / advised] that he work out regularly.
4. We will help to [deliver / prevent] the disease from spreading nationwide.
5. Managers will discuss how to [rise / lower] electricity use.
6. A customer wants to [exchange / complain] her item for a new one.

빈출 단어를 핵심 표현과 함께 숙지하여 문법, 청취, 독해 문제의 이해도를 높일 수 있습니다.

decrease /디크뤼스/
(동) 줄다, 감소하다, 줄이다, 감소시키다
(명) 감소, 하락

Productivity will **decrease**.
생산성이 감소할 것이다.

assist /어시스트/
(동) 돕다, 도움이 되다

assist a patient 환자를 돕다
assist in a campaign 캠페인에서 도움이 되다

involve /인봘브/
(동) 관련시키다, 수반하다, 참여시키다

His new job **involves** managing a store crew.
그의 새 일은 매장 직원을 관리하는 것을 수반한다.

present (동)/프리젠트/ (형)/프뤠즌트/
(동) 주다, 제공하다
(형) 현재의, 참석한

present the winner a laptop computer as a prize
우승자에게 노트북 컴퓨터를 상으로 주다

refuse /뤼퓨즈/
(동) 거절하다, 거부하다

She **refused** to discuss the issue.
그녀는 그 사안을 논의하는 것을 거절했다.

choose /츄-즈/
(동) 선택하다, 결정하다

There are many programs to **choose** from.
선택할 수 있는 프로그램들이 많이 있다.

fulfill /뿔삘/
(동) 이행하다, 수행하다

fulfill a promise 약속을 이행하다
fulfill a lot of duties 많은 임무를 수행하다

explore /익스플러ㄹ/
(동) 탐사하다, 탐구하다, 살펴보다

explore one of the places
그 장소들 중 하나를 탐사하다

drop /드롸-압/

(동) 떨어지다, 하락하다, 떨어뜨리다, 내려놓다
(명) 떨어짐, 하락, (액체) 방울

a sharp drop in the figures
수치의 급격한 하락

imitate /이미테잇트/

(동) 모방하다, 흉내내다

imitate the work of some artists
몇몇 화가들의 작품을 모방하다

approach /어프로우취/

(동) 접근하다, 다가가다, 다가오다
(명) 접근(법)

approach the building 그 건물에 접근하다
The deadline is approaching.
마감 기한이 다가오고 있다.

enable /이네이블/

(동) ~에게 할 수 있게 하다, 가능하게 하다

enable us to increase the productivity
우리에게 생산성을 증대할 수 있게 해주다

found /빠운드/

(동) 설립하다, 세우다

The company was founded in 1935.
그 회사는 1935년에 설립되었다.

delay /딜레이/

(동) 지연시키다, 연기하다
(명) 지연, 연기

The meeting was delayed.
그 회의는 지연되었다.
without delay 지체 없이

anticipate /앤티서페잇/

(동) 기대하다, 예상하다

anticipate a good result
좋은 결과를 기대하다

support /써포-르트/

(동) 지지하다, 지원하다, 후원하다
(명) 지지, 지원, 후원

support his idea 그의 생각을 지지하다
support those who are sick
아픈 사람들을 지원하다

wonder /원더ㄹ/

(동) 궁금해하다

wonder if he can come
그가 올 수 있는지 궁금하다

destroy /디스트로이/

(동) 파괴하다, 망치다

destroy the home of some animals
몇몇 동물들의 서식지를 파괴하다

realize /뤼얼라이즈/

(동) 깨닫다, 알아차리다

We realized that we were late.
우리는 우리가 늦었다는 것을 알아차렸다.

aim /에임/

(동) 목표로 삼다, 작정하다
(명) 목적, 목표

This is aimed at helping children.
이는 아이들을 돕는 일을 목표로 하는 것이다.

donate /도우네잇ㅌ/

(동) 기부하다, 기증하다

donate a lot of money 많은 돈을 기부하다
donate blood 헌혈하다

ignore /이그노-ㄹ/

(동) 무시하다

ignore the problem 그 문제를 무시하다
She ignored our opinion.
그녀는 우리의 의견을 무시했다.

appear /어피어ㄹ/

(동) 나타나다, ~인 것 같다

It appears to be simple.
그것은 단순한 것 같다.

crush /크러쉬/

(동) 으깨다, 부수다, 쑤셔 넣다, 찌그러지다

Many people were crushed into the small room.
많은 사람들이 그 작은 방에 쑤셔 넣어졌다.

mention /멘션/

(동) 언급하다, 말하다

The term was **mentioned** in the book.
그 용어는 그 책에서 언급되었다.

occupy /아-큐파이/

(동) 차지하다, 점유하다, 사용하다

occupy an important position
중요한 직책을 차지하다

intend /인텐드/

(동) 의도하다, 작정하다

We **intend** to test the program.
우리는 그 프로그램을 테스트할 작정이다.

divide /디봐이드/

(동) 나누다, 나뉘다

Students were **divided** into three groups.
학생들이 세 그룹으로 나뉘었다.

disappear /디써피어ㄹ/

(동) 사라지다, 없어지다

disappear into the distance 멀리 사라지다
She suddenly **disappeared**.
그녀가 갑자기 사라졌다.

employ /임플로이/

(동) 고용하다, 이용하다

employ many workers
많은 작업자들을 고용하다

지텔프 보카 맛보기 퀴즈 빈칸에서 알맞은 단어를 고르세요.

정답 및 해석 p. 20

1. Some employees [assisted / chose] not to participate in the event.
2. New policies will [enable / approach] us to increase the productivity.
3. The accident resulted in a sharp [drop / delay] in the sales figures.
4. The instructor wanted to [mention / divide] the participants into two groups.
5. A man [donated / ignored] a lot of money to the charity.
6. We have decided to [employ / intend] one of the best interior design firms.

형용사 1

BASIC VOCABULARY

빈출 단어를 핵심 표현과 함께 숙지하여 문법, 청취, 독해 문제의 이해도를 높일 수 있습니다.

basic /베이씩/

형 기본적인, 기초적인

basic duties of a manager
관리자의 기본 업무
use **basic** knowledge 기본 지식을 활용하다

similar /씨멀러ㄹ/

형 비슷한, 유사한

have **similar** problems
유사한 문제점들이 있다

convenient /컨뷔-년ㅌ/

형 편리한, 편한

It is **convenient** to use.
그것은 사용하기 편리하다.

original /어뤼저늘/

형 원래의, 원본의, 독창적인
명 원본

come up with an **original** idea
독창적인 아이디어를 생각해내다

popular /파-펄러ㄹ/

형 인기 있는, 대중적인

invite a **popular** singer
인기 가수를 초대하다
popular culture 대중 문화

previous /프뤼-벼스/

형 이전의, 과거의

previous experience for the position
그 직책에 필요한 이전의 경험

necessary /네써쎄뤼/

형 필요한, 필수의

It is **necessary** to renovate the facility.
그 시설을 개조하는 것이 필요하다.

mere /미어ㄹ/

형 단지 ~의, ~에 불과한

It took a **mere** 30 minutes.
불과 30분 밖에 걸리지 않았다.

contemporary /컨템퍼뤄뤼/

형 동시대의, 현대의

the **contemporary** novel 현대소설
be **contemporary** with
~와 동시대에 살다[존재하다]

medical /메디클/

형 의료의, 의학의

medical treatments 의학 치료(법)
medical research 의학 연구

comfortable /컴쁘터블/

형 편안한, 쾌적한

wear **comfortable** clothes 편한 옷을 입다
Please make yourself **comfortable**.
편하게 계세요.

significant /식니삐컨트/

형 중요한, 상당한

a **significant** increase in our profits
우리 수익의 상당한 증가
significant problems 중요한 문제들

local /로우클/

형 지역의, 현지의
명 지역 주민

a **local** newspaper 지역 신문
The **locals** looked friendly.
그 지역 주민들은 친절해 보였다.

actual /액츄얼/

형 실제의, 사실상의

The **actual** size was much bigger.
실제 사이즈는 훨씬 더 컸다.

severe /씨비어ㄹ/

형 심각한, 극심한

severe losses 심각한 손실
severe weather 험한 날씨

complete /컴플리-잇트/

형 완료된, 완전한, 모두 갖춰진
동 완료하다

a **complete** set 완전한 세트
Please **complete** the form.
그 양식을 작성 완료하십시오.

obvious /아-뷔어스/

형 분명한, 명백한

some **obvious** solutions
몇몇 분명한 해결책들

emotional /이모우셔늘/

형 감정적인, 감정의, 정서의

emotional changes 감정적인 변화들
emotional words 감정을 자극하는 말들

successful /썩쎄스쁠/

형 성공적인, 성공한

a **successful** candidate 합격자
one of the most **successful**
companies 가장 성공한 회사들 중의 하나

empty /엠프티/

형 빈, 비어 있는

There are some **empty** boxes.
몇몇 빈 상자들이 있다.
The house was **empty**. 그 집은 비어 있었다.

anxious /앵셔스/

형 불안해하는, 염려하는, 간절히 바라는

They are **anxious** to learn about it.
그들은 그것을 배우기를 간절히 바라고 있다.

conventional /컨붸셔늘/

형 관습적인, 전통적인

We tried to avoid the **conventional**
approaches.
우리는 전통적인 접근법들을 피하려 했다.

close /클로우스/

형 가까운

It was too **close** to the door.
그것은 문에서 너무 가까이 있었다.
a very **close** friend 아주 가까운 친구

honest /어-니스트/

형 솔직한, 정직한

to be **honest** 솔직히 말해서
Let's be **honest**. 솔직히 얘기해보자.

fortunate /뻐-ㄹ츄넛/

형 운 좋은, 다행스러운

They were **fortunate** to have it.
그들은 그것을 갖게 되어 운이 좋았다.

effective /이뻭티ㅂ/

형 효과적인, 유효한

look for an **effective** way
효과적인 방법을 찾다

following /빠-알로우잉/

형 다음의, 다음에 언급되는

Check out the **following** information.
아래의 정보를 확인해 보세요.
in the **following** year 그 다음 해에

correct /커뤵ㅌ/

형 정확한, 알맞은, 옳은
동 바로잡다, 고치다

The answer was **correct**. 그 대답은 옳았다.
We need to **correct** the errors.
우리는 그 오류들을 바로잡아야 한다.

sound /싸운ㄷ/

형 건전한, 건강한, 타당한, 견실한

give **sound** advice 타당한 조언을 해주다
The company was financially **sound**.
그 회사는 재정적으로 견실했다.

rare /뤠어ㄹ/

형 희귀한, 드문

He has a **rare** book.
그는 희귀한 책 한 권을 갖고 있다.

지텔프 보카 맛보기 퀴즈 빈칸에서 알맞은 단어를 고르세요. 정답 및 해석 p. 20

1. It is [popular / necessary] to expand our business into the Asian market.
2. I think it will cause a [significant / comfortable] increase in our profits.
3. If you want to register, please [correct / complete] the form online.
4. The team leader is [anxious / obvious] to meet the deadline.
5. We need to look for an [effective / emotional] way to solve the problems.
6. He was [conventional / fortunate] to download the program for free.

형용사 2   **BASIC VOCABULARY**

빈출 단어를 핵심 표현과 함께 숙지하여 문법, 청취, 독해 문제의 이해도를 높일 수 있습니다.

major /메이줘ㄹ/
(형) 주요한, 중대한, 대다수의

deal with **major** issues 중대 사안들을 다루다
make some **major** changes
몇몇 주요 변화를 이루다

minor /마이너ㄹ/
(형) 사소한, 중요치 않은, 소수의

cause a few **minor** accidents
몇 가지 사소한 사고를 초래하다
make **minor** revisions 사소한 수정을 하다

current /커-뤈트/
(형) 현재의

the **current** situation 현재의 상황
the **current** version of the software
그 소프트웨어의 현재 버전

safe /세이쁘/
(형) 안전한, 안심할 수 있는

You can keep it **safe** here.
그것을 여기 안전하게 보관하실 수 있습니다.
a **safe** place to hide 숨기에 안전한 곳

quick /퀵/
(형) 빠른, 신속한

make a **quick** decision 빠른 결정을 내리다
be **quick** to do 빨리 ~하다

annual /애뉴얼/
(형) 연례적인, 해마다의

an **annual** event 연례 행사
an **annual** profit of $5 million
5백만 달러의 연간 수익

common /커-먼/
(형) 흔한, 공동의, 공통의, 보통의

The practice is becoming more
common now.
그 관례는 지금 더욱 흔한 것이 되고 있다.

certain /써-ㄹ튼/
(형) 확실한, 확신하는, 특정한

We are **certain** that it's true.
우리는 그것이 사실이라고 확신한다.
for a **certain** period of time 특정 기간에

particular /퍼ㄹ티큘러ㄹ/

(형) 특정한

This **particular** model is popular now.
이 특정 모델이 지금 인기가 있습니다.

proud /프라우ㄷ/

(형) 자랑스러운

be **proud** of ~을 자랑스러워하다
I feel **proud** to be here.
이곳에 있어서 자랑스럽습니다.

stable /스테이블/

(형) 안정적인

He wants to have a **stable** job.
그는 안정적인 일자리를 갖고 싶어한다.

continuous /컨티뉴어스/

(형) 계속되는, 지속적인

continuous job loss 계속되는 실직
a **continuous** supply of fresh water
깨끗한 물의 지속적인 공급

shallow /쉘로우/

(형) 얕은

a **shallow** hole 얕은 구멍
in **shallow** water 얕은 물에서

rear /뤼어ㄹ/

(형) 뒤의, 뒤쪽의
(명) 뒤, 뒤쪽

the **rear** doors of the car 그 차의 뒷문들
in the **rear** 뒤쪽에

diverse /다이버-ㄹ스/

(형) 다양한

diverse ideas on the project
그 프로젝트에 대한 다양한 의견들

alive /얼라이브/

(형) 살아 있는

Some of the animals are still **alive**.
그 동물들 중 몇몇은 여전히 살아 있다.

backward /배쿼ㄹ드/
(형) 뒤의, 퇴보하는, 더딘, 낙후된

a **backward** step 뒷걸음[퇴보]
It was considered as a **backward**
system. 그것은 낙후된 시스템으로 여겨졌다.

incredible /인크뤠더블/
(형) 믿을 수 없을 정도의, 대단한

an **incredible** experience 믿을 수 없는 경험
an **incredible** variety of items
믿을 수 없을 정도로 다양한 제품들

ripe /롸입/
(형) 익은, 숙성한, (시기가) 무르익은, 적합한

sell **ripe** fruits 잘 익은 과일들을 팔다
when the time is **ripe** 적합한 때가 되면

likely /라이클리/
(형) 가능성 있는, ~할 것 같은

be **likely** to do ~할 가능성이 있다
People will be more **likely** to buy it.
사람들이 그것을 살 가능성이 더 커질 것이다.

ancient /에인션ㅌ/
(형) 고대의

an **ancient** city 고대의 한 도시
ancient civilization 고대 문명

friendly /쁘뤤들리/
(형) 친절한, 다정한

The clerks were very **friendly**.
그 점원들은 매우 친절했다.

useful /유-스쁠/
(형) 유용한, 도움이 되는

a lot of **useful** functions 많은 유용한 기능들
some **useful** information
도움이 되는 몇몇 정보

precious /프뤠셔스/
(형) 귀중한, 소중한

My family is very **precious** to me.
내 가족은 나에게 매우 소중하다.

sharp /샤-ㄹ프/

(형) 날카로운, 급격한

a **sharp** increase in fuel prices
연료 가격의 급격한 상승

specific /스피씨삑/

(형) 구체적인, 특정한

send **specific** information
구체적인 정보를 보내다

efficient /이쀠션ㅌ/

(형) 효율적인

find out an **efficient** way
효율적인 방법을 알아내다

responsible /뤼스판서블/

(형) 책임이 있는, 책임감 있는

be **responsible** for
~에 대해 책임지다, ~을 담당하다

available /어붸일러블/

(형) (사물) 이용 가능한, (사람) 시간이 되는

There is no **available** room now.
현재 이용 가능한 객실이 없습니다.

extensive /익스텐시브/

(형) 폭넓은, 광범위한

receive **extensive** financial support
폭넓은 재정 지원을 받다

지텔프 보카 맛보기 퀴즈 빈칸에서 알맞은 단어를 고르세요.

정답 및 해석 p. 21

1. An [annual / alive] event will be held here next week.

2. They were [common / certain] that the company would open another branch.

3. All employees were [stable / proud] of the success of the new product.

4. People are more [precious / likely] to purchase items that are advertised on TV.

5. We found out an [efficient / anxious] way to manage our work process.

6. He told us that there were no [responsible / available] room.

빈출 단어를 핵심 표현과 함께 숙지하여 문법, 청취, 독해 문제의 이해도를 높일 수 있습니다.

mainly /메인리/

뷔 주로, 대부분

They **mainly** carry local items.
그들은 주로 지역 물품들을 취급한다.

generally /줴너뤌리/

뷔 일반적으로, 보통

He **generally** goes to work at 8 A.M.
그는 보통 오전 8시에 출근한다.

exactly /익잭틀리/

뷔 정확히, 틀림없이

That's **exactly** what we wanted.
그것이 정확히 우리가 원했던 것이다.

normally /너-ㄹ멀리/

뷔 보통, 정상적으로

It **normally** takes 2 hours to finish it.
그것을 끝내는 데 보통 2시간이 걸린다.

highly /하일리/

뷔 대단히, 매우, 크게

highly respected 크게 존경받는
highly successful 대단히 성공적인

hardly /하-ㄹ들리/

뷔 거의 ~않다

There are **hardly** any people in the building.
그 건물에 사람이 거의 없다.

formally /뿨-ㄹ멀리/

뷔 정식으로, 공식적으로

The proposal was **formally** approved.
그 제안이 정식으로 승인되었다.

yet /옛/

뷔 아직, 이제, 지금까지 중에서

We haven't watched it **yet**.
우리는 그것을 아직 보지 못했다.

seriously /씨리어슬리/

(부) 심각하게, 진심으로

She became **seriously** ill.
그녀는 심각하게 아픈 상태가 되었다.
seriously damaged 심각하게 손상된

across /어크러-스/

(부) 가로질러, 건너서
(전) ~을 가로질러, ~건너편에

get[go, come] **across** 건너다
across the street 길 건너편에

increasingly /인크뤼-씽리/

(부) 점점 더

It is **increasingly** becoming popular.
그것이 점점 더 인기를 얻고 있다.

rapidly /뤠피들리/

(부) 빨리, 신속히

The company has grown **rapidly**
since 2012.
그 회사는 2012년 이후로 빠르게 성장해왔다.

abroad /어브러-드/

(부) 해외에, 해외로

They worked **abroad** last year.
그들은 작년에 해외에서 일했다.

automatically /어-러매티컬리/

(부) 자동으로

The message will be sent **automatically**.
그 메시지는 자동으로 전송될 것이다.

ahead /어헤드/

(부) 앞으로, 앞에, 앞서

The event was scheduled weeks
ahead.
그 행사는 몇 주 전에 일정이 잡혔다.

officially /어쀠셜리/

(부) 공식적으로

The park will be **officially** opened
next week.
그 공원은 다음 주에 공식적으로 개장될 것이다.

unfortunately /언뿨-츄너틀리/

㉻ 안타깝게도, 아쉽게도

Unfortunately, she can't go.
안타깝게도, 그녀는 갈 수 없다.

shortly /쇼-ㄹ틀리/

㉻ 곧, 머지 않아

The manager will leave shortly.
그 책임자는 곧 출발할 것이다.

least /리-스트/

㉻ 가장 덜, 가장 적게, 최소로

the least important thing 가장 덜 중요한 것
the least expensive restaurant
가장 덜 비싼 레스토랑

strictly /스트뤽틀리/

㉻ 엄격히, 엄밀히, 정확하게

strictly speaking 엄격히 말하면
strictly follow the rules
엄격하게 규칙을 따르다

soon /수-운/

㉻ 곧, 머지 않아

They will get there soon.
그들은 곧 그곳에 도착할 것이다.

finally /빠이널리/

㉻ 마침내, 드디어, 마지막으로

The broken copier was finally
repaired.
고장 난 복사기가 드디어 수리되었다.

absolutely /앱설루-웃리/

㉻ 전적으로, 절대

My parents were absolutely right.
우리 부모님이 절대적으로 옳았다.

regularly /뤠귤러ㄹ리/

㉻ 정기적으로, 규칙적으로

regularly participate in the training
program
정기적으로 교육 프로그램에 참가하다

approximately
/어프**락**서멋ㅌ리/

(부) 대략, 약

cost **approximately** one million dollars
약 백만 달러의 비용이 들다

immediately /이미디엇틀리/

(부) 즉시, 당장

get ready for the meeting **immediately**
즉시 회의를 준비하다

nearly /니얼리/

(부) 거의(= almost)

nearly a week ago 거의 1주일 전에
nearly arrive home 집에 거의 도착하다

recently /뤼쓴리/

(부) 최근에

recently purchased the product
최근에 그 제품을 구매했다

properly /프뤄퍼ㄹ리/

(부) 제대로, 적절하게

check if it is placed **properly**
그것이 제대로 놓여있는지 확인하다

promptly /프뢈ㅍ틀리/

(부) 즉시, 지체 없이, 정각에

begin **promptly** at 9 A.M.
오전 9시 정각에 시작하다

지텔프 보카 맛보기 퀴즈 빈칸에서 알맞은 단어를 고르세요.

정답 및 해석 p. 21

1. It [normally / seriously] takes 30 minutes to get to the convention center.
2. We all agreed that our new product has been [highly / exactly] successful.
3. There are [formally / hardly] any positive comments on the Web site.
4. He thinks that it will cost [immediately / approximately] two million dollars.
5. Invitations were sent to the guests [nearly / recently] a week ago.
6. Please be aware that the meeting will begin [properly / promptly] at 2 P.M.

전치사/접속사 BASIC VOCABULARY

빈출 단어를 핵심 표현과 함께 숙지하여 문법, 청취, 독해 문제의 이해도를 높일 수 있습니다.

prior to /프라이어ㄹ 투/

(전) ~에 앞서, ~전에

Prior to the decision, please think about it one more time.
결정에 앞서, 한 번 더 생각해 보십시오.

during /듀링/

(전) ~중에, ~동안

The event was held **during** the summer.
그 행사는 여름 동안 개최되었다.

according to /어커-ㄹ딩 투/

(전) ~에 따르면, ~에 따라

According to the article, the company will launch a new item.
기사에 따르면, 그 회사는 신제품을 출시할 것이다.

due to /듀- 투/

(전) ~로 인해, ~때문에

The theater will be opened later this year **due to** constructions delays. 공사 지연으로 인해 그 극장이 올해 말에 개장될 것이다.

instead of /인스테드 어브/

(전) ~대신에, ~가 아니라

Instead of -ing: ~하는 것 대신에

because of /비커-즈 어브/

(전) ~때문에

Because of climate change, many animals are being endangered.
기후 변화 때문에, 많은 동물들이 위험에 처해 있다.

among /어멍/

(전) ~사이에서, ~중에서

Extreme sports are very popular **among** young people. 익스트림 스포츠가 젊은이들 사이에서 매우 인기가 높다.

within /위딘/

(전) ~이내에

Your item will be delivered **within** five business days.
귀하의 제품이 영업일로 5일 이내에 배송될 것입니다.

against /어겐스트/

전 ~에 맞서, ~에 반대해, ~에 기대어

The bicycle was leaning **against** the wall.
그 자전거는 벽에 기대어져 있었다.

behind /비하인드/

전 ~뒤에, ~에 뒤쳐져

There was a man standing **behind** the door.
문 뒤에 한 남자가 서 있었다.

above /어버브/

전 ~위에, ~보다 많은, ~을 넘는

The figures were **above** average.
그 수치는 평균을 웃돌았다.

below /빌로우/

전 ~밑에, ~보다 낮은, ~에 미치지 못하는

The numbers were **below** average.
그 숫자는 평균에 미치지 못했다.

via /비-아/

전 ~을 통해, ~을 거쳐

You can receive the confirmation **via** e-mail.
이메일을 통해 확인서를 받으실 수 있습니다.

despite /디스파잇트/

전 ~에도 불구하고

Despite the opposition, the policy has been adopted.
반대에도 불구하고, 그 정책이 채택되었다.

including /인클루-딩/

전 ~을 포함해

There will be a variety of events **including** outdoor activities. 야외 활동들을 포함해 다양한 행사들이 있을 것입니다.

until /언틸/

전 (지속) ~까지
접 (지속) ~할 때까지

until the end of the day 하루가 끝날 때까지
We have to wait **until** he approves it.
우리는 그가 그것을 승인할 때까지 기다려야 한다.

in case of /인 케이스 어브/

(전) ~의 경우에

In case of fire, do not use the elevator.
화재 발생 시에는, 엘리베이터를 이용하지 마십시오

except (for) /익셉트 (풔)/

(전) ~을 제외하고

Everyone has arrived **except** Mr. Brown.
브라운 씨를 제외하고 모두 도착했다.

toward /투워-ㄹ드/

(전) ~ 쪽으로, ~을 향해, ~을 위해, ~무렵

The proceeds will go **toward** helping local residents.
그 수익금은 지역 주민들을 돕는 데 쓰일 것이다.

throughout /쓰루아웃/

(전) (장소) 도처에, (시간) ~동안 내내

throughout the country 전국 도처에
throughout the year 1년 내내

in favor of /인 풰이버ㄹ 어브/

(전) ~을 위하여, ~에 찬성해

He rejected the idea **in favor of** a better solution.
그는 더 나은 해결책을 위해 그 아이디어를 거절했다.

unless /언레스/

(접) ~가 아니라면, ~하지 않는다면

You can't access the system **unless** you get the approval. 승인을 받지 못하면 그 시스템에 접속하실 수 없습니다.

upon /어펀/

(전) ~하자마자, ~하는 대로

Upon arrival, please contact us.
도착하시는 대로, 저희에게 연락하십시오.

as long as /애즈 러-엉 애즈/

(접) ~하는 한, ~하기만 하면

You don't have to worry **as long as** you stay with us.
저희와 함께 계시기만 하면 걱정하실 필요가 없습니다.

so that /쏘우 댓/

㉘ (목적) ~할 수 있도록,
   (결과) 그래서, 그러므로

We have hired an expert **so that** we can upgrade our program. 우리는 프로그램을 업그레이드할 수 있도록 전문가를 한 명 고용했다.

although /어-얼도우/

㉘ 비록 ~이기는 하지만

Although the applicant is qualified, he will not be hired. 비록 그 지원자가 자격이 되기는 하지만, 고용되지 않을 것이다.

once /원쓰/

㉘ 일단 ~하면, ~하는 대로

Once the upgrade is completed, the system will be faster. 일단 업그레이드가 완료되기만 하면, 시스템이 더 빨라질 것이다.

while /와일/

㉘ ~하는 동안, ~인 반면

You can use the facilities **while** you are here. 이곳에 계시는 동안 그 시설들을 이용하실 수 있습니다.

since /씬쓰/

㉘ ~하기 때문에, ~한 이후로
㉙ ~한 이래로

There has been no electricity **since** last week.
지난주 이후로 전기가 들어오지 않고 있다.

now that /나우 댓/

㉘ (이제) ~이므로

Now that the project is over, we can take some days off.
이제 프로젝트가 끝났으므로, 우리는 며칠 쉴 수 있다.

지텔프 보카 맛보기 퀴즈 빈칸에서 알맞은 단어를 고르세요.

정답 및 해석 p. 21

1. [According to / Instead of] the news, there will be another snowstorm tomorrow.
2. We had to delay the new project [prior to / due to] lack of funds.
3. [Despite / Although] the severe weather, there are many cars on the road.
4. The company has been successful [upon / since] it was founded a decade ago.
5. Employees participated in the workshop [unless / so that] they can learn new skills.
6. [While / Now that] he has been promoted, he is responsible for managing the team.

부록

실전 모의고사

TEST BOOKLET NUMBER: _____

GENERAL TESTS OF ENGLISH LANGUAGE PROFICIENCY
G-TELP ™

LEVEL 2

문제집 뒤에 있는 OMR 답안지를 사용하여 실전처럼 연습할 수 있습니다.

GRAMMAR SECTION

DIRECTIONS:

The following items need a word or words to complete the sentence. From the four choices for each item, choose the best answer. Then blacken in the correct circle on your answer sheet.

Example:

The boys _____ in the car.

(a) be
(b) is
(c) am
(d) are

The correct answer is (d), so the circle with the letter (d) has been blackened.

ⓐ   ⓑ   ⓒ   ⬤

NOW TURN THE PAGE AND BEGIN

1. Mina canceled her vacation to Beijing because the trip would be too expensive. _____ , she was concerned about the recent flu outbreak in China.

   (a) Moreover
   (b) Nevertheless
   (c) Conversely
   (d) Still

2. Nobody on the development team knows what the director wants for the new project. If he _____ into details on the task more clearly, everyone would work on it with enthusiasm.

   (a) went
   (b) goes
   (c) was going
   (d) has gone

3. The assistant manager is in charge of the sales department for two weeks. Mr. Salinger, the sales director, _____ through eastern Europe, so he is currently out-of-office.

   (a) travels
   (b) is traveling
   (c) has traveled
   (d) will travel

4. The architectural design team will be in China for six months for a project. The team leader encouraged _____ Chinese to prepare for the assignment.

   (a) learn
   (b) to learn
   (c) learned
   (d) learning

5. A computer virus has infected every computer in our office. If everyone _____ proper anti-virus software on their computer, then this problem would have been avoided.

   (a) has installed
   (b) had installed
   (c) installs
   (d) installed

6. Fans at Old Trafford Stadium are getting their raincoats ready. There are still 40 minutes of play left in Manchester United's match, but it _____ start raining at any moment.

   (a) must
   (b) should
   (c) might
   (d) shall

7. As an employee at Dunkin's Bakery, you must follow some basic rules regarding hygiene. It is essential that you _____ your hands for at least 45 seconds with hot water and soap after using the bathroom.

(a) washing
(b) to wash
(c) wash
(d) washed

8. Every employee at CE Technology has been given an electronic ID card. They are required _____ the ID card at the entrance. This security measure will prevent non-employees from entering the work area.

(a) scanned
(b) to scan
(c) to have scanned
(d) scanning

9. Every month, the Marietta Book Club selects a different book written by an international author. Next month, the members _____ a novel written by a South African writer.

(a) will be reading
(b) have read
(c) read
(d) have been reading

10. My roommate is currently taking Biochemistry 351, the hardest course in our major, but she spends all her time with her boyfriend. If I took the course, I _____ every night studying.

(a) spent
(b) would spend
(c) will spend
(d) have spent

11. My job search isn't going well. I _____ to an important interview when my car suddenly died, so I missed it.

(a) drove
(b) had driven
(c) am driving
(d) was driving

12. The employees at Walter Financial only have 45 minutes for lunch. A lot of them use the drive-through at Busy Burger _____ a quick and easy meal.

(a) can grab
(b) grabbing
(c) to grab
(d) will grab

13. Frank is at high risk of heart disease. His doctor recommends that he _____ a strict diet in order to be healthier.

(a) follows
(b) followed
(c) will follow
(d) follow

14. Mitchell is driving to Boston this weekend to see his grandfather. He always enjoys _____ his older family members.

(a) visit
(b) to visit
(c) visiting
(d) visited

15. The kitchen is understaffed at Don's Bistro tonight, and some diners are becoming impatient. By the time their food finally arrives, they _____ for almost two hours.

(a) has been waiting
(b) will be waiting
(c) will have been waiting
(d) have waited

16. My grandfather is old, and his memory is failing. However, he _____ still remember the day he met my grandmother, and he loves telling everyone the story.

(a) will
(b) can
(c) should
(d) may

17. Rory is excited about the next season of his recreational football league. He will be the captain of his team _____ he has been playing in the league for several seasons.

(a) though
(b) so that
(c) since
(d) however

18. After graduating from his university, Lucas couldn't find a job. He _____ with his parents for the past year to save money.

(a) is living
(b) lives
(c) will have lived
(d) has been living

19. Travis's knee still hurts from when he fell while skiing. If he had gone to the hospital after getting hurt, he _____ proper treatment and made a full recovery.

(a) received
(b) will receive
(c) had received
(d) would have received

20. Kombucha tea has become a popular drink because of its supposed health benefits. The beverage, _____, is slightly alcoholic, so it cannot be sold to minors.

(a) which is fermented with bacteria
(b) when is fermented with bacteria
(c) that is fermented with bacteria
(d) who is fermented with bacteria

21. The servers at this restaurant are being very rude to the diners. If their boss were here, they _____ more professionally.

(a) acted
(b) would act
(c) will act
(d) would have acted

22. A lot of people around Cumberland will have to find a new favorite pizza place. Tony's Pizzeria _____ the area for thirty years when the owner suddenly decided to close the shop.

(a) serves
(b) had been serving
(c) will serve
(d) is serving

23. Junho had to cancel his dinner appointment with his friends. He had planned _____ work at 6 P.M., but his boss gave him urgent work to finish at the last minute.

(a) leaving
(b) would leave
(c) to leave
(d) having left

24. Martin was very shy when he was younger. If he _____ the marching band in high school, he might not have met his best friends.

(a) has not joined
(b) had not joined
(c) was not joining
(d) may not join

25. This part of the medical test will check your hearing. It is required that you simply _____ your hand when you hear a beeping sound from your headphones.

(a) raising
(b) raised
(c) to be raising
(d) raise

26. Sometimes the best part of traveling is getting away from the busy, tourist-filled cities. The quiet riverside village _____ will always be my favorite memory of France.

(a) that I stayed for several days
(b) which I stayed for several days
(c) where I stayed for several days
(d) there I stayed for several days

LISTENING SECTION

DIRECTIONS:

The Listening Section has four parts. In each part you will hear a spoken passage and a number of questions about the passage. First you will hear the questions. Then you will hear the passage. From the four choices for each question, choose the best answer. Then blacken in the correct circle on your answer sheet.

Example:

(a) one
(b) two
(c) three
(d) four

Bill Johnson has four brothers, so the best answer is (d). The circle with the letter (d) has been blackened.

NOW TURN THE PAGE AND BEGIN

27. (a) to give a talk at an exhibition
(b) to meet up with her friend, Mike
(c) to see some ancient artifacts
(d) to learn about Chinese architecture

31. (a) because there was a moist climate
(b) because sunlight caused fading
(c) because the paint fell off
(d) because they were submerged

28. (a) They were held by a private collector.
(b) They were sealed in a vault.
(c) They were lost at sea.
(d) They were buried underground.

32. (a) A seminar is taking place.
(b) A new exhibition will open.
(c) A special guest will arrive.
(d) A discount is being offered.

29. (a) to decorate a royal palace
(b) to protect a deceased emperor
(c) to intimidate enemy soldiers
(d) to be offered as gifts to nobility

33. (a) read about Chinese history
(b) ask Joanna more about the Terracotta Army
(c) examine some photographs of sculptures
(d) visit a museum exhibition

30. (a) They are relatively light.
(b) They are life-sized.
(c) They have unique facial features.
(d) They include animals.

34. (a) a breakthrough in environmental engineering
(b) new trends in global energy production
(c) a state-of-the-art conference center
(d) an upcoming environmental convention

35. (a) advanced waste disposal technologies
(b) renewable construction materials
(c) residential solar energy devices
(d) energy-efficient kitchen appliances

36. (a) by enabling urban crop growing
(b) by reducing global food waste
(c) by genetically engineering crops
(d) by converting forests into farmland

37. (a) Land mammals
(b) Human beings
(c) Marine organisms
(d) Birds and insects

38. (a) It can monitor a person's location.
(b) It is made from recycled materials.
(c) It can be tested out by attendees.
(d) It can power some gadgets.

39. (a) They have all won awards for innovation.
(b) They all manufacture similar devices.
(c) They are all dedicated to improving the planet.
(d) They will all sell products at the convention.

PART 3. *You will hear a conversation between two people. First you will hear questions 40 through 46. Then you will hear the conversation. Choose the best answer to each question in the time provided.*

40. (a) the price of a ticket for an upcoming performance
(b) a musical act's upcoming album launch
(c) the benefits of learning how to play an instrument
(d) the pros and cons of concerts and recorded music

41. (a) because they are often too difficult to play live
(b) because they are being recorded for a live album
(c) because they want to make their songs interesting for the audience
(d) because they want to experiment with new types of instruments

42. (a) that bands sometimes cancel their concerts
(b) that bands sometimes play unpopular songs
(c) that bands sometimes make a mistake during their concert
(d) that bands sometimes play their new songs

43. (a) It helps them decide whether to make a purchase
(b) It inspires them to write their own songs.
(c) It encourages them to embrace new music genres.
(d) It introduces them to a variety of different bands.

44. (a) to learn more about their fans
(b) to make the performance longer
(c) to make people aware of particaular issues
(d) to encourage fans to buy merchandise

45. (a) because she can appreciate the sound quality
(b) because she can meet her favorite musicians
(c) because they allow her to make new friends
(d) because they influence her own performances

46. (a) He thinks it takes place on an inconvenient date.
(b) He thinks he is unfamiliar with the band's music.
(c) He thinks it is probably sold out already.
(d) He thinks it is not worth the expense.

47. (a) Symposium attendees
(b) Symposium sponsors
(c) Symposium presenters
(d) Symposium organizers

50. (a) a map showing the event venue
(b) a list of event sponsors
(c) a schedule of event activities
(d) a form for people to pre-register

48. (a) a group of academics who are
collaborating on a research project
(b) an exposition where new products
are showcased for the public
(c) an event where people can share
information and gain knowledge
(d) a workshop where employees undergo
training and develop new skills

51. (a) by mentioning a well-known event
participant
(b) by providing an appearance fee to
the company
(c) by offering to advertise the
company's products
(d) by highlighting the success of similar
past events

49. (a) creating a list of presenters
(b) designing an event logo
(c) choosing a name for the event
(d) requesting research papers

52. (a) It can be used to specific sponsors
and investors.
(b) It can assist organizers in choosing
relevant event topics.
(c) It can help organizers to target
potential attendees.
(d) It can ensure that a diverse range of
presenters are invited.

READING AND VOCABULARY SECTION

DIRECTIONS:

You will now read four different passages. Each passage is followed by comprehension and vocabulary questions. From the four choices for each item, choose the best answer. Then blacken in the correct circle on your answer sheet.

Read the following example passage and example question.

Example:

Bill Johnson lives in New York. He is 25 years old. He has four brothers and two sisters.

How many brothers does Bill Johnson have?

(a) one
(b) two
(c) three
(d) four

The correct answer is (d), so the circle with the letter (d) has been blackened.

ⓐ ⓑ ⓒ ●

NOW TURN THE PAGE AND BEGIN

JOSEPH LISTER

Joseph Lister was a British surgeon and medical scientist who is best known for being a pioneer of antiseptic surgery. Using Louis Pasteur's <u>advances</u> in microbiology as a foundation, Lister championed the use of carbolic acid to sterilize surgical instruments and clean wounds, and it became the first widely used antiseptic in the field of surgery.

Joseph Lister was born in Essex, England, on April 5th, 1827. As a child, he became a fluent reader of French and German and studied mathematics, natural science, and foreign languages at Grove House School in Tottenham. He later attended University College in London, where he studied botany and obtained a bachelor of Arts degree in 1847. He then re-enrolled as a medical student and graduated with honors as Bachelor of Medicine, which made him eligible for entry to the Royal College of Surgeons, a professional body committed to improving standards in patient care.

Lister's first offer of employment came from the Royal Infirmary of Edinburgh, where he would assist pioneering Scottish surgeon James Syme, founder of the Brown Square School of Medicine. While working under Syme's mentorship, Lister joined the Royal Medical Society and presented two well-received dissertations that are still proudly owned by the society today. He eventually married Syme's daughter, Agnes, and they spent their three-month-long honeymoon visiting leading medical institutes throughout Europe. Agnes quickly became enamored with Lister's medical research and worked as his devoted laboratory assistant for the rest of her life.

Lister eventually took on a role as the leading surgeon at Glasgow Royal Infirmary. While there, he was responsible for overseeing all wards in the infirmary's new surgical block, a relatively modern building that hospital managers hoped it would help in decreasing the number of cases of operative sepsis - a deadly blood infection that commonly affected surgery patients at the time. Their hopes were in vain, however, as Lister reported that around 50 percent of his patients died from infection. In response, Lister began developing his antiseptic surgical approach. After much experimentation, he determined that microorganisms were the cause of the infections and that carbolic acid functioned as an effective antiseptic. In 1865, he successfully employed his new methods, instructing all surgeons to spray tools and surgical incisions with carbolic acid, and the mortality rate in the wards dropped drastically from 50 to 15 percent.

Joseph Lister returned to Edinburgh in 1869, where he continued to refine his work on antisepsis and sterile surgical practices. Lister's reputation grew rapidly, and hundreds of people would attend his lectures. However, many of his peers were skeptical of Lister's findings, and medical journals such as *The Lancet* warned the entire medical community against employing his progressive ideas, largely because they were based on germ theory, which was in its infancy and not well understood at the time. Fortunately, after further refinement, Lister saw his principles gain universal <u>acceptance</u>, and he was subsequently awarded an Order of Merit for his work and commonly referred to as the "Father of Modern Surgery".

53. What is Joseph Lister best known for?

(a) establishing a successful medical institution
(b) designing effective surgical instruments
(c) introducing antiseptics to the surgical field
(d) significantly decreasing surgical procedure times

54. Where did Lister begin working after graduating?

(a) University College
(b) Royal Infirmary of Edinburgh
(c) Brown Square School of Medicine
(d) Glasgow Royal Infirmary

55. What is mentioned about Lister's relationship with James Syme?

(a) Syme served as Lister's assistant.
(b) Lister and Syme founded a medical society.
(c) Syme co-authored two dissertations with Lister.
(d) Lister became Syme's son-in-law.

56. When did Lister begin working on his new surgical method?

(a) while visiting medical institutes in Europe
(b) while supervising a new hospital building
(c) while working as a lecturer in Edinburgh
(d) while collaborating with James Syme

57. Why was Lister's work disregarded at first?

(a) It was not backed up by relevant data.
(b) It was shown to be only minimally effective.
(c) It was considered too costly to utilize efficiently.
(d) It was based on a relatively obscure theory.

58. In the context of the passage, <u>advances</u> means _____.

(a) improvements
(b) promotions
(c) movements
(d) allowances

59. In the context of the passage, <u>acceptance</u> means _____.

(a) admission
(b) cooperation
(c) permission
(d) recognition

A NEW POTENTIALLY HABITABLE EXOPLANET HAS BEEN DISCOVERED

Astronomers have found a new exoplanet - a planet located outside our Solar System - approximately 4.2 light-years from Earth. Scientists have named the planet Proxima Centauri b because it orbits a red dwarf star known as Proxima Centauri, which is the closest star to the Sun and part of the Alpha Centauri star system.

The discovery was first tentatively announced by Mikko Tuomi, a Finnish astronomer and mathematician working at the University of Hertfordshire. Tuomi detected a distinctive signal while reviewing archival information related to past observations of the Alpha Centauri star system. He believed the signal to be indicative of an exoplanet, so the European Southern Observatory assembled a team of 31 scientists from all over the world to confirm the possible discovery. The team, led by Guillem Anglada-Escudé, officially confirmed the presence of Proxima Centauri b in a peer-reviewed article in Nature, a British scientific journal.

Although the habitability of Proxima Centauri b is yet to be fully established, scientists have put forward several credible assumptions about the planet. Researchers at France's CNRS research institute have stated that there is a considerable likelihood that the planet harbors surface oceans and lakes similar to those found on Earth. However, as a result of radiation pressure and stellar winds that are two thousand times stronger than winds on Earth, any atmosphere the planet may have had will probably have been blown away. As a result, this would mean that the only place human beings could possibly survive would be under the planet's surface.

An opportunity to conduct a more in-depth analysis of exoplanets such as Proxima Centauri b may present itself within our lifetimes. In 2017, NASA introduced a mission concept which they named the 2069 Alpha Centauri Mission. The aim of the mission is to launch an interstellar probe by the year 2069 to search for signs of past or present life on planets around the stars in the Alpha Centauri system. The preliminary concept proposes the use of solar sails and high energy lasers to increase propulsion, but unfortunately, such technology does not yet exist and funding is yet to be secured.

60. What was the newly-discovered exoplanet named after?

(a) the region of The Sun it is closest to
(b) the star system it is located within
(c) the astronomer who discovered it
(d) the star that it orbits

61. What first indicated the existence of Proxima Centauri b?

(a) a first-hand sighting by astronauts
(b) a comparison of several star systems
(c) a study of historical observation data
(d) a collaborative international investigation

62. How was the existence of Proxima Centauri b formally acknowledged?

(a) by holding a press conference
(b) by making a televised announcement
(c) by presenting data at a seminar
(d) by publishing an article

63. Which is not mentioned as a characteristic of Proxima Centauri b?

(a) It is unlikely to have an atmosphere.
(b) It is notable for its mountainous terrain.
(c) Its habitable regions are probably underground.
(d) It is likely to have water on its surface.

64. What can most likely be said about NASA's 2069 Alpha Centauri Mission?

(a) It will not include an analysis of Proxima Centauri b.
(b) It is dependent on future technological breakthroughs.
(c) It will be funded by several international space agencies.
(d) Its primary aim is to establish a human colony.

65. In the context of the passage, assembled means _____.

(a) gathered
(b) constructed
(c) positioned
(d) modified

66. In the context of the passage, assumptions means _____.

(a) confirmations
(b) acquisitions
(c) beliefs
(d) grabs

SANTORINI

Santorini is an island in the South Aegean Sea, located approximately two hundred kilometers off the southeast coast of Greece. These days, the island is known for its breathtaking panoramic views, romantic sunsets, and steep cliffs of volcanic rock. However, its most instantly recognizable feature is the stunningly bright white and blue paintwork of the homes and businesses that comprise the capital city of Fira and several villages such as Oia. Santorini was originally home to an ancient Minoan civilization, and the island has a rich history stretching back as far as 3600 BC.

Archaeological excavations have shown that a flourishing civilization existed at a settlement named Akrotiri during the Minoan Bronze Age. This civilization thrived economically due to its strategic position on the primary sailing route between Cyprus and Crete, which made it an integral trading port, particularly for copper. Akrotiri's prosperity continued for several centuries, and the population introduced an advanced drainage system, paved streets, and more sophisticated crafting techniques. This period of growth came to an abrupt end, however, when a <u>catastrophic</u> volcanic eruption occurred in the 16th century BC. Radiocarbon dating indicates that the eruption took place between 1645 and 1600 BC, although archaeological evidence suggests that it took place around 1500 BC.

The Minoan eruption devastated the entirety of Santorini and left it deserted for several centuries until the Phoenicians <u>founded</u> a settlement on the island. During the 9th century BC, Santorini became a colony for the Dorians, an ethnic group originating from Sparta in Ancient Greece. The island changed hands several times during the subsequent Medieval and Ottoman periods, being ruled at various points by the Romans, the Turks, and the Greeks. Under Greek rule, the island again thrived during a period of prosperity in the 19th and 20th centuries, despite being briefly occupied by Italian forces during the Second World War. Its shipping trade flourished, and its exports of goods such as wine, textiles, and agricultural produce were in high demand. Sadly, another catastrophic volcanic eruption and earthquake brought an end to this prosperity in 1956, resulting once again in large-scale desertion and economic collapse of the island.

Starting in 1970, reconstruction efforts commenced on Santorini, with a new focus on tourism rather than trade. The fledgling tourism industry had an immediate impact and Santorini saw rapid growth in its economy and population. Once regarded as reminders of the island's violent and harrowing past, the volcanic caldera and cliffs now form a scene of stunning natural beauty, and the site of the ruined Akrotiri is regarded as a site of significant historical importance. Today, Santorini receives more than 2 million visitors annually, and the island is frequently included on published lists of the world's top travel destinations.

67. Which of the following features is Santorini most well-known for?

(a) the view of the Greek coastline
(b) the quality of its produce
(c) the diversity of its wildlife
(d) the color of its buildings

68. What allowed Akrotiri to flourish economically?

(a) Its export of domestic products.
(b) Its convenient location on a trade route.
(c) Its advances in local infrastructure.
(d) Its conquest of Cyprus and Crete.

69. Based on the article, what can be said about the Minoan eruption?

(a) It left Santorini as the region's main trader.
(b) It decimated the Dorian population.
(c) It caused extensive damage to Cyprus.
(d) Its precise date remains unknown.

70. According to the article, what was the reason for Santorini's economic collapse in the 20th century?

(a) a decrease in trading
(b) a wartime invasion
(c) a natural disaster
(d) a political coup

71. What can most likely be said about Santorini's emergence as a tourism destination?

(a) It is likely to result in environmental damage.
(b) It has done little to reinvigorate the local economy.
(c) It has renewed the island's position as a trading center.
(d) It stemmed from some unfortunate historical events.

72. In the context of the passage, catastrophic means _____.

(a) disastrous
(b) huge
(c) contagious
(d) historic

73. In the context of the passage, founded means _____.

(a) located
(b) established
(c) comprised
(d) commemorated

PART 4. *Read the following business letter and answer the questions. The underlined words in the letter are for vocabulary questions.*

April 23rd

Mr. Douglas Alford
Chief Executive Officer
Drummond Toys Inc.

Dear Mr. Alford,

I have been following the latest news of your new Brightones range of educational toys with great interest. I was very sorry to hear of the mass recall you were forced to issue due to product defects and the subsequent backlash from consumers and the press. Highly publicized crises like this can be tremendously damaging to a company's reputation and market position.

As the events unfolded over the past few days, I grew increasingly aware that my company is in a fortunate position to be of service to you. Here at REX Communications, we specialize in PR crisis managment for businesses in the retail and manufacturing sectors. We can provide a wide array of crisis mangement services, including a full risk assessment consultation, management of Web site content, staff training for media appearances, and develoment of press releases and official statements. We are proud to say that we have worked with more than half of the country's top 100 retail and manufacturing firms in similar circumstances to yours.

At this moment, you must be wondering what your first step should be to avoid further damage to your company's reputation and market standing. In my opinion, the most impactful way to do this is to carefully manage all engagement through your social media platforms. This is something I have vast experience in, and should you decide to work with us, this would be the first phase of my strategy.

I would highly recommend that we meet in order to discuss what my company can do for you in more depth. This would give me an opportunity to describe similar cases where we have successfully handled the PR of large corporations in order to prevent any further damage to a brand. Should you be interested in my proposal, you may reach me at 782-5559. You may also wish to visit us at www.rexcommunications.com to familiarize yourself with our full range of services.

I hope I can be of service to you.

Sincerely,

Martin Milburn

Martin Milburn
Director of Client Services
REX Communications

74. What is the purpose of Martin Milburn's letter to Douglas Alford?

(a) to praise a new range of products
(b) to offer advice on product design
(c) to inform him of some complaints
(d) to propose a business relationship

75. What service is not offered by REX Communications?

(a) employee training
(b) online content management
(c) financial advice
(d) creation of statements

76. Why is Martin Milburn offering to manage Drummund Toys' social media platforms?

(a) to reach out to a broader range of potential customers
(b) to give the company an edge over its competitors
(c) to prevent further damage to the company's reputation
(d) to address recent concerns over the workplace conditions

77. How can REX Communications most likely be described?

(a) It has assisted many of the leading retailers.
(b) It specializes in designing business Web sites.
(c) It was ranked as one of the country's top 100 firms.
(d) It has worked with several PR firms in the past.

78. Why most likely is Mr. Milburn suggesting that he and Mr. Alford meet?

(a) to discuss career options in retail
(b) to celebrate a successful merger
(c) to negotiate the details of a deal
(d) to consider ways to improve products

79. In the context of the passage, step means _____.

(a) mark
(b) action
(c) level
(d) rank

80. In the context of the passage, cases means _____.

(a) representatives
(b) incidents
(c) containers
(d) studies

ANSWER
SHEET

G-TELP

ab.siwonschool
시원스쿨 LAB

※ TEST DATE

MO.		DAY		YEAR			

성 명	

등급	① ② ③ ④ ⑤

감독관	확인

성명란		
	초성	ㄱ ㄴ ㄷ ㄹ ㅁ ㅂ ㅅ ㅇ ㅈ ㅊ ㅋ ㅌ ㅍ ㅎ
	중성	ㅏ ㅑ ㅓ ㅕ ㅗ ㅛ ㅜ ㅠ ㅡ ㅣ ㅔ ㅐ ㅖ ㅒ ㅘ ㅚ ㅢ ㅝ ㅟ ㅙ
	종성	ㄱ ㄴ ㄷ ㄹ ㅁ ㅂ ㅅ ㅇ ㅈ ㅊ ㅋ ㅌ ㅍ ㅎ ㄲ ㄸ ㅃ ㅆ ㅉ
	초성	ㄱ ㄴ ㄷ ㄹ ㅁ ㅂ ㅅ ㅇ ㅈ ㅊ ㅋ ㅌ ㅍ ㅎ
	중성	ㅏ ㅑ ㅓ ㅕ ㅗ ㅛ ㅜ ㅠ ㅡ ㅣ ㅔ ㅐ ㅖ ㅒ ㅘ ㅚ ㅢ ㅝ ㅟ ㅙ
	종성	ㄱ ㄴ ㄷ ㄹ ㅁ ㅂ ㅅ ㅇ ㅈ ㅊ ㅋ ㅌ ㅍ ㅎ ㄲ ㄸ ㅃ ㅆ ㅉ
	초성	ㄱ ㄴ ㄷ ㄹ ㅁ ㅂ ㅅ ㅇ ㅈ ㅊ ㅋ ㅌ ㅍ ㅎ
	중성	ㅏ ㅑ ㅓ ㅕ ㅗ ㅛ ㅜ ㅠ ㅡ ㅣ ㅔ ㅐ ㅖ ㅒ ㅘ ㅚ ㅢ ㅝ ㅟ ㅙ
	종성	ㄱ ㄴ ㄷ ㄹ ㅁ ㅂ ㅅ ㅇ ㅈ ㅊ ㅋ ㅌ ㅍ ㅎ ㄲ ㄸ ㅃ ㅆ ㅉ
	초성	ㄱ ㄴ ㄷ ㄹ ㅁ ㅂ ㅅ ㅇ ㅈ ㅊ ㅋ ㅌ ㅍ ㅎ
	중성	ㅏ ㅑ ㅓ ㅕ ㅗ ㅛ ㅜ ㅠ ㅡ ㅣ ㅔ ㅐ ㅖ ㅒ ㅘ ㅚ ㅢ ㅝ ㅟ ㅙ
	종성	ㄱ ㄴ ㄷ ㄹ ㅁ ㅂ ㅅ ㅇ ㅈ ㅊ ㅋ ㅌ ㅍ ㅎ ㄲ ㄸ ㅃ ㅆ ㅉ

수험번호														
		–					–							
⓪	⓪		⓪	⓪	⓪	⓪		⓪	⓪	⓪	⓪	⓪	⓪	⓪
①	①		①	①	①	①		①	①	①	①	①	①	①
②	②		②	②	②	②		②	②	②	②	②	②	②
③	③		③	③	③	③		③	③	③	③	③	③	③
④	④		④	④	④	④		④	④	④	④	④	④	④
⑤	⑤	–	⑤	⑤	⑤	⑤	–	⑤	⑤	⑤	⑤	⑤	⑤	⑤
⑥	⑥		⑥	⑥	⑥	⑥		⑥	⑥	⑥	⑥	⑥	⑥	⑥
⑦	⑦		⑦	⑦	⑦	⑦		⑦	⑦	⑦	⑦	⑦	⑦	⑦
⑧	⑧		⑧	⑧	⑧	⑧		⑧	⑧	⑧	⑧	⑧	⑧	⑧
⑨	⑨		⑨	⑨	⑨	⑨		⑨	⑨	⑨	⑨	⑨	⑨	⑨

1) Code 1.

	⓪ ① ② ③ ④ ⑤ ⑥ ⑦ ⑧ ⑨
	⓪ ① ② ③ ④ ⑤ ⑥ ⑦ ⑧ ⑨
	⓪ ① ② ③ ④ ⑤ ⑥ ⑦ ⑧ ⑨

2) Code 2.

	⓪ ① ② ③ ④ ⑤ ⑥ ⑦ ⑧ ⑨
	⓪ ① ② ③ ④ ⑤ ⑥ ⑦ ⑧ ⑨
	⓪ ① ② ③ ④ ⑤ ⑥ ⑦ ⑧ ⑨

3) Code 3.

	⓪ ① ② ③ ④ ⑤ ⑥ ⑦ ⑧ ⑨
	⓪ ① ② ③ ④ ⑤ ⑥ ⑦ ⑧ ⑨
	⓪ ① ② ③ ④ ⑤ ⑥ ⑦ ⑧ ⑨

주민등록번호 앞자리						–	고유번호						
						–							
⓪	⓪	⓪	⓪	⓪	⓪		⓪	⓪	⓪	⓪	⓪	⓪	⓪
①	①	①	①	①	①		①	①	①	①	①	①	①
②	②	②	②	②	②		②	②	②	②	②	②	②
③	③	③	③	③	③		③	③	③	③	③	③	③
④	④	④	④	④	④	–	④	④	④	④	④	④	④
⑤	⑤	⑤	⑤	⑤	⑤		⑤	⑤	⑤	⑤	⑤	⑤	⑤
⑥	⑥	⑥	⑥	⑥	⑥		⑥	⑥	⑥	⑥	⑥	⑥	⑥
⑦	⑦	⑦	⑦	⑦	⑦		⑦	⑦	⑦	⑦	⑦	⑦	⑦
⑧	⑧	⑧	⑧	⑧	⑧		⑧	⑧	⑧	⑧	⑧	⑧	⑧
⑨	⑨	⑨	⑨	⑨	⑨		⑨	⑨	⑨	⑨	⑨	⑨	⑨

문항	답란	문항	답란	문항	답란	문항	답란	문항	답란
1	ⓐⓑⓒⓓ	21	ⓐⓑⓒⓓ	41	ⓐⓑⓒⓓ	61	ⓐⓑⓒⓓ	81	ⓐⓑⓒⓓ
2	ⓐⓑⓒⓓ	22	ⓐⓑⓒⓓ	42	ⓐⓑⓒⓓ	62	ⓐⓑⓒⓓ	82	ⓐⓑⓒⓓ
3	ⓐⓑⓒⓓ	23	ⓐⓑⓒⓓ	43	ⓐⓑⓒⓓ	63	ⓐⓑⓒⓓ	83	ⓐⓑⓒⓓ
4	ⓐⓑⓒⓓ	24	ⓐⓑⓒⓓ	44	ⓐⓑⓒⓓ	64	ⓐⓑⓒⓓ	84	ⓐⓑⓒⓓ
5	ⓐⓑⓒⓓ	25	ⓐⓑⓒⓓ	45	ⓐⓑⓒⓓ	65	ⓐⓑⓒⓓ	85	ⓐⓑⓒⓓ
6	ⓐⓑⓒⓓ	26	ⓐⓑⓒⓓ	46	ⓐⓑⓒⓓ	66	ⓐⓑⓒⓓ	86	ⓐⓑⓒⓓ
7	ⓐⓑⓒⓓ	27	ⓐⓑⓒⓓ	47	ⓐⓑⓒⓓ	67	ⓐⓑⓒⓓ	87	ⓐⓑⓒⓓ
8	ⓐⓑⓒⓓ	28	ⓐⓑⓒⓓ	48	ⓐⓑⓒⓓ	68	ⓐⓑⓒⓓ	88	ⓐⓑⓒⓓ
9	ⓐⓑⓒⓓ	29	ⓐⓑⓒⓓ	49	ⓐⓑⓒⓓ	69	ⓐⓑⓒⓓ	89	ⓐⓑⓒⓓ
10	ⓐⓑⓒⓓ	30	ⓐⓑⓒⓓ	50	ⓐⓑⓒⓓ	70	ⓐⓑⓒⓓ	90	ⓐⓑⓒⓓ
11	ⓐⓑⓒⓓ	31	ⓐⓑⓒⓓ	51	ⓐⓑⓒⓓ	71	ⓐⓑⓒⓓ		
12	ⓐⓑⓒⓓ	32	ⓐⓑⓒⓓ	52	ⓐⓑⓒⓓ	72	ⓐⓑⓒⓓ		
13	ⓐⓑⓒⓓ	33	ⓐⓑⓒⓓ	53	ⓐⓑⓒⓓ	73	ⓐⓑⓒⓓ		
14	ⓐⓑⓒⓓ	34	ⓐⓑⓒⓓ	54	ⓐⓑⓒⓓ	74	ⓐⓑⓒⓓ		
15	ⓐⓑⓒⓓ	35	ⓐⓑⓒⓓ	55	ⓐⓑⓒⓓ	75	ⓐⓑⓒⓓ		
16	ⓐⓑⓒⓓ	36	ⓐⓑⓒⓓ	56	ⓐⓑⓒⓓ	76	ⓐⓑⓒⓓ		
17	ⓐⓑⓒⓓ	37	ⓐⓑⓒⓓ	57	ⓐⓑⓒⓓ	77	ⓐⓑⓒⓓ		
18	ⓐⓑⓒⓓ	38	ⓐⓑⓒⓓ	58	ⓐⓑⓒⓓ	78	ⓐⓑⓒⓓ		
19	ⓐⓑⓒⓓ	39	ⓐⓑⓒⓓ	59	ⓐⓑⓒⓓ	79	ⓐⓑⓒⓓ		
20	ⓐⓑⓒⓓ	40	ⓐⓑⓒⓓ	60	ⓐⓑⓒⓓ	80	ⓐⓑⓒⓓ		

password

⓪	⓪	⓪	⓪
①	①	①	①
②	②	②	②
③	③	③	③
④	④	④	④
⑤	⑤	⑤	⑤
⑥	⑥	⑥	⑥
⑦	⑦	⑦	⑦
⑧	⑧	⑧	⑧
⑨	⑨	⑨	⑨

G-TELP KOREA 공식 지정

시원스쿨 지텔프
LEVEL 2
32-50
정답 및 해설

G-TELP KOREA 공식 지정

시원스쿨 지텔프 LEVEL 2

32-50

정답 및 해설

DAY 01-10

DAY 01 문장의 구조

확인문제

1. (a) 2. (b) 3. (c) 4. (b) 5. (c)

1.

정답 (a)

해석 나는 오전 9시에 직장에 간다.

해설 빈칸 뒤에 위치한 '전치사(to) + 명사(work)'와 함께 쓰일 수 있는 자동사가 필요하므로 '직장에 가다'라는 의미에 어울리는 자동사인 (a) go가 정답입니다.

2.

정답 (b)

해석 그 조각상은 아름다워 보였다.

해설 빈칸 앞에 쓰인 동사 looked는 주격보어와 함께 사용하는 동사인데, 이때 주격보어로 주어 The sculpture의 성격을 나타낼 형용사가 쓰여야 알맞으므로 (b) beautiful이 정답입니다. 명사가 주격보어로 쓰이려면 주어와 동격이 되어야 하므로 (d)는 정답이 될 수 없습니다.

3.

정답 (c)

해석 직원들은 각자의 신분증을 지니고 있다.

해설 동사 have 앞에 위치해 문장의 주어 역할을 할 명사가 필요한데, 신분증을 가질 수 있는 주체는 사람이어야 하므로 사람명사인 (c) Employees가 정답입니다.

4.

정답 (b)

해석 비서가 그에게 보고서를 갖다 주었다.

해설 두 개의 목적어를 취하는 동사 brought(bring의 과거) 다음에 간접목적어 him이 있으므로 그 뒤에 위치해 직접목적어 역할을 할 명사가 빈칸에 필요합니다. 이때 직접목적어는 사람에게 가져다 주는 사물을 나타내야 하므로 사물명사인 (b) report(보고서)가 정답입니다.

5.

정답 (c)

해석 많은 투자자들이 그 사업을 수익성이 있는 것으로 여겼다.

해설 동사 considered는 '목적어 + 목적격보어'와 함께 사용하며, 목적어 the business의 성격을 나타낼 형용사가 목적격보어로 쓰여야 알맞으므로 (c) profitable이 정답입니다. 명사가 목적격보어로 쓰이려면 목적어와 동격이 되어야 합니다.

DAY 02 시제

확인문제

1. (a) 2. (c) 3. (c) 4. (a) 5. (b) 6. (d)

1.

정답 (a)

해석 7살 난 강아지인 브롱코는 매우 착한 녀석이다. 강도 한 명이 집에 침입했을 때 주인들은 잠을 자고 있었다. 브롱코는 큰 소리로 짖어서 겁을 주어 그 강도를 내쫓았다.

해설 빈칸 뒤에 위치한 when절에 쓰인 과거시제동사 broke와 시점이 어울리는 동사가 주절에 필요하므로 과거진행시제와 과거시제 중에서 하나를 골라야 합니다. 그런데 when절이 지칭하는 특정 시점에 잠을 자는 일이 지속되고 있던 상황이어야 알맞으므로 과거진행시제인 (a) were sleeping이 정답입니다.

2.

정답 (c)

해석 내 아내는 수학 박사 과정을 끝마치기 위해 노력하고 있다. 그녀는 20년 넘게 수학을 공부해 오고 있다.

해설 첫 문장에서 '~하고 있다'라는 현재진행시제가 쓰였다는 것과 현재까지 이어지는 기간을 나타내는 <for + 숫자기간>이 어울리는 시제가 필요하므로 과거에서 현재까지 지속되어 온 일을 나타낼 때 사용하는 현재완료진행시제 (c) has been studying이 정답입니다.

3.

정답 (c)

해석 우리는 매일 저녁에 달리기를 하기 위해 가족과 함께 공원에 간다. 다음 달에, 우리는 모두 연례 도버 시티 마라톤 대회에 참가할 것이다.

해설 빈칸이 속한 문장 시작 부분에 위치한 미래 시점 표현 Next month와 어울리는 미래 시제 동사가 빈칸에 쓰여야 알맞으므로 (c) will all be participating이 정답입니다.

4.

정답 (a)

해석 뱅크스 씨는 웰즈 커뮤니케이션즈 사의 인기 있는 부서장이었다. 그가 회사에서 퇴직했을 때, 그는 그곳에서 35년 동안 일했었다.

해설 빈칸이 속한 문장의 When절에 과거시제 동사 retired와 함께 이미 과거 시점에 퇴직한 사실이 쓰여 있으므로 35년 동안 근무한 것은 그보다 더 이전의 과거에 있었던 일이어야 합니다. 한 과거 시점보다 더 이전의 과거를 말할 때 과거완료시제(또는 과거완료진행시제)를 사용하므로 (a) had been working이 정답입니다.

5.

정답 (b)

해석 많은 사람들이 이번 계절에 독감에 걸려 왔다. 그래서 현재, 사무실 내의 모든 사람이 얼굴에 마스크를 착용하고 있다.

해설 빈칸이 속한 문장 시작 부분에 쓰인 현재 시점 표현 now와 어울리는 현재시제(또는 현재진행시제) 동사가 빈칸에 쓰여야 합니다. 또한 빈칸 뒤에 위치한 명사구 a face mask를 목적어로 취하려면 능동태 동사가 필요하므로 능동태 현재진행시제인 (b) is wearing이 정답입니다.

6.

정답 (d)

해석 앤드류는 열성적인 우표 수집가이다. 그가 40살이 될 때쯤에는, 25년 동안 우표를 계속 수집해오고 있을 것이다.

해설 빈칸이 속한 문장 시작 부분에 위치한 By the time절의 동사가 현재시제(turns)입니다. By the time절의 동사가 현재시제일 때 주절의 동사는 미래완료진행시제여야 하므로 (d) will have been collecting이 정답입니다.

DAY 03 조동사

확인문제

1. (a) 2. (d) 3. (a) 4. (d) 5. (c)

1.

정답 (a)

해석 직원들은 원할 때마다 구내 식당에서 음료와 간식을 먹어도 된다.

해설 빈칸 이하 부분의 내용은 직원들이 구내 식당에서 할 수 있는 일을 나타냅니다. 따라서 '~해도 된다, ~해도 좋다' 등의 의미로 허락을 나타낼 때 사용하는 조동사 (a) may가 정답입니다.

2.

정답 (d)

해석 많은 미국인들은 자국 내의 현 정치 상황에 대해 불만스러워 하고 있다. 만일 그들이 정말로 상태가 개선되기를 원한다면, 11월에 투표를 해야 한다.

해설 빈칸 뒤에 위치한 동사 vote는 '투표하다'라는 의미이며, 미국민들이 상태를 개선하기 위해 해야 하는 일에 해당됩니다. 따라서 '~해야 하다'라는 의미로 충고 등을 나타낼 때 사용하는 조동사 (d) should가 정답입니다.

3.

정답 (a)

해석 캐롤 어슬레틱스 사의 대표이사는 그가 인터뷰 중에 한 발언에 대해 다시 한번 곤경에 처해 있다. 이 회사의 홍보팀은 그에게 언론과 이야기할 때 더욱 신중하게 말을 선택하도록 권했다.

해설 빈칸은 동사 recommends의 목적어 역할을 하는 that절의 동사 자리인데, 이렇게 주장/요구/명령/제안을 나타내는 동사의 목적어로 쓰인 that절의 동사는 'should + 동사원형' 또는 should 없이 동사원형만 사용하므로 (a) choose가 정답입니다.

4.

정답 (d)

해석 제임스는 MLB에서 투수가 되는 꿈을 꾸고 있지만, 많은 노력이 필요할 것이다. 그의 코치는 그가 매일 최소 4시간 동안 연습해야 한다고 주장하고 있다.

해설 빈칸은 동사 insists의 목적어 역할을 하는 that절의 동사 자리인데, 이렇게 주장/요구/명령/제안을 나타내는 동사의 목적어로 쓰인 that절의 동사는 'should + 동사원형' 또는 should 없이 동사원형만 사용하므로 (d) practice가 정답입니다.

5.

정답 (c)

해석 고객들이 자신들의 광고 캠페인에 대한 지연 문제에 불만스러워 했다. 그들은 우리 대행사가 앞으로의 마감기한에 대해 더욱 시간을 엄수해야 한다고 제안했다.

해설 빈칸은 동사 suggested의 목적어 역할을 하는 that절의 동사 자리인데, 이렇게 주장/요구/명령/제안을 나타내는 동사의 목적어로 쓰인 that절의 동사는 'should + 동사원형' 또는 should 없이 동사원형만 사용하므로 (c) be가 정답입니다.

DAY 04 동명사

확인문제

1. (d) 2. (b) 3. (b) 4. (b) 5. (a)

1.

정답 (d)

해석 스텔라는 스트레스가 많은 하루를 보낼 때마다 주방에서 많은 시간을 보낸다. 그녀가 가장 좋아하는 스트레스 해소 방법은 주방에서 요리하는 것이다.

해설 빈칸이 속한 문장의 주어로서 '방법'을 의미하는 명사 way와 동격에 해당되는 보어인 be동사 is 뒤에 쓰여야 알맞으므로 '요리하는 것'을 뜻하는 동명사 (d) cooking이 정답입니다. 동사 is 뒤에 또 다른 동사가 쓰일 수 없으므로 (a) cook과 과거동사 또는 과거분사 형태 (b) cooked는 오답입니다. 그리고 수동태 to부정사인 (c) to be cooked는 '그녀가 요리되는 것'이 아니므로 문맥상 어울리지 않습니다.

2.

정답 (b)

해석 여권을 소지하고 있는 미국인의 숫자가 지난 10년 동안에 걸쳐 계속 증가해 왔다. 더 많은 사람들이 각자의 시야를 넓히기 위해 여행하는 것을 고려하고 있다.

해설 빈칸 앞에 위치한 동사 consider는 동명사를 목적어로 취하는 동사입니다. 또한 동사 travel은 자동사여서 수동태로 쓰일 수 없으므로 능동태 동명사의 형태인 (b) traveling이 정답입니다.

3.

정답 (b)

해석 핑 피트니스 센터의 장비 대여는 2시간 동안 지속된다. 그 장비를 반납하는 것은 프론트 데스크에서 할 수 있는 간단한 과정이다.

해설 빈칸 뒤에 명사구 the equipment가 있고 그 뒤로 동사 is가 바로 이어지는 구조입니다. 따라서 is가 이 문장의 동사이고 빈칸과 the equipment가 하나의 구를 이뤄 문장의 주어 역할을 해야 하므로 the equipment를 목적어로 취해 주어 역할을 하는 것이 가능한 동명사 (b) Returning이 정답입니다.

4.

정답 (b)

해석 이웃의 모든 사람은 필이 피트니스에 집착하고 있다는 것을 안다. 그는 이웃 사람들과 마주칠 때마다 매일 아침 자신과 함께 조깅하는 것을 권한다.

해설 빈칸에 앞에 위치한 동사 suggest는 동명사를 목적어로 취하는 동사이므로 (b) jogging이 정답입니다.

5.

정답 (a)

해석 연구가들은 연구 참가자들에게 몇 가지 준비를 갖출 것을 요청했다. 첫째로, 그들은 우리에게 약물 실험 시작 전에 최소 12시간 동안 음식을 먹지 못하게 했다.

해설 동사 eat이 전치사 from 뒤에서 목적어 역할을 하려면 동명사의 형태가 되어야 하므로 (a) eating이 정답입니다. 이때 from의 목적어로 having p.p. 구조를 사용하지 않습니다.

DAY 05 to부정사

확인문제

| 1. (a) | 2. (b) | 3. (b) | 4. (c) | 5. (a) |

1.

정답 (a)

해석 인기 록 밴드 '파이어플라이'는 환경을 보호하는 데 매우 헌신적이다. 그 멤버들은 모두 앨범 판매에서 얻는 수익의 10퍼센트를 환경 단체에 기부하기로 동의했다.

해설 빈칸 앞에 위치한 동사 agree는 to부정사를 목적어로 취해 '~하기로 동의하다'라는 의미를 나타내므로 (a) to donate이 정답입니다. 이때 to부정사로 to be -ing의 형태를 사용하지 않습니다.

2.

정답 (b)

해석 전 세계의 국가들은 지구 온난화를 방지하기 위해 노력하고 있다. 예를 들어, 프랑스는 2050년까지 자국의 순수 탄소 배출량을 0으로 줄이겠다고 약속했다.

해설 빈칸 앞에 위치한 동사 promise는 to부정사를 목적어로 취해 '~하겠다고 약속하다'라는 의미를 나타내므로 (b) to reduce가 정답입니다.

3.

정답 (b)

해석 <타코 스시 바>의 신입 종업원들은 당장 전체 메뉴를 알아 두는 일을 걱정하지 않아도 된다. 그곳 매니저는 그들에게 신중하고 정확하게 주문을 받을 것을 요청했다.

해설 빈칸에 앞에 동사 asked와 목적어 them이 쓰여 있으므로, ask는 'ask + 목적어 + to부정사'의 구조로 '~에게 …하도록 요청하다'라는 의미를 나타냅니다. 그런데 빈칸 뒤에 위치한 명사 orders를 목적어로 취하려면 능동태 to부정사가 필요하므로 (b) to take가 정답입니다.

4.

정답 (c)

해석 베티 씨는 거의 70세가 다 되었지만, 피아노를 배우기 위해 매주 화요일과 목요일에 음악 학원에 다닌다. 그녀는 어렸을 때 한 번도 그럴 기회를 갖지 못했기 때문에, 마침내 그것을 배우는 일을 하고 있어 기뻐하고 있다.

해설 빈칸이 속한 but절에 이미 동사 attends가 있으므로 또 다른 동사 learn은 준동사의 형태로 쓰여야 합니다. 또한 빈칸 뒤에 위치한 the piano를 목적어로 취해 '피아노를 배우기 위해'라는 의미로 매주 음악 학원에 가는 목적을 나타내야 알맞으므로 to부정사의 부사적 용법으로 쓰인 (c) to learn이 정답입니다.

5.

정답   (a)

해석   배우 톰 리차즈와 그의 좋지 않은 성격에 관한 여러 기사가 실렸으며, 지금 그의 경력이 문제에 처해 있다. 그는 언론에 비치는 자신의 이미지를 개선하는 데 도와줄 홍보 전문가를 고용했다.

해설   빈칸이 속한 문장에 이미 동사 has hired가 있으므로 또 다른 동사 help는 준동사의 형태로 쓰여야 합니다. 또한 '이미지를 개선하는 데 도와줄'라는 의미로 홍보 전문가(a public relations specialist)를 수식해야 알맞으므로, to부정사의 형용사적 용법으로 쓰인 (a) to help가 정답입니다.

DAY 06 수동태

확인문제

1. (c)   2. (b)   3. (b)   4. (c)   5. (d)

1.

정답   (c)

해석   설문 조사가 지금 구내 식당에서 한 식품회사에 의해 실시되고 있다. 참가하는 모든 사람은 무료 도넛을 받는다.

해설   주어 A survey와 빈칸 뒤로 전치사구들과 부사구만 있으므로 빈칸은 이 문장의 동사 자리입니다. 또한 빈칸 뒤에 목적어가 쓰여 있지 않아 수동태 동사가 필요하며, 부사 right now와 함께 쓰이는 현재진행시제가 되어야 합니다. 그래서 현재진행 수동태 동사의 형태인 (c) is being conducted가 정답입니다.

2.

정답   (b)

해석   페리 어카운팅 사의 신규 지점이 하트포드에 문을 열 것이다. 이 회사의 대표이사는 그 지점장 자리에 대해 다음 주에 고위급 직원들이 면접을 받을 것이라고 발표했다.

해설   빈칸이 속한 that절에 쓰인 미래 시점 표현 next week와 어울려야 하므로 미래를 나타내는 (b) will be being interviewed가 정답입니다. that절의 주어 senior staff members는 '면접을 받을 것'이므로 행위의 대상이 되므로 수동태 미래진행 시제가 정답입니다.

3.

정답   (b)

해석   추운 날씨에 단일 엔진 비행기를 타고 가는 것은 특히 위험하다. 조종사에 의해 이륙하기전에 프로펠러의 상태는 확인되어야 하는 것이 필수적이다.

해설   'It is essential that'과 같이 주장/요구/명령/제안을 나타내는 형용사 보어 뒤에 쓰이는 that절의 동사는 조동사 should가 생략된 동사원형만 사용합니다. 그런데 that절의 주어 the

condition은 사람에 의해 확인되는 대상에 해당되므로 동사 check가 수동태로 쓰여야 합니다. 따라서 수동태 동사원형인 (b) be checked가 정답입니다.

4.

정답   (c)

해석   캘리포니아 지역의 허리케인으로 인해, 개최될 예정이었던 모든 행사가 취소되었다.

해설   빈칸 뒤에 to부정사가 위치해 있는데, 동사 suppose가 to부정사와 결합할 때는 'be supposed to do'의 구조로 쓰이므로 이 구조를 만들 수 있는 형태인 (c) were supposed가 정답입니다.

5.

정답   (d)

해석   사용자의 개인 정보를 보호하기 위해, 90일마다 한 번씩 비밀번호를 변경하는 것이 필수입니다.

해설   빈칸 뒤에 to부정사가 위치해 있고, 주어인 it은 personal information(개인 정보)을 가리킵니다. 개인 정보는 변경되어야 하므로 change의 행위 대상입니다. 그래서 '~하는 것이 요구되다'라는 의미인 'be required to do'가 쓰여야 하므로 빈칸에는 (d) is required가 정답입니다. 빈칸이 제안/요구/명령/추천의 표현 뒤의 that절의 동사 자리가 아니므로 동사원형인 be required는 오답입니다.

DAY 07 분사

확인문제

1. (b)   2. (d)   3. (c)   4. (d)   5. (b)

1.

정답   (b)

해석   증가하는 유가로 인해, 더 많은 사람들이 대중 교통을 이용하기 위해 노력하고 있다.

해설   전치사 Due to와 목적어 gas prices 사이에 위치한 빈칸은 목적어를 수식할 단어가 필요한 자리입니다. 목적어와 같은 명사 수식은 분사 형태만 가능하므로 동사 rise의 현재분사 또는 과거분사 중에서 하나가 정답입니다. 그런데 rise는 자동사여서 현재분사의 형태로만 명사를 수식할 수 있고, 유가(gas prices)가 '오르는' 것이므로 (b) rising이 정답입니다.

2.

정답   (d)

해석   비행기 승무원이 오후 5시에 출발하는 711 항공편에 대한 마지막 탑승 안내 방송을 했다.

해설   빈칸 뒤에 위치한 시간 전치사구는 빈칸 앞에 언급된 항공편의 출발 시간이어야 합니다. 따라서 빈칸과 at 5 P.M.이 뒤에서 flight number 711을 수식하는 구조가 되어 '5시에 출발하는 항공편'이라는 능동의 의미가 되어야 알맞으므로 빈칸에 수식어구를 구성할 분사가 쓰여야 합니다. 항공편이 출발하는 행위를 하는 주체이기 때문에 동사 depart의 현재분사가 쓰여야 알맞으므로 (d) departing이 정답입니다.

3.

정답   (c)

해석   3회초에 투수를 바꾸기로 한 결정은 놀라운 일이었다. 이 야구팀의 팬들은 그 결정에 대해 화가 났다.

해설   빈칸은 be동사 was 뒤에 위치하여 주어 decision에 대한 보어 역할을 할 수 있는 단어가 필요합니다. surprise가 '놀라게 하다'라는 감정 동사이고 decision(결정)은 사물이기 때문에 '놀라게 하는'이라는 의미의 현재분사 (c) surprising이 정답입니다. 명사로서 (a) surprise가 보어로 쓰이려면 부정관사 a가 동반되어야 하며, '놀란'을 뜻하는 (b) surprised는 주어가 사람일 때 사용합니다.

4.

정답   (d)

해석   X-Fit 3000 러닝머신에는 그 안에 설치된 10가지의 각기 다른 피트니스 프로그램이 포함되어 있다. 이 프로그램들은 그 지속 시간과 강도에 있어 서로 다양하다.

해설   빈칸 뒤에 위치한 in 전치사구에서 it은 러닝머신 이름이자 주어인 The X-Fit 3000 treadmill을 가리킵니다. 따라서 빈칸 앞에 위치한 프로그램들은 그 기계 안에 설치된 것으로 볼 수 있으므로 빈칸과 in it이 뒤에서 10 different fitness programs를 수식해 '그 안에 설치된 10가지 프로그램들'이라는 의미가 되어야 하므로 빈칸에는 '설치된'이라는 의미의 단어가 필요합니다. 따라서 '설치하다'라는 의미의 동사 install의 과거분사 installed가 정답입니다.

5.

정답   (b)

해석   모든 부서장님들은 1월에 대한 비용 지출 양식을 작성해야 합니다. 작성 완료된 서류를 회계팀의 재니스 호지 씨에게 제출하시기 바랍니다.

해설   정관사 the와 명사 document 사이에 위치한 빈칸은 명사를 수식할 형용사나 분사가 위치할 수 있습니다. 보기에는 '완성하다'라는 의미의 동사 complete가 여러 형태로 제시되어 있으므로 보기 중 현재분사나 과거분사가 정답이 될 수 있습니다. 수식 받는 명사 document(서류)는 사람에 의해 작성 완료된 것이어야 하므로 수동의 의미를 나타낼 수 있는 과거분사 (b) completed가 정답입니다. 명사인 (d) completion의 경우, document와 복합 명사를 구성하지 않으며, 함께 쓰이려면 둘 사이에 전치사가 필요하므로 오답입니다.

확인문제

1. (b)   2. (c)   3. (b)   4. (d)   5. (a)

1.

정답   (b)

해석   우리 아버지는 완전히 흠뻑 젖으신 상태이다. 아버지께서 근처의 공원에서 걷고 계실 때 갑자기 비가 내리기 시작했다.

해설   선택지가 모두 접속사들이므로 의미가 적절한 것을 찾아야 합니다. 빈칸 앞뒤에 각각 위치한 두 절을 읽어보면, '공원에서 걷고 있을 때 비가 내리기 시작했다'와 같은 의미가 되어야 하므로 '~할 때'라는 의미로 쓰이는 접속사 (b) when이 정답입니다.

2.

정답   (c)

해석   벡터 테크 사는 경쟁력 있는 가격 정책을 가지고 있다. 그곳은 경쟁사들 중 한 곳이 신제품을 출시하지 않는다면 더 저렴한 가격에 새 기기를 출시하지 않을 것이다.

해설   선택지가 모두 접속사들이므로 의미가 적절한 것을 찾아야 합니다. 빈칸 앞뒤에 각각 위치한 두 절을 읽어보면, '경쟁사들 중 한 곳이 신제품을 출시하지 않는다면 더 저렴한 가격에 새 기기를 출시하지 않는다'와 같은 의미가 되어야 자연스럽습니다. 따라서 '~하지 않는다면, ~가 아니라면' 등의 의미로 부정 조건을 나타낼 때 사용하는 (c) unless가 정답입니다.

3.

정답   (b)

해석   내 강아지 비스킷은 크고 위협적으로 보이지만, 사실 매우 수줍어한다. 누군가가 간식을 좀 주기 위해 더 가까이 다가오면 도망쳐 내 침대 밑에 숨을 것이다.

해설   선택지가 모두 접속사들이므로 문맥상 두 문장의 의미를 자연스럽게 연결하는 것을 찾아야 합니다. 빈칸 뒤에 이어지는 두 절을 읽어보면, '누군가가 다가온다'라는 문장과 '도망가서 침대 밑에 숨을 것이다'라는 의미입니다. 보기 중에서 이 두 문장의 의미를 잘 연결해줄 수 있는 접속사는 '~한다면'을 뜻하는 접속사 (b) If입니다.

4.

정답   (d)

해석   케빈은 농구 연습하러 간 남동생을 데려 오지 않았다. 사실, 그는 자신의 방에서 컴퓨터 게임을 하고 있었다.

해설   선택지가 모두 접속부사들이므로 빈칸 앞뒤 문장들의 의미 관계를 파악해야 합니다. 앞 문장은 동생을 데려 오지 않았다는 의미를, 뒤 문장은 방에서 게임을 하고 있었다는 의미를 나타냅니다. 따라서 동생을 데리러 가지 않는 것에 대한 부연 설명으로 게임을 하고 있었던 상황을 언급하였으므로 '사실'을 뜻하는 접속부사 (d) In fact가 정답입니다.

5.

정답　(a)

해석　우리는 지난 달부터 개인 컵을 가져오는 사람들에게 메뉴에 있는 모든 음료에 대해 10퍼센트 할인을 제공해 왔다. 그 결과, 진열된 컵 제품의 매출이 20퍼센트 증가했다.

해설　선택지가 모두 접속부사들이므로 빈칸 앞뒤 문장들의 의미 관계를 파악해야 합니다. 앞 문장은 개인 컵을 가져오는 사람들에게 음료에 대해 10퍼센트 할인을 제공했다는 의미를, 뒤 문장은 컵 제품의 매출이 20퍼센트 증가했다는 의미를 나타냅니다. 이는 개인 컵을 이용하는 사람들에게 음료 할인을 제공한 것에 따라 매출 증가라는 결과가 발생한 것이므로 '그 결과, 결과적으로'를 뜻하는 접속부사 (a) As a result가 정답입니다.

DAY 09 관계사

확인문제

1. (d)　　**2.** (b)　　**3.** (a)　　**4.** (d)　　**5.** (a)

1.

정답　(d)

해석　봉준호 감독의 영화 <기생충>이 한국 영화계와 사회가 세계적인 주목을 받게 하였다. 이 영화는 4개의 오스카 상을 받았으며, 그것은 현대 사회의 계급 구분이라는 주제를 탐구한다.

해설　주어 The film과 동사 explores 사이에 콤마와 함께 빈칸이 삽입되어 있는데, 이렇게 콤마와 함께 삽입되는 구조에서는 관계사 what과 that이 이끄는 절이 쓰일 수 없습니다. 따라서 who가 이끄는 절인 (c)와 which가 이끄는 절인 (d) 중에서 정답을 고릅니다. 관계사절이 수식하는 주어 The film은 사물이므로 사물명사를 수식하는 which가 이끄는 절인 (d) which won four Oscar awards가 정답입니다.

2.

정답　(b)

해석　내 친구와 나는 다른 브랜드의 무선 이어폰을 구입했다. 내 것은 완벽하게 작동하고 있지만, 내 친구가 구입한 이어폰은 음질이 좋지 못한데다 자주 연결이 끊긴다.

해설　빈칸에 쓰일 관계사절이 수식할 명사 the earbuds가 사물이므로 사물명사를 수식할 수 있는 관계대명사 that이 이끄는 절인 (b) that my friend bought이 정답입니다. (a)에 쓰인 관계부사 where는 장소명사를 수식하며, (c)에 쓰인 what은 명사(선행사)를 수식하는 역할을 하지 않습니다. (d)에 쓰인 관계대명사 who는 선행사가 사람명사일 때 씁니다.

3.

정답　(a)

해석　데이지 쇼핑몰의 쇼핑객들이 주차장의 부족에 대해 계속 불만을 제기했다. 이 쇼핑몰은 최대 400대의 자동차를 수용할 수 있는 두 번째 주차용 건물을 짓기로 결정했다.

해설　관계사절이 수식할 명사구 a second parking structure가 사물이므로 빈칸에는 사물명사를 수식할 수 있는 관계대명사 which가 이끄는 절인 (a)와 that이 이끄는 절인 (b) 중에서 정답을 찾아야 합니다. 관계대명사절은 관계대명사 뒤에 주어나 동사의 목적어 등이 빠진 불완전한 구조이고 관계부사절은 관계부사 뒤에 완전한 구조의 절이 뒤따라야 하므로 (b) that it can accommodate up to 400 cars는 관계대명사 that 뒤에 주어, 동사, 목적어가 모두 갖춰진 절이 있어서 오답입니다. 따라서 관계대명사 which 뒤에 동사 can accommodate의 주어가 없는 불완전한 구조인 (a) which can accommodate up to 400 cars가 정답입니다.

4.

정답　(d)

해석　타일러는 여전히 대학 시절 가장 친했던 친구와 가까이 지낸다. 그들이 처음 만났던 바에서 그들은 최소 한 달에 한번은 모인다.

해설　빈칸에 쓰일 관계사절이 수식할 명사구 the bar가 장소이므로 장소명사를 수식할 수 있는 관계사 that이 이끄는 절인 (a)와 where가 이끄는 절인 (d) 중에서 하나를 골라야 합니다. 그런데 that은 관계대명사로서 불완전한 절을 이끌며, where는 관계부사로서 완전한 절을 이끌어야 합니다. 따라서 관계부사 where와 '주어 + 자동사'의 완전한 절이 결합된 (d) where they first met이 정답입니다. (a)의 경우, 관계대명사 that 뒤에 완전한 절이 있으므로 오답입니다.

5.

정답　(a)

해석　많은 회사들이 일반 근무일을 정의하는 방식을 변경하고 있다. 예를 들어, 내가 근무하는 사무실은 직원들에게 일주일에 3일을 재택 근무하게 해 준다.

해설　빈칸에 쓰일 관계사절이 수식할 명사구 the office가 장소이므로 장소명사를 수식할 수 있는 관계부사 where가 이끄는 절인 (a)와 that이 이끄는 (b), 그리고 which가 이끄는 (c) 중에서 하나를 골라야 합니다. 그런데 that과 which는 관계대명사로서 불완전한 절을 이끌며, where는 관계부사로서 완전한 절을 이끌어야 합니다. 따라서 관계부사 where와 '주어 + 자동사'의 완전한 절이 결합된 (a) where I work가 정답입니다. (b)와 (c)의 경우, 각각 that과 which 뒤에 불완전한 절(I work at)이 쓰여야 하므로 오답입니다.

확인문제

1. (c) **2.** (b) **3.** (d) **4.** (b) **5.** (d)

1.

정답 (c)

해석 재닛은 주방에 있는 싱크대에 물이 내려가지 않는다는 것을 알았다. 그녀는 남편을 부르고 싶었지만, 출장 때문에 없는 상태이다. 만일 남편이 지금 집에 있다면, 그가 싱크대를 고칠 것이다.

해설 If절의 동사가 과거시제(were)일 때, 주절의 동사는 'would(could/should/might) + 동사원형'의 형태가 되어야 하므로 (c) would fix가 정답입니다.

2.

정답 (b)

해석 브랜든은 또 지각한 것에 대해 상사로부터 질책을 받았다. 만일 그가 알람 시계가 울린 직후에 일어난다면, 다시 지각하지 않을 것이다.

해설 If절의 동사가 과거시제(got)일 때, 주절의 동사는 'would(could/should/might) + 동사원형'의 형태가 되어야 하므로 (b) would not be가 정답입니다.

3.

정답 (d)

해석 마틴 스콜세지의 영화 <아이리시맨>은 배우들을 원해 모습보다 훨씬 더 젊어 보이게 만들기 위해 새로운 CGI 기술을 활용했다. 만일 그 기술이 개발되지 않았다면, 그 영화는 제작하기 불가능했을 것이다.

해설 주절의 동사가 'would(could/should/might) have p.p.'의 형태일 때, If절의 동사는 가정법 과거완료를 나타내는 'had p.p.'가 되어야 하므로 (d) had not been developed가 정답이다.

4.

정답 (b)

해석 내 사촌은 새 자동차를 구입해야 한다. 왜냐하면 현재 갖고 있는 것이 계속 고장 나기 때문이다. 만일 그녀가 5,000마일마다 오일을 교환했다면, 그 차가 더 오래 지속되었을 것이다.

해설 주절의 동사가 'would(could/should/might) have p.p.'의 형태일 때, If절의 동사는 가정법 과거완료를 나타내는 'had p.p.'가 되어야 하므로 (b) had changed가 정답입니다.

5.

정답 (d)

해석 <나이트 캅스>의 예정된 속편이 스포트라이트 스튜디오에 의해 취소되었다. 만일 첫 번째 영화가 박스 오피스에서 더 성공했다면, 그 속편은 제작되었을 것이다.

해설 주절의 동사가 'would(could/should/might) have p.p.'의 형태일 때, If절의 동사는 가정법 과거완료를 나타내는 'had p.p.'가 되어야 하므로 (d) had been more successful이 정답입니다.

DAY 11-15

DAY 11 문장 해석 연습 1 : 동격 구문 및 수식어구

확인문제

1.

정답 "전격전"이라는 독일어 단어 / "번개같은 전쟁"이라는 독일어 단어

2.

정답 영화를 보고 있는 동안 / 영화를 보고 있던 중

3.

정답 앞으로 몇 시간 동안 짙은 안개가 있을 것이라는

DAY 12 문장 해석 연습 2 : 분사구문

확인문제

1.

정답 파키스탄에서 네팔까지 뻗어 있어서[뻗어 있기 때문에]

해설 분사구문은 '파키스탄에서 네팔까지 뻗어 있다'는 의미이고 주절은 '히말라야 산맥은 24킬로미터의 땅에 걸쳐 있다'는 의미이므로 분사구문에서 생략된 부사절 접속사는 '~때문에'라는 의미의 Because 또는 As이 가장 적절합니다. 그래서 '파키스탄에서 네팔까지 뻗어 있어서[뻗어 있기 때문에]'라고 해석합니다.

2.

정답 음악 선생님의 지휘에 의지한다면

해설 분사구문은 '공연 중에 음악 선생님의 지휘에 의지하다'라는 의미이고, 주절은 '학교 합창단은 실수 없이 그 노래를 부를 수 있을 것이다'라는 의미이므로 분사구문에서 생략된 부사절 접속사는 '만약 ~라면'이라는 의미의 If가 가장 적절합니다. 그래서 '공연 중에 음악 선생님의 지휘에 의지한다면'이라고 해석합니다.

3.

정답 비난하면서 / 고발하면서

해설 분사구문은 '그(그의 회계사)를 퇴직 예금을 오용한 것으로 비난[고발]하다'라는 의미이고, 주절은 '스위프트 씨는 그의 회계사를 상대로 소송을 제기하였다'라는 의미이므로 퇴직 예금을 오용한 것과 소송을 제기하는 것이 동시에 일어나는 일임을 알 수 있습니다. 그래서 분사구문을 '~하면서'라고 해석하여 accusing을 '비난[고발]하면서'라고 해석합니다.

DAY 13 문장 해석 연습 3 : 병렬구조

확인문제

1.

정답 구매하는

해설 밑줄 친 purchases 앞에 등위접속사 and가 있으므로 purchases와 병렬구조를 이루는 단어를 찾아 연결하여 해석합니다. purchases는 현재시제 동사이므로 and 앞에 있는 현재시제 동사인 has가 purchases와 병렬구조임을 알 수 있습니다. 그래서 선행사 a customer를 수식하는 관계대명사절 who has a valid coupon issued from the store 뒤에 또 하나의 관계대명사절 and (who) purchases over $300 during a day가 있다고 보고 해석하면, purchases 또한 선행사 a customer를 수식하므로 '구매하다'가 아닌 '구매하는'이라고 해석합니다.

2.

정답 한 달 동안 학생들에게 온라인 수업을 주는 것[제공하는 것]

해설 밑줄 친 give students online classes for a month 앞에 등위접속사 or이 있으므로, or 앞에서 동일한 형태의 동사원형을 찾아 연결하여 해석합니다. or 앞에 있는 동사원형 postpone 앞에 either이 있으므로 상관접속사 either A or B 구문이 사용되었음을 알 수 있습니다. 따라서 postpone the opening of the school year가 A에 해당하며, give students online classes for a month가 B에 해당하므로 이를 'A 또는 B 둘 중 하나'라고 해석합니다. 이 때 postpone은 동사 choose의 목적어로 쓰인 to정사 이므로 밑줄 친 부분도 목적어(명사)로 해석하여 '한 달 동안 학생들에게 온라인 수업을 주는 것'이라고 해석합니다.

3.

정답 지진의[그것들의] 빈도(수)가 감소하였다는 것

해설 밑줄 친 that절 앞에 등위접속사 but이 있으므로, but 앞에서 동일한 형태의 that절을 찾아 연결하여 해석합니다. but 앞에 있는 that절은 that the strength of the earthquakes increased이고, 이것은 동사 noticed의 목적어이므로 밑줄 친 that their frequency decreased도 noticed의 목적어로 해석합니다.

DAY 14 문장 해석 연습 4 : 강조 구문

확인문제

1.

정답 화석 연료 연소이다

해설 It ~ that 강조구문이 사용된 문장이며, that 이하의 절은 '~한 것은 바로'라는 의미에 해당하고, 밑줄 친 부분은 <It + be동사 + 강조할 내용(명사)>에 해당하므로 밑줄 친 부분은 '화석 연료 연소이다'라는 의미로 해석합니다.

2.

정답 너무 유용해서

해설 밑줄 친 부분은 <so + 형용사 + that + 주어 + 동사>구문 중에서 '너무 (형용사)해서'에 해당하는 <so + 형용사>입니다. 그래서 밑줄 친 so useful은 '너무 유용해서'라고 해석합니다.

3.

정답 별로[거의] 기억되지는 않는다

해설 밑줄 친 부분은 부정어 little이 문장 맨 앞에 위치하고, 주어와 be동사의 위치가 바뀐 부정어 도치 강조구문입니다. 부정어 little은 '별로 ~아닌, 거의 ~않는'이라는 의미이므로 밑줄 친 부분은 '별로[거의] 기억되지 않는다'라는 의미입니다.

DAY 15 PART별 지문 풀이

1. (c)	2. (b)	3. (b)	4. (c)
5. (d)	6. (b)	7. (a)	8. (d)

1-2

마야 앤젤루

마야 앤젤루는 아프리카계 미국인 작가이자 가수, 댄서, 그리고 인권 운동가였다. 일생 동안, 7권의 자서전과 여러 권의 시집을 출간했으며, 오랜 활동 기간 중에 걸쳐 참여한 광범위한 연극과 영화, 그리고 텔레비전 프로그램에 대한 공로를 인정받고 있다.

1951년에, 어머니의 바람과 반대로, 앤젤루는 다른 인종간의 관계에 대한 사회의 일반적인 비난을 무시하면서 그리스인 전기 기사와 결혼했다. 그녀는 이 시기에 현대 무용 강좌에 등록했고, 댄서이자 안무가였던 앨빈 에일리 및 루스 벡포드와 댄스 팀을 만들었다. **1** 앤젤루는 강사 펄 프라이머스로부터 아프리카 춤을 배우기 위해 그후에 남편 및 아들과 함께 뉴욕 시로 이사했지만, 약 14개월 후에 샌프란시스코로 돌아갔다. 1954년에 결혼 생활이 끝나자, 앤젤루는 '퍼플 어니언'을 포함해 샌프란시스코 곳곳에 위치한 여러 나이트클럽에서 전문적으로 춤을 췄다. 그 당시까지 그녀는 "마거릿 존슨"이라는 이름을 사용했지만, '퍼플 어니언'에서 일하던 매니저들의 권유로 **2** "마야 앤젤루"라는 예명을 택하게 되었다.

어휘 civil rights activist 인권 운동가   publish ~을 출간하다   autobiography 자서전   poetry 시   credit A with B: B에 대한 공을 A에게 돌리다, B에 대한 A의 공로를 인정하다   extensive 광범위한, 폭넓은   over ~ 동안에 걸쳐   career 활동 기간, (직업) 경력   disregard ~을 무시하다   general 일반적인   condemnation 비난   interracial 인종간의   relationship 관계   enroll in ~에 등록하다   form ~을 형성하다, 구성하다   choreographer 안무가   instructor 강사   approximately 약, 대략   dissolve (관계, 계약 등이) 끝나다, 효력이 사라지다   professionally 전문적으로   up until then 그때까지 계속   go by the name of A: A라는 이름으로 통하다   at the urging of ~의 권유로, 촉구로   adopt ~을 택하다

1.

정답 (c)

해설 앤젤루가 뉴욕 시로 이사한 일이 언급된 두 번째 단락에, 앤젤루는 강사 펄 프라이머스로부터 아프리카 춤을 배우기 위해 남편 및 아들과 함께 뉴욕으로 이사했다고(Angelou then moved with her husband and son to New York City so that she could learn African dance from instructor Pearl Primus) 언급한 부분을 통해 바로 앞에 언급된 아프리카 춤을 배우러 뉴욕에 왔다는 것을 알 수 있으므로 (c)가 정답입니다.

어휘 originally 애초에, 원래   establish ~을 설립하다, 확립하다   follow the wishes of ~의 바람대로 따르다

2.

정답 (b)

해설 키워드인 begin using the name Maya Angelou는 지문 마지막에 '퍼플 어니언'에서 일하던 매니저들의 권유로 "마야 앤젤루"라는 예명을 택하게 되었다고(at the urging of her managers at the Purple Onion, she adopted the professional name of "Maya Angelou")에 언급되어 있습니다. 키워드가 언급된 앞 문장에서 앤젤루가 '퍼플 어니언'을 포함해 샌프란시스코 곳곳에 위치한 여러 나이트클럽에서 전문적으로 춤을 췄다는(she danced professionally in nightclubs around San Francisco) 내용을 통해 샌프란시스코에서 댄서로 공연을 했다는 것을 알 수 있으므로 (b)가 정답입니다.

어휘 perform 공연하다, 실시하다

3-4

새로운 공룡 종, 일본에서 발견되다

일본의 고생물학자들이 기존에 알려지지 않았던 백악기 공룡 종의 거의 완전한 화석을 발굴했다. 그 화석들은 일본 북부 무카와 마을에 있던 7천 2백만년된 해양 침전물에서 발견되었다. 그것이 일본에서 그동안 발견된 것 중 가장 큰 공룡 화석이기 때문에, 과학자들은 그것을 '카무이사우루스 자포니쿠스'라고 이름 붙였고,

이는 '일본 공룡들 중의 신성한 존재'라는 의미로 대략 해석된다.

'카무이사우루스 자포니쿠스'는 초식 오리너구리류 공룡의 새로운 종인 것으로 드러났다. **3(c)** 그것의 이름은 홋카이도의 원주민 언어인 아이누로 '신성한 존재'를 의미하는 '카무이'라는 단어에서 나왔으며, **3(a)** '자포니쿠스'는 일본에서 발견된 것이라는 의미이다. **3(d)** 또한 발굴 지역의 이름을 따 비공식적으로 '무카와류'라는 별명도 붙었다.

조직학 연구들은 그 공룡은 죽었을 때 최소 9살이었고, 약 8미터 길이였으며 **4** 살아 있었을 때 2개의 다리를 이용하여 걸었는지, 4개의 다리를 이용하여 걸었는지에 따라 몸무게가 4톤 또는 5.3톤 둘 중의 하나였던 것으로 결론을 내렸다. 예를 들어, 다리가 4개라면 – 4개의 다리로 걷는 – 앞다리는 분명 근육량을 늘려주었을 것이다. 전두골 연구는 그 공룡의 머리에 가늘고 평평한 볏으로 꾸며져 있었을지도 모른다는 것을 나타냈다.

어휘   species (동식물) 종 dinosaur 공룡 discover ~을 발견하다 paleontologist 고생물학자 unearth ~을 발굴하다 complete 완전한 fossil 화석 previously 이전의 Cretaceous Period 백악기 marine deposit 해양 침전물 name A B: A를 B라고 이름 짓다 roughly 대략적으로 translate ~을 해석하다 be found to be A: A인 것으로 드러나다 herbivorous 초식성의 hadrosaurid 오리너구리류 be derived from (근원 등이) ~에서 나오다, 유래되다 divine 신성한 being 존재 informally 비공식적으로 nickname A B: A의 별명을 B라고 짓다 site 장소, 현장 histological 조직학의 conclude that ~라고 결론 내다 at least 최소한, 적어도 weigh ~의 무게가 나가다 depending on ~에 따라 다른, ~에 달려 있는 whether A or B: A인지 B인지 bipedal 두 발로 걷는 quadrupedal 네 발로 걷는 foreleg 앞다리 certainly 분명, 확실히 muscle mass 근육량 frontal bone 전두골 suggest that ~임을 나타내다(= indicate that) adorn 장식하다, 꾸미다 crest 볏

3.

정답   (b)

해설   키워드인 the naming of the recently found dinosaur는 "Kamuysaurus japonicus was found to be a new species of a herbivorous hadrosaurid dinosaur에서 확인할 수 있습니다. 그 뒤의 문장에서 공룡의 이름에 대한 단서가 언급됩니다. "japonicus means its discovery in Japan"에서 부분에서 이름에 일본이라는 국가가 포함된 것을 말하는 (a)를, "'kamuy' which means divine being in Ainu, the language of the original inhabitants of Hokkaido"에서 홋카이도 지역의 단어가 포함되었다는 것을 알 수 있으므로 (c)의 내용도 확인할 수 있습니다. 또한 "It has also been informally nicknamed "Mukawaryu," after the excavation site" 문장에서 별명이 발견 위치를 가리킨다는 점을 언급하는 (d)도 확인 가능합니다. 하지만 이름 자체가 초식 동물임을 나타낸다는 정보는 제시되어 있지 않으므로 (b)가 정답입니다.

어휘   recently 최근에 reference ~을 참고하다 herbivore 초식 동물 include ~을 포함하다 refer to ~을 가리키다 original 최초의, 원래의 location 위치, 지점

4.

정답   (c)

해설   키워드인 the exact weight of Kamuysaurus는 지문에서 weighed either 4 tons or 5.3 tons로 언급되어 있습니다. 그 뒤의 분사구문에서 그 공룡이 살아 있을 때 2개의 다리를 사용하여 걸었는지, 4개의 다리를 사용하여 걸었는지에 따라 달려졌다는 내용(depending on whether it walked using two legs or four legs when it was alive)이 있으므로 그 공룡이 사용했던 다리 개수가 명확히 파악되지 않았다는 것을 알 수 있습니다. 그래서 이에 해당되는 내용을 담은 (c)가 정답입니다.

어휘   be unable to do ~할 수 없다 exact 정확한 recover ~을 되찾다, 회수하다 unsure 확신이 없는(= uncertain) ascertain ~을 확인하다

5-6

> ### 고비 사막
>
> 흔히 간단하게 '고비'라고 일컬어지는 고비 사막은 중국 북부 및 북동부와 몽골 남부를 뒤덮고 있는 넓은 사막 및 관목림 지역이다. **5** 고비 사막은 역사 전반에 걸쳐 중요한 역할을 했는데, 실크 로드를 따라 중대한 무역 중심지 역할을 했던 여러 정착지들을 포함하고 있었기 때문이다. 좀 더 최근에는, 화석의 출처로서 지니는 중요성을 발견하게 되었다. 고고학자들과 고생물학자들이 고비 사막 네메그트 분지의 여러 넓은 지역을 파내 그곳에서 그들은 수많은 화석화된 동물 잔해와 선사 시대의 석기들을 발견했다.
>
> 겉으로 보기에 살기 힘들어 보이는 기후에도 불구하고, 아주 다양한 동물이 고비 사막에 살고 있다. 낙타와 가젤, 그리고 긴털족제비는 그 수가 많고 이 지역 토착 동물이며, 눈표범과 불곰이 종종 먹이를 찾아 주변의 산에서 내려온다. **6** 이 사막의 남부 및 중부 지역에서 발견되는 식물은 주로 가뭄에 생존하도록 적응된 관목으로 구성되어 있으며, 가축이 짓밟고 뜯어먹는 것에 따른 결과로 점점 더 희귀해지고 있다. 특히 이 사막의 몽골 쪽 지역에는, 유목민들에 의해 양모의 공급원으로 길러지는 염소들 때문에 관목지가 빠르게 사라지고 있다.

어휘   commonly 흔히 referred to as ~라고 일컬어지는 brushland region 관목림 지역 cover ~을 뒤덮다 play an important role 중요한 역할을 하다 contain ~을 포함하다 settlement 정착지 serve as ~로서의 역할을 하다 crucial 중대한 hub 중심(지) recently 최근에 importance 중요(성) source 출처, 근원 fossil 화석 archaeologist 고고학자 paleontologist 고생물학자 excavate ~을 파내다, 발굴하다(= unearth) uncover ~을 발견하다 numerous 수많은 fossilized 화석화된 remains 잔해 prehistoric 선사 시대의

implement 도구 seemingly 겉으로 보기에 inhospitable 살기 힘든 abundant 많은, 풍부한 indigenous to ~ 토착인, ~가 원산의 in search of ~을 찾아 prey 먹이 vegetation 식물 primarily 주로 consist of ~로 구성되다 shrub 관목 adapt 적응하다 drought 가뭄 increasingly 점점 더 rare 희귀한 livestock 가축 trample 짓밟다 graze 풀을 뜯다 vanish 사라지다 raise ~을 기르다 nomadic herders 유목민들 source 공급원, 출처

5.

정답 (d)

해설 첫 단락에 고비 사막이 역사 전반에 걸쳐 중요한 역할을 했다는 말과 함께 실크 로드를 따라 중대한 무역 중심지 역할을 했던 여러 정착지들을 포함하고 있었다는 점을(The Gobi played an important role throughout history as it contained several settlements) 이유로 언급하고 있으므로 (d)가 정답입니다.

어휘 describe ~을 설명하다 commerce 상업 largely 대체로, 충분히 unexplored 탐사되지 않은 ecosystem 생태계 rich in ~가 풍부한 precious 귀중한 mineral 광물 of historical significance 역사적인 중요성을 지닌

6.

정답 (b)

해설 키워드인 plants와 in the southern and central part of the desert는 지문에서 "Vegetation found in the southern and central regions of the desert"로 언급되어 있습니다. 다음 문장에서 관목 식물들(shrubs)을 가리키는 대명사 these가 주어로 사용된 문장에서 관목 식물들이 점점 희귀해 지는데 그것은 가축들이 짓밟고 풀을 뜯어 먹는 것의 결과라고(these are increasingly rare as a result of livestock trampling and grazing) 언급되어 있습니다. 이 내용이 "livestock eats and stamps them"으로 패러프레이징 된 (b)가 정답입니다.

어휘 barely 거의 ~않는 stamp 짓밟다 local 현지인, 지역주민 permanenty 영구적으로 frost 성에, 서리

7-8

올리버 리브스 씨
웨스트 블리바드 458번지 / 샌디에이고, CA 92037

리브스 씨께,

7 7월 12일 이후로 샌디에이고에 위치한 플라이트 피트니스 최신 지점을 방문하실 수 있다는 점을 알려 드리게 되어 기쁘게 생각합니다. 귀하께서 현재 수년 동안 저희 셔먼 하이츠 체육관에서 회원 서비스를 즐겨 오시기는 했지만, 저희는 귀하께서 저희 사우스크레스트 지점이 더욱 편리하게 위치해 있고 귀하의 필요성에 적합하도록 더 잘 갖춰져 있다고 여기실 것으로 생각합니다.

사우스크레스트에 있는 지점은 보스턴 애비뉴 341번지에 위치해 있는 곳으로, 세인트 주드 교회 옆의 대단히 넓은 현대적인 건물 내에 있습니다. 8 저희는 이번 사업 확장이 더 다양한 종류의 피트니스 강좌도 제공해 드리고 저희 강좌 규모를 두 배로 늘릴 수 있게 해 줄 것으로 바라고 있습니다.

사우스크레스트 체육관에 가입하시기로 결정하시거나 이 지점과 관련해 어떠한 우려나 불만 사항이 있으시다면, www.flytefitness.com에서 의견 제출 양식을 작성하시거나, 지점장에게 직접 말씀하시기 바랍니다.

안녕히 계십시오.

베로니카 덴글러
회원 서비스 관리부장
플라이트 피트니스

어휘 let A know that: A에게 ~임을 알리다 onwards (특정 시점부터) 계속, 앞으로 be able to do ~할 수 있다 branch 지점 several 여럿의, 몇몇의 find A 형용사: A가 ~하다고 생각하다, 느끼다 conveniently located 편리하게 위치한 equipped 갖춰진, 준비된 suit ~에 어울리다, 알맞다 extremely 대단히, 매우 spacious 널찍한 expansion 확장, 확대 enable A to do: A에게 ~할 수 있게 해 주다 offer ~을 제공하다 a wider range of 더 다양한 종류의 double ~을 두 배로 늘리다 Should you + 동사원형: 당신이 ~하신다면 (=If you should + 동사원형) location 지점, 위치 concern 우려 complaint 불만, 불평 fill out ~을 작성하다 feedback 의견 form 양식, 서식 directly 직접, 곧바로

7.

정답 (a)

해설 베로니카 덴글러 씨는 편지 맨마지막에 이름이 쓰여 있으므로 편지를 쓴 사람이며, 올리버 리브스 씨는 편지에 "Dear Oliver Reeves"를 통해 편지를 받는 사람이라는 것을 알 수 있습니다. 이 문제는 편지의 목적에 대해 묻고 있는 문제입니다. 편지의 목적은 편지 첫 부분에 언급되어 있는데, 첫 문장에서 7월 12일부터 샌디에고에 있는 신규 지점을 방문할 수 있다고 안내(from July 12 onwards, you will be able to visit the newest branch of Flyte Fitness in San Diego)하고 있습니다. 그리고 그 뒤의 내용에서 신규 지점인 사우스크레스트 지점이 더 편리하고 장비도 잘 갖춰져 있다고 느낄 것(we think you might find our Southcrest location more conveniently located and better equipped to suit your needs)라고 언급되어 있어 이 편지의 목적이 신규 지점을 이용하도록 초청하는 것임을 알 수 있습니다. 따라서 정답은 (a)입니다.

어휘 detail ~을 자세히 설명하다 inform A that: A에게 ~임을 알리다 expire 만료되다 invite A to do: A에게 ~하도록 요청하다

8.

정답 (d)

해설 키워드인 hoping to do with its new branch는 두 번째 단락에서 "We are hoping that ~"에서 확인할 수 있습니다. 이어지는 that절이 정답의 단서가 됩니다. 이 문장의 내용은 신규 지점 개장을 사업 확장으로 바꿔 말하면서 더 다양한 종류의 피트니스 강좌도 제공하고 강좌 규모를 두 배로 늘릴 수 있게 해 줄 것이라고 바란다(We are hoping that this expansion will enable us to offer a wider range of fitness classes and double our class sizes)는 내용입니다. 여기서 "offer a wider range of fitness classes"는 'larger classes'를 의미하고, "double our class sizes"는 'more members'를 의미하므로 정답은 (d)입니다.

어휘 hire ~을 고용하다 experienced 경험 많은 instructor 강사 install ~을 설치하다 advanced 발전된, 진보된 equipment 장비 attract ~을 끌어들이다 individual 사람, 개인 accommodate ~을 수용하다

시원스쿨 지텔프 32-50 청취

DAY 01-05

DAY 01 청취 영역 소개 및 기초 질문 듣기

확인문제

1.

정답 What floor is Mr. Anderson's office on?

해석 앤더슨 씨의 사무실은 몇 층에 있나요?

2.

정답 Why does Jackson want to cancel his trip?

해석 잭슨은 왜 그의 여행을 취소하기를 원하는가?

3.

정답 What type of public transportation will Bill use when he goes to work?

해석 빌은 출근할 때 무슨 종류의 대중교통 수단을 이용할 것인가?

4.

정답 How is Becky going to learn Spanish for two weeks?

해석 베키는 2주 동안 어떻게 스페인어를 배울 것인가?

5.

정답 According to Dr. Martin, why should the patient take medicine before every meal?

해석 마틴 선생님에 따르면, 그 환자는 왜 매 식사 진에 약을 먹어야 하는가?

DAY 02 질문의 키워드 듣고 질문 메모하기

확인문제

1.

정답   <u>Who</u> will take the <u>interns</u> to the factory?

해석   누가 수습사원들을 공장에 데리고 갈 것인가?

2.

정답   Based on the talk, which is a <u>characteristic</u> of the new product?

해석   담화에 따르면, 신제품의 특징인 것은 어느 것인가?

3.

정답   <u>Why</u> is James not <u>allowed</u> to <u>borrow</u> a book in the library?

해석   제임스는 왜 도서관에서 책을 빌리는 것이 허용되지 않는가?

4.

정답   <u>When</u> most likely will Jeff <u>start</u> the meeting?

해석   제프는 언제 회의를 시작할 것 같은가?

5.

정답   According to Erin, what is the <u>benefit</u> of buying an <u>electric car</u>?

해석   에린에 따르면, 전기 자동차를 사는 것의 장점은 무엇인가?

DAY 03   지문 듣고 단서 메모하기

확인문제

1.

정답   to teach you how to give first aid to injured people in an emergency situation

해설   담화의 주제는 보통 초반부에 화자가 자신을 소개한 이후에 담화를 통해 어떤 내용을 전달할지 언급하는 부분에서 찾을 수 있습니다. 응급 상황에서 부상을 당한 사람들에게 응급 처치하는 법을 가르쳐 주기 위해 이 자리에 섰다고(to teach you how to give first aid to injured people in an emergency situation) 말하는 부분이 담화의 주제입니다.

2.

정답   to take the subway and then take our free shuttle to the company

해설   회사로 가는 최선의 방법을 묻고 있으므로 질문의 키워드는 the

best way ~ to go to the company입니다. 남자의 말 중 "So, it will be the best way ~"라고 언급하는 부분에서 키워드인 the best way가 언급되어 그 이후의 내용인 "to take the subway and then take our free shuttle to the company"가 정답의 단서가 됩니다.

3.

정답   I set up the server to block all other IP addresses except mine.

해설   제인의 컴퓨터를 사용하고 싶지 않은 이유와 관련된 문제이므로 컴퓨터 사용과 관련된 특정 조건이나 문제점 등이 제시되는 내용을 찾아야 합니다. 남자가 여자의 컴퓨터로 클라우드 서버에 접속할 수 없다는 말과 함께 자신의 것 외에 다른 모든 IP 주소를 차단하도록 설정했다고(I set up the server to block all other IP addresses except mine) 말하는 부분이 여자의 컴퓨터를 사용할 수 없는 이유입니다.

DAY 04   지문 듣고 정답 찾기

EXERCISE

1.   (a) 인기있는 취미에 합류하는 법
      (b) 비디오 게임을 만드는 법
      (c) 컴퓨터를 만드는 법
      (d) 오래된 전자 기기를 파는 법

해설   담화 초반부의 간단한 배경 설명 후에, 오늘 화자가 이야기하려는 것과 관련해 '저렴한 고급 게임용 컴퓨터를 만드는 방법을 가르쳐 주겠다고(I'm going to teach you how you can build your own affordable, high-quality gaming computer) 말하는 부분이 담화 주제입니다. 이는 컴퓨터를 조립하는 일을 말하는 것이므로 (c)가 정답입니다.

2.   **(a) 온라인 매장들**
      (b) 중고 매장들
      (c) 주요 소매업체들
      (d) 지역 시장들

해설   컴퓨터 부품 구입과 관련된 정보는 후반부에 언급되고 있습니다. 온라인 공급업체에 항상 좋은 제품이 있다고(Online suppliers always have the best variety and prices) 언급하였으므로 (a)가 정답입니다.

확인문제

여: 워렌, 여행에서 돌아왔구나! 바르셀로나는 어땠어? 틀림없이 놀라웠을 것 같은데.

남: 그건 내가 꿈꿨던 모든 것이었어, 새라! 내가 많은 역사를 지닌 도시들을 얼마나 많이 좋아하는지 알고 있어? 바르셀로나의 모든 거리가 매력적인 역사로 가득 차 있었어. 난 중세 시대부터 20세기까지 걸쳐 스페인에 관해 아주 많은 것을 배웠어.

여: 넌 정말 행복했을 것 같아.

남: 맞아. 투어도 정말 많이 다니고, 박물관도 아주 많이 방문했어. 정말로 많이 알게 되었어.

여: 좋은 기분 전환이었을 것 같아. 시카고는 지금 아주 지루해 보이겠구나.

남: 내가 언제나 시카고를 사랑할 거라는 사실을 알잖아. 하지만 바르셀로나의 건물들은 모두 아주 독특한 건축 양식을 지니고 있어. 서로 다른 디자인이 정말 많아. 시카고에는, 고층건물들만 있지.

1. 워렌은 무슨 종류의 도시를 방문하는 것을 좋아하는가?

(a) 좋은 스포츠 팀이 있는 도시
(b) 많은 역사를 지닌 도시
(c) 공원이 많이 있는 도시
(d) 훌륭한 음식이 있는 도시

해설 담화 초반부에 남자가 많은 역사를 지닌 도시들을 많이 좋아한다는(You know how I love cities with a lot of history) 말을 하고 있으므로 (b)가 정답입니다.

2. 바르셀로나의 건물들은 시카고의 건물들과 어떻게 다른가?

(a) 훨씬 더 오래되었다.
(b) 최근에 개조되었다.
(c) 흥미로운 디자인을 지니고 있다.
(d) 더 빽빽하게 들어서 있다.

해설 담화 후반부에 남자가 바르셀로나의 건물들이 지닌 특징과 관련해 독특한 건축 양식을 가지고 있다고(all have such unique architecture) 언급하였고, 다른 디자인으로 된 건물이 아주 많다고(There are so many different designs) 언급하는 내용이 있으므로 이에 해당되는 (c)가 정답입니다.

DAY 05 유형별 문제 풀이

1. (d) **2.** (b) **3.** (d) **4.** (c) **5.** (a) **6.** (c)

1.

여: 안녕, 찰스. 이렇게 마주치다니 반가워. 네가 도와줄 수 있을지도 모를 일이 있어.

남: 좋아, 멜리사. 네가 얘기하고 싶다면 난 지금 여유 시간이 좀 있어.

여: 잘됐다! 저, 내가 첫 자동차를 구입할 계획인데, 자동 변속기로 된 것을 사야할 지, 아니면 수동 변속기로 된 것을 사야할 지 결정할 수가 없어.

남: 알겠어. 그 부분에 대해선 내가 분명 경험이 있지. 네가 조금 더 쉽게 결정할 수 있도록 각각에 대한 장단점을 한 번 확인해 보자.

어휘 bump into (우연히) ~와 마주치다 be able to do ~할 수 있다 help A with B: B에 대해 A를 돕다 plan to do ~할 계획이다 decide ~을 결정하다 whether A or B: A인지 B인지 automatic transmission 자동 변속기 manual 수동의 have experience in ~에 경험이 있다 take a look at ~을 한번 보다 pros and cons 장단점 make A 형용사: A를 ~하게 만들다 decision 결정 a bit 조금, 약간

1.

정답 (d)

해설 여자가 첫 자동차를 자동 변속기로 된 것을 사야할 지, 아니면 수동 변속기로 된 것을 사야할 지 결정하지 못하는 것에 대해 (I can't decide whether I should get one with an automatic transmission or a manual transmission) 남자가 두 가지에 대한 장단점을 살펴보자고(Let's take a look at the pros and cons of each) 제안하고 있습니다. 따라서 두 가지 다른 유형의 자동차가 지니는 장단점이 대화 주제임을 알 수 있으므로 (d)가 정답입니다.

어휘 fuel 연료 efficient 효율적인 vehicle 차량 method 방법 evolve 진화하다, 발전하다 benefit 장점, 혜택 drawback 단점, 결점

2.

올해의 캘리포니아 기술 박람회에서, 여러분은 이동 기술 부문의 그 어떤 것도 놓쳐서는 안 됩니다. 몇몇 일류의 기술 업체들이 부스를 운영합니다. 그 업체들 중 가장 주목할 만한 곳은 테크-글로벌 일렉트로닉스 사이며, 이 회사의 첫 착용형 기기인 '에픽 워치'를 선보일 예정입니다. 이 기기는 항상 켜짐 화면, 심박 관찰용 센서, 음성 작동 애플리케이션, 그리고 내장 나침반을 특징으로 합니다. 테크-글로벌 사의 제품 공개 행사 중에, 청중들은 에픽 워치의 배터리에 특히 깊은 인상을 받았습니다. 이 배터리는 500 밀리암페어시로 되어 있기 때문에, 충전할 필요 없이 5일 동안 지속될 수 있습니다.

어휘 you don't want to~: ~해서는 안 된다(=you shouldn't) miss ~을 놓치다, 지나치다 section 부문, 분야 leading 선도적인, 앞서 가는 run ~을 운영하다 notable 주목할 만한 showcase (통) ~을 선보이다 (명) (제품 등의) 공개 행사 wearable 착용 가능한 device 기기, 장치 feature ~을 특징으로 하다 display 화면 heart-monitoring 심장을 관찰하는 voice-operated 음성으로 작동되는 built-in 내장된 be impressed with ~에 깊은 인상을 받다 last 지속되다 charge ~을 충전하다

다 create ~을 만들다 assignment 과제, 할당된 일 task 일, 업무 a bit 조금, 약간 average 일반의, 보통의 budget 예산 by the way (화제 전환 시) 그건 그렇고 lightweight 경량의 enough to do ~하기에 충분히 weigh 무게가 ~가 나가다 no more than 고작 ~인, 불과 ~인 while ~인 반면 range from A to B: 범위가 A에서 B에까지 이르다 quite 꽤, 상당히 up to 최대 ~까지 charge 충전하다 less than ~ 미만인 on the other hand 반면에, 한편 run out 다 닳다, 다 써버리다 despite ~에도 불구하고

2.

정답 (b)

해설 에픽 워치의 특징으로 언급되는 중반부에, 항상 켜져 있는 화면을 의미하는 Always-On display를 통해 (a)를, 심박 관찰용 센서를 의미하는 heart-monitoring sensor를 통해 (c)를 확인할 수 있습니다. 또한 후반부에 충전하지 않아도 5일 동안 지속된다는 언급(it can last for five days without needing to be charged)을 통해 (c)도 확인 가능합니다. 하지만 애플리케이션이 제스처로 작동되는 것과 관련된 정보는 나타나 있지 않으므로 (b)가 정답입니다.

어휘 display (기기가 정보를 보여주는) 화면 application 어플리케이션, 응용 프로그램 operate 작동하다 gesture 몸짓, 제스처 last 지속되다 sensor 감지기, 센서 detect 감지하다, 탐지하다 heart rate 심박수

3.

정답 (d)

해설 대화 마지막 부분에 다니엘은 짧은 배터리 수명에도 불구하고 더 가벼운 컴퓨터를 살 것이라고(I need to buy a lighter computer despite the short battery life.) 언급하는데, 이는 앞서 여자가 설명한 태블릿 컴퓨터의 장점과 단점에 해당됩니다(it weighs no more than 500 grams / a tablet computer has a short battery life). 따라서 다니엘은 태블릿 컴퓨터를 구입할 것으로 생각할 수 있으므로 (d)가 정답입니다.

어휘 purchase 구매하다 laptop computer 노트북 컴퓨터, 랩탑 컴퓨터 seek 구하다, 탐색하다 postpone 연기하다, 미루다 tablet computer 태블릿 컴퓨터(화면이 큰 모바일 기기)

3.

남: 안녕, 사만다. 만나서 너무 반가워. 네 조언이 필요해.
여: 나도 만나서 반가워, 다니엘. 무슨 조언이 필요해?
남: 내가 컴퓨터를 구매하려고 생각 중이야. 노트북 컴퓨터를 사야할 지, 아니면 태블릿 컴퓨터를 사야할 지 결정할 수가 없어.
여: 저, 우선, 네가 컴퓨터를 사용하는 주된 목적을 고려해봐야 해.
남: 난 인터넷을 둘러보고 과제에 필요한 문서를 만들 수 있도록 어디든지 갖고 다닐 수 있는 것이 필요해.
여: 인터넷 검색과 워드 작업 같은 간단한 일만 하고 싶다면, 태블릿 컴퓨터가 분명 정답이지. 하지만, 일반 노트북 컴퓨터보다 조금 더 비싸.
남: 내 생각엔 그에 대한 충분한 예산을 가지고 있는 것 같아. 그건 그렇고, 그게 강의실이나 도서관 같이 어디든지 들고 다닐 수 있을 정도로 충분히 가벼워?
여: 응. 무게가 고작 500그램에 불과한 반면에, 노트북 컴퓨터는 1킬로그램에서부터 2.5킬로그램까지 범위가 넓어. 사실, 노트북 컴퓨터가 여기저기 들고 다니기 꽤 무겁긴 해도, 충전 없이 최대 6시간까지 지속될 수 있어. 그 말은 네가 6시간 미만으로 사용하기만 하면 충전기나 여분의 배터리를 갖고 다닐 필요가 없다는 뜻이야. 반면에, 태블릿 컴퓨터는 배터리 수명이 짧은데, 3시간만 지나도 다 닳을 수 있거든.
남: 알겠어, 내가 보통 가방에 물건을 많이 넣어 다니기 때문에, 짧은 배터리 수명에도 불구하고 더 가벼운 컴퓨터를 사야 해.

어휘 decide ~을 결정하다 whether A or B: A인지 B인지 consider ~을 고려하다 purpose 목적 browse ~을 둘러보

4-6.

남: 자동 변속기로 된 자동차의 한 가지 단점은 일반적으로 수동 차량보다 더 비싸다는 거야.
여: 그리고 내가 본 어떤 통계 자료에 따르면 자동 변속기 차량이기 때문에 도난 당할 가능성이 더 커.
남: 맞아, 멜리사. 이제, 수동 변속기로 된 자동차의 몇몇 장점에 관해 얘기해 줄게. 무엇보다도, 네가 수동 차량을 운전할 때 연료를 효율적으로 사용하면 장기적으로 볼 때 연료 지출 비용을 상당히 많이 줄일 수 있다는 거야.
여: 마음에 드는 얘기네. 그리고 두 종류의 차량이 도로에서 조작되는 방식 사이의 차이점은 어때?
남: 좋은 질문이야. 있잖아, 수동 차량이 운전하는 법을 배우기 더 어려울 수는 있지만, 사실 운전자에게 차량에 대해 더 많은 통제권을 제공해줘. 네가 기어를 통제하기 때문에, 속도를 줄이거나 원하는 곳 어디서든 멈추는 것이 더 쉽지.
여: 그렇다면 시간을 들여서 배울 만한 가치가 있을 수도 있는 것 같아. 내가 알아야 하는 다른 게 또 있어?
남: 아, 고려해봐야 할 중요한 게 하나 더 있어. 자동 변속기가 유지 관리 및 수리하는 게 더 어렵고 비용도 많이 들어.
여: 정말? 왜 그런 거야?
남: 자동 변속기가 수동 변속기보다 훨씬 복잡해. 그래서 더 비싼 부품과 더 많은 수리 작업을 필요로 하거든.

어휘 disadvantage 단점(↔ advantage) typically 보통, 일반적으로 manual 수동의 be more likely to do ~할 가능성이 더 크다 according to ~에 따르면 statistics 통계 (자료) significantly 상당히 (많이) cut down on ~을 줄이다, 감소시키다 expense 지출 (비용) in the long run 장기적으로

efficiently 효율적으로 handle (기계 등이) 조작되다, 가동되다 provide A with B: A에게 B를 제공하다 control 통제, 제어 over ~에 대해 slow down 속도를 줄이다 be worth -ing ~할 만한 가치가 있다 take the time to do 시간을 들여 ~하다 consider ~을 고려하다 costly 비용이 많이 드는 maintain ~을 유지 관리하다 repair (동) ~을 수리하다 (명) 수리 much (비교급 수식) 훨씬 complex 복잡한 require ~을 필요로 하다 part 부품

4.

정답   (c)

해설   대화 초반부에 여자가 자동 변속기 차량이 도난 당할 가능성이 더 크다고(being an automatic vehicle, it is more likely to be stolen) 언급하는 부분이 있으므로 이에 해당되는 (c)가 정답입니다.

어휘   be more likely to do ~할 가능성이 높다, ~할 것 같다 break down 고장나다 susceptible to ~되기 쉬운, ~에 걸리기 쉬운 theft 도난, 절도

5.

정답   (a)

해설   수동 변속기 차량의 비용 지출과 관련된 내용이 제시되는 중반부에, 연료를 효율적으로 사용하면 장기적으로 볼 때 연료비를 많이 줄일 수 있다고(you can significantly cut down on your gas expenses in the long run when you drive manual cars and use fuel efficiently) 언급합니다. 따라서 효율적인 연료 사용을 말한 (a)가 정답입니다.

어휘   efficiently 효율적으로 low-cost 저가의, 낮은 비용의 come with (상품이) ~와 함께 출시되다, ~가 딸려 나오다 extended 연장된 warranty (품질) 보증서 lower 낮추다, 줄이다 insurance 보험

6.

정답   (c)

해설   자동 변속기 수리의 어려움은 마지막 부분에 언급되는데, 자동 변속기가 수동 변속기보다 훨씬 복잡하기 때문에 더 비싼 부품과 더 많은 수리 작업이 필요하다고(Automatic ones are much more complex than manual ones, so they require more expensive parts and more repair work) 언급합니다. 따라서 '더 복잡한 디자인을 가지고 있다'라는 의미의 (c)가 정답입니다.

어휘   inconveniently 불편하게 located 위치한 remove 제거하다, 없애다 complex 복잡한 break 깨지다, 부서지다 handle 다루다 incorrectly 부적절하게, 부정확하게

DAY 06-15

DAY 06   BASIC VOCABULARY 명사 1

지텔프 보카 맛보기 퀴즈

1.

정답   pay

해석   승진에도 불구하고, 내 급여는 인상되지 않았다.

어휘   despite ~에도 불구하고 promotion 승진, 진급 pay (명) 급여, 임금, 보수 (동) 지불하다 degree (각도, 온도의 단위) ~도, 정도, 학위 increase 인상되다, 오르다

2.

정답   development

해석   그 기기는 여러분의 능력 개발에 유용할 것입니다.

어휘   device 기기, 장치 useful 유용한 development 개발, 발전 product 제품 skill 능력, 기술

3.

정답   chemicals

해석   그 공장은 유독 화학 물질을 배출하지 않는다.

어휘   release 배출하다, 내보내다 toxic 유독성의 disease 질병 chemical 화학 물질

4.

정답   finance

해석   그 회사의 분기 예산이 재무팀에 의해 보고될 것이다.

어휘   quarterly 분기의 budget 예산 report 보고하다 control 통제하다, 제어하다 finance department 재무팀

5.

정답   career

해석   피셔 씨는 2012년에 요리 업계 경력을 시작했다.

어휘   supply 공급(하다) career 경력, 직장 생활

6.

정답   advantage

해석 귀사의 공급업체로 선정되는 것은 저희에게 크게 이로운 일입니다.

어휘 communication 의사소통, 통신 choose 선택하다
supplier 공급업체

DAY 07 BASIC VOCABULARY 명사 2

지텔프 보카 맛보기 퀴즈

1.

정답 budget

해석 우리는 그 프로젝트에 대해 빠듯한 예산을 갖는 것에 대해 걱정하고 있다.

어휘 be worried about ~에 대해 걱정하다 tight budget 빠듯한 예산 branch 지사, 지점

2.

정답 effect

해석 좋은 음악은 우리에게 긍정적인 영향을 미칠 수 있다.

어휘 have a positive effect on ~에 긍정적인 영향을 미치다
expert 전문가

3.

정답 opportunity

해석 그것은 우리가 우리 사업을 확장할 아주 좋은 기회가 될 수 있다.

어휘 opportunity 기회 emergency 비상 (사태), 응급 상황
expand 확장하다, 확대하다

4.

정답 materials

해석 한 지역 회사가 우리에게 공사 자재를 공급해 주기로 되어 있다.

어휘 local 지역의, 현지의 be supposed to do ~하기로 되어 있다, ~할 예정이다 supply A with B: A에게 B를 공급하다
construction 공사, 건설 opponent 상대방, 반대자, 대항자
material 자재, 재료, 물품

5.

정답 figures

해석 그 회의 중에, 우리는 매출 수치를 검토했다.

어휘 during ~ 중에, ~ 동안 look over 검토하다, 살펴보다 sales
매출, 영업, 판매(량) defect 결함 figure 수치, 숫자

6.

정답 replacement

해석 킴 씨는 이번 주에 자신의 후임자를 교육할 예정이다.

어휘 be scheduled to do ~할 예정이다 train 교육하다
operation 운영, 가동, 조작, 운행 replacement 교체(품), 대체(자), 후임

DAY 08 BASIC VOCABULARY 명사 3

지텔프 보카 맛보기 퀴즈

1.

정답 treatments

해석 적절한 치료제가 몇몇 연구가들에 의해 개발될 것이다.

어휘 appropriate 적절한, 적합한 treatment 치료(제)
adventure 모험(심), 뜻하지 않은 사건 develop 개발하다
researcher 연구가, 조사자

2.

정답 reputation

해석 그 회사는 세계적인 제조사로서 명성을 얻어왔다.

어휘 gain a reputation as ~로서 명성을 얻다 outcome 결과
manufacturer 제조사

3.

정답 measures

해석 우리는 전기 사용량을 줄이기 위해 엄격한 조치를 취해야 한다.

어휘 take strict measures 엄격한 조치를 취하다 profit 이익, 수익, 이윤 reduce 줄이다, 감소시키다 electricity use 전기 사용(량)

4.

정답 refund

해석 그 고객들 중 한 명이 자신의 제품에 대해 전액 환불을 요청했다.

어휘 ask for ~을 요청하다 full refund 전액 환불 item 제품, 물품

5.

정답 release

해석 그 유명 작가는 자신의 신간 도서 출시에 대해 기뻐한다.

어휘 be pleased with ~에 대해 기뻐하다, 만족하다 release 출시, 공개, 개봉 ability 능력

6.

정답 application

해석 이메일을 통해 이번 주말까지 지원서를 보내 주십시오.

어휘 appearance 외관, 외형, 외모, 등장, 출연 application 지원(서), 신청(서) by (기한) ~까지 via ~을 통해

지텔프 보카 맛보기 퀴즈

1.

정답 improve

해석 대표이사님께서 근무 조건을 개선하는 것을 요청하셨다.

어휘 ask to do ~하는 것을 요청하다 improve 개선하다, 향상시키다 purchase 구입하다 working conditions 근무 조건

2.

정답 reduce

해석 우리는 전반적인 비용을 줄일 방법을 논의하기 위해 회의를 열 것이다.

어휘 hold (행사 등) 열다, 개최하다 discuss 논의하다, 이야기하다 how to do ~하는 방법 reduce 줄이다, 감소시키다 indicate 가리키다, 나타내다 overall 전반적인

3.

정답 succeed

해석 매출을 증대하는 데 있어 성공을 거두기 위해 새로운 마케팅 전략이 필요할 것이다.

어휘 strategy 전략 remain 남아 있다, ~한 상태로 있다 succeed in ~에 성공하다 boost 증대하다, 촉진하다 sales 매출, 영업, 판매(량)

4.

정답 provide

해석 그들은 곧 우리에게 몇몇 도움이 될 서비스를 제공할 것이다.

어휘 provide A with B: A에게 B를 제공하다 decide 결정하다 helpful 도움이 되는, 유익한

5.

정답 encouraging

해석 부서장들이 직원들에게 그 워크숍에 참가하는 것을 권하고 있다.

어휘 perform 수행하다, 공연하다 encourage A to do: A에게 ~하는 것을 권하다, 장려하다 participate in ~에 참가하다

6.

정답 expected

해석 그 행사가 많은 지역 주민들을 끌어들일 것으로 예상된다.

어휘 be expected to do ~할 것으로 예상되다, 기대되다 increase 증가하다, 증가시키다 attract 끌어들이다 local 지역의, 현지의 resident 주민

지텔프 보카 맛보기 퀴즈

1.

정답 followed

해석 연설 뒤에 음악 공연이 이어질 것이다.

어휘 speech 연설 A be followed by B: A 뒤에 B가 이어지다 describe 설명하다, 묘사하다 performance 공연, 연주

2.

정답 requires

해석 그 팀장은 우리가 이번 주 금요일까지 그 문서를 제출해야 하는 것을 요청하고 있다.

어휘 require 요청하다 generate 발생시키다 submit 제출하다 by (기한) ~까지

3.

정답 advised

해석 그 의사는 그가 규칙적으로 운동해야 한다고 조언했다.

어휘 advise that ~하도록 조언하다 achieve 달성하다 work out 운동하다 regularly 규칙적으로, 주기적으로

4.

정답 prevent

해석 우리는 그 질병이 전국적으로 확산되는 것을 막도록 도울 것입니다.

어휘 deliver 배달하다, 전달하다 prevent A from -ing: A가 ~하는 것을 막다, 방지하다 disease 질병 spread 확산되다, 퍼지다 nationwide 전국적으로

5.

정답 lower

해석 부서장들이 전기 사용을 낮출 방법을 논의할 것이다.

어휘 discuss 논의하다, 이야기하다 how to do ~하는 방법 rise 오르다, 상승하다 lower 낮추다, 줄이다 electricity use 전기 사용(량)

6.

정답 exchange

해석 한 고객이 자신의 제품으로 새 것으로 교환하기를 원한다.

어휘 exchange A for B: A를 B로 교환하다 complain 불평하다 item 제품, 물품

DAY 11 BASIC VOCABULARY 동사 3

지텔프 보카 맛보기 퀴즈

1.

정답 **chose**

해석 일부 직원들이 그 행사에 참여하지 않기로 결정했다.

어휘 assist 돕다, 원조하다 choose (not) to do ~하기로[하지 않기로] 결정하다 participate in ~에 참여하다, 참가하다

2.

정답 **enable**

해석 새로운 정책들이 우리에게 생산성을 늘릴 수 있게 해줄 것이다.

어휘 policy 정책, 방침 enable A to do: A에게 ~할 수 있게 해주다 approach 접근(하다) increase 늘리다, 증가시키다 productivity 생산성

3.

정답 **drop**

해석 그 사고는 매출 수치의 급격한 하락을 초래했다.

어휘 accident 사고 result in ~을 초래하다, ~라는 결과를 낳다 sharp 급격한, 날카로운 drop in ~의 하락, 감소 delay v. 지연(시키다) sales 매출, 영업, 판매(량) figure 수치, 숫자

4.

정답 **divide**

해석 그 강사는 참가자들을 두 개의 그룹으로 나누기를 원했다.

어휘 instructor 강사 mention 언급하다, 말하다 divide A into B: A를 B로 나누다, 분리하다 participant 참가자

5.

정답 **donated**

해석 한 남자가 그 자선 단체에 많은 돈을 기부했다.

어휘 donate 기부하다 ignore 무시하다 charity 자선 (단체)

6.

정답 **employ**

해석 우리는 최고의 인테리어 디자인 회사들 중 하나를 고용하기로 결정했다.

어휘 decide to do ~하기로 결정하다 employ 고용하다, 이용하다 intend 의도하다, 작정하다 firm 회사

DAY 12 BASIC VOCABULARY 형용사 1

지텔프 보카 맛보기 퀴즈

1.

정답 **necessary**

해석 우리의 사업을 아시아 시장으로 확장하는 것이 필요하다

어휘 It is necessary to do ~하는 것이 필요하다, 필수이다 popular 인기 있는 expand A into B: A를 B로 확장하다, 확대하다

2.

정답 **significant**

해석 난 그것이 우리 수익에 있어 상당한 증가를 야기할 것이라고 생각한다.

어휘 cause 야기하다, 초래하다 significant 상당한, 중요한 comfortable 편한, 편안한 increase in ~의 증가 profit 이익, 수익, 이윤

3.

정답 **complete**

해석 등록하기를 원하시면, 온라인으로 양식을 작성 완료해 주십시오.

어휘 register 등록하다 correct (동) 바로잡다, 고치다 (형) 정확한, 알맞은, 옳은 complete (동) 완료하다 (형) 완료된, 완전한, 모두 갖춰진 form 양식, 서식 online 온라인으로

4.

정답 **anxious**

해석 팀장은 마감 기한에 맞출 수 있기를 간절히 바라고 있다.

어휘 be anxious to do ~하기를 간절히 바라다 obvious 분명한 meet (기한, 조건 등) 맞추다, 충족하다 deadline 마감 기한

5.

정답 **effective**

해석 우리는 그 문제점들을 해결할 효과적인 방법을 찾아야 한다.

어휘 look for ~을 찾다 effective 효과적인 emotional 감정적인, 감정의, 정서의 way to do ~할 방법 solve 해결하다

6.

정답 **fortunate**

해석 그는 운 좋게 그 프로그램을 무료로 다운로드할 수 있었다.

어휘 be fortunate to do 운 좋게 ~하다 conventional 관습적인, 전통적인 for free 무료로

DAY 13 BASIC VOCABULARY 형용사 2

지렐프 보카 맛보기 퀴즈

1.

정답   annual

해석   한 연례 행사가 다음 주에 이곳에서 개최될 것이다.

어휘   annual 연례적인, 해마다의 alive 살아 있는 hold (행사 등) 개최하다, 열다

2.

정답   certain

해석   그들은 그 회사가 또 다른 지사를 열 것이라고 확신했다.

어휘   be certain that ~임을 확신하다 common 흔한, 공동의, 공통의, 보통의 another 또 다른 (하나의) branch 지사, 지점

3.

정답   proud

해석   모든 직원들이 신제품의 성공을 자랑스러워했다.

어휘   be proud of ~을 자랑스러워하다 stable 안정적인 success 성공

4.

정답   likely

해석   사람들은 TV에서 광고되는 제품들을 구매할 가능성이 더 크다.

어휘   be more likely to do ~할 가능성이 더 크다 precious 소중한 purchase 구입하다 advertise 광고하다

5.

정답   efficient

해석   우리는 우리 업무 과정을 관리할 효율적인 방법을 알아냈다.

어휘   find out 알아내다 efficient 효율적인 anxious 불안해 하는 way to do ~하는 방법 manage 관리하다 process 과정

6.

정답   available

해석   그는 우리에게 이용 가능한 객실이 없다고 말했다.

어휘   tell A that: A에게 ~라고 말하다 responsible 책임감 있는 available 이용 가능한

DAY 14 BASIC VOCABULARY 부사

지렐프 보카 맛보기 퀴즈

1.

정답   normally

해석   그 컨벤션 센터로 가는 데 보통 30분이 걸린다.

어휘   normally 보통, 정상적으로 seriously 심각하게, 진심으로 It takes A to do: ~하는 데 A의 시간이 걸리다 get to ~로 가다

2.

정답   highly

해석   우리는 모두 우리 신제품이 대단히 성공적이었다는 데 동의했다.

어휘   agree that ~라는 데 동의하다 product 제품 highly 대단히, 크게, 매우 exactly 정확히 successful 성공적인

3.

정답   hardly

해석   웹 사이트에 긍정적인 의견이 거의 없다.

어휘   formally 정식으로, 공식적으로 hardly 거의 ~ 않다 positive 긍정적인 comment 의견

4.

정답   approximately

해석   그는 그것에 대략 2백만 달러가 들 것이라고 생각한다.

어휘   cost ~의 비용이 들다 immediately 즉시, 당장 approximately 대략, 약

5.

정답   nearly

해석   초대장이 거의 일주일 전에 손님들에게 발송되었다.

어휘   invitation 초대(장) nearly 거의 recently 최근에

6.

정답   promptly

해석   그 회의가 오후 2시 정각에 시작된다는 점에 유의하시기 바랍니다.

어휘   Please be aware that ~임에 유의하십시오 properly 제대로, 적절하게 promptly 즉시, 지체 없이, 정각에

지텔프 보카 맛보기 퀴즈

1.

정답 According to

해석 뉴스에 따르면, 내일 또 다른 눈보라가 있을 것이다.

어휘 according to ~에 따르면, ~에 따라 instead of ~ 대신에, ~
가 아니라 another 또 다른 (하나의) snowstorm 눈보라

2.

정답 due to

해석 우리는 자금 부족으로 인해 새 프로젝트를 연기해야 했다.

어휘 delay 지연(시키다) prior to ~에 앞서, ~ 전에 due to ~로 인
해, ~ 때문에 lack of ~의 부족 fund 자금

3.

정답 Despite

해석 험한 날씨에도 불구하고, 도로에 자동차가 많이 있다.

어휘 despite ~에도 불구하고 although 비록 ~이기는 하지만
severe weather 험한 날씨

4.

정답 since

해석 그 회사는 10년 전에 설립된 이후로 계속 성공을 거둬왔다.

어휘 successful 성공적인 upon ~하자마자 since ~한 이후로, ~
하기 때문에 found 설립하다 decade 10년

5.

정답 so that

해석 직원들은 새로운 기술을 배울 수 있도록 그 워크숍에 참가했다.

어휘 participate in ~에 참가하다 unless ~가 아니라면, ~하지 않
는다면 so that (목적) ~할 수 있도록, (결과) 그래서, 그러므로
skill 기술, 능력

6.

정답 Now that

해석 이제 그가 승진되었으므로, 그 팀을 관리할 책임을 지고 있다.

어휘 while ~하는 동안, ~인 반면 now that (이제) ~이므로
promote 승진시키다 be responsible for ~에 대한 책임을
지다, ~을 담당하다 manage 관리하다

[부록] 실전 모의고사

문법

1.	2.	3.	4.	5.
(a)	(a)	(b)	(d)	(b)
6.	7.	8.	9.	10.
(c)	(c)	(b)	(a)	(b)
11.	12.	13.	14.	15.
(d)	(c)	(d)	(c)	(c)
16.	17.	18.	19.	20.
(b)	(c)	(d)	(d)	(a)
21.	22.	23.	24.	25.
(b)	(b)	(b)	(b)	(d)
26.				
(c)				

청취

27.	28.	29.	30.	31.
(c)	(d)	(b)	(a)	(c)
32.	33.	34.	35.	36.
(d)	(d)	(d)	(c)	(a)
37.	38.	39.	40.	41.
(c)	(b)	(c)	(d)	(c)
42.	43.	44.	45.	46.
(b)	(a)	(c)	(c)	(d)
47.	48.	49.	50.	51.
(d)	(c)	(b)	(d)	(a)
52.				
(c)				

독해 및 어휘

53.	54.	55.	56.	57.
(c)	(b)	(d)	(b)	(d)
58.	59.	60.	61.	62.
(a)	(d)	(d)	(c)	(d)
63.	64.	65.	66.	67.
(b)	(b)	(a)	(c)	(d)
68.	69.	70.	71.	72.
(b)	(d)	(c)	(d)	(a)
73.	74.	75.	76.	77.
(b)	(d)	(c)	(c)	(a)
78.	79.	80.		
(c)	(b)	(b)		

문법

1.

정답 (a)

해석 미나는 베이징으로 가는 휴가를 취소했는데, 그 여행이 너무 비쌀 것 같았기 때문이었다. 더욱이, 중국 내의 최근 독감 발병이 우려되었다.

해설 빈칸에 알맞은 접속부사를 고르는 문제입니다. 접속부사는 두 문장 사이의 의미 관계를 나타내므로 앞뒤 문장의 의미 흐름을 파악해 풀어야 합니다. 앞 문장에는 여행을 취소한 한 가지 이유가, 빈칸 다음 문장에는 또 다른 이유가 언급되어 있습니다. 즉 한 가지 이유 뒤에 또 다른 이유가 추가된 흐름이므로 '더욱이, 게다가' 등의 의미로 추가 정보를 나타낼 때 사용하는 (a) Moreover가 정답입니다.

어휘 cancel ~을 취소하다 vacation 휴가 expensive 비싼 be concerned about ~을 우려하다, 걱정하다 recent 최근의 flu 독감 outbreak (질병, 전쟁 등의) 발병, 발발 moreover 더욱이, 게다가 nevertheless 그럼에도 불구하고 conversely 정반대로, 역으로 still 여전히, 그래도

2.

정답 (a)

해석 개발팀의 누구도 팀장이 새 프로젝트에 대해 원하는 것을 알지 못하고 있다. 만일 그가 그 업무에 대해 더 명확히 세부 정보를 설명한다면, 모든 사람이 열정을 갖고 그것을 작업할 것이다.

해설 동사 go의 알맞은 형태를 고르는 문제입니다. 콤마 뒤에 위치한 주절의 동사가 'would(could/should/might) + 동사원형'의 형태일 때, If절의 동사는 가정법 과거를 나타내는 과거 시제가 되어야 하므로 (a) went가 정답입니다.

어휘 development 개발, 발전 director 팀장, 부장, 이사, 책임자 go into details 세부 사항을 설명하다 task 업무, 일 clearly 명확히 work on ~을 작업하다 enthusiasm 열정

3.

정답 (b)

해석 대리가 2주 동안 영업부를 책임지고 있다. 영업이사인 샐린저 씨가 동유럽 지역에 걸쳐 출장 중이기 때문에, 그는 현재 사무실에 있지 않다.

해설 동사 travel의 알맞은 형태를 고르는 문제입니다. 결과를 나타내는 so절에 '현재 사무실에 있지 않다(is currently out-of-office)'는 말이 있는 것으로 볼 때, 현재 동유럽 지역에서 출장 중인 상황으로 판단할 수 있습니다. 따라서 travel이 현재 진행 시제로 쓰여야 알맞으므로 (b) is traveling이 정답입니다.

어휘 assistant manager (직급)대리 in charge of ~을 책임지고 있는 sales 영업, 판매, 매출 director 부장, 이사, 책임자 through ~에 걸쳐, ~ 전역에 currently 현재 travel 출장 가다, 여행하다

4.

정답 (d)

해석 건축 디자인 팀이 한 가지 프로젝트를 위해 6개월 동안 중국에 가 있을 것이다. 그 팀장은 해당 업무를 준비하기 위해 중국어를 배우는 것을 권했다

해설 동사 learn의 알맞은 형태를 고르는 문제입니다. 빈칸이 속한 문장의 동사 encouraged 바로 뒤에 빈칸이 있으므로 또 다른 동사 learn은 준동사의 형태로 쓰여야 합니다. 따라서 to부정사와 동명사 중에서 하나를 골라야 하는데, 동사 encourage 뒤에 위치해 권장되는 일을 나타낼 때는 동명사를 사용하므로 (d) learning이 정답입니다. 참고로, to부정사는 'encourage 사람 to do'의 구조로 '~에게 …하도록 권하다'라는 의미를 나타낼 때 사용합니다.

어휘 architectural 건축술의, 건축학의 encourage ~을 권하다, 장려하다 prepare for ~을 준비하다 assignment (할당) 업무, 과제

5.

정답 (b)

해석 한 컴퓨터 바이러스가 우리 사무실의 모든 컴퓨터를 감염시켰다. 만일 모든 사람이 각자의 컴퓨터에 적절한 바이러스 방지 소프트웨어를 설치했다면, 이 문제를 피했을 것이다.

해설 동사 install의 알맞은 형태를 고르는 문제입니다. 콤마 뒤에 위치한 주절의 동사가 'would(could/should/might) have p.p.'의 형태일 때, If절의 동사는 가정법 과거완료를 나타내는 'had p.p.'가 되어야 하므로 (b) had installed가 정답입니다.

어휘 infect ~을 감염시키다 proper 적절한, 제대로 된 anti-virus 바이러스 방지의 then 그렇다면, 그런 다음 would have p.p. ~했을 것이다 avoid ~을 피하다 install ~을 설치하다

6.

정답 (c)

해석 올드 트래포드 경기장의 팬들이 각자의 우비를 준비하고 있다. 맨체스터 유나이티드의 경기에 여전히 40분 동안의 경기 시간이 남아 있지만, 금방이라도 비가 내리기 시작할지도 모른다.

해설 빈칸에 알맞은 조동사를 고르는 문제입니다. 경기가 40분이 남아 있고 경기장의 팬들이 우비를 준비하는 상황입니다. 이는 금방이라도 비가 내릴 가능성에 대비하는 것이므로 그 가능성을 나타낼 조동사가 쓰여야 합니다. 따라서 '~할지도 모른다, ~할 수도 있을 것이다' 등의 의미로 약한 추측을 나타낼 때 사용하는 (c) might이 정답입니다.

어휘 get A ready: A를 준비하다 There is A left: A가 남아 있다 play 경기 진행 (시간) at any moment 금방이라도 must (강한 의무) 반드시 ~해야 하다, (확신) 틀림없이 ~이다 should (충고) ~해야 하다, (예상, 추측) ~일 것이다 shall (평서문에서) ~일 것이다, ~할 것이다, (의문문에서) ~할까요?

7.

정답 (c)

해석 던킨스 베이커리의 직원으로서, 여러분은 위생과 관련된 몇몇 기본적인 규칙을 따라야 합니다. 여러분이 화장실을 이용한 후 최소한 45초 동안 따뜻한 물과 비누로 손을 씻는 것이 필수입니다.

해설 동사 wash의 알맞은 형태를 고르는 문제입니다. 'It is essential that'과 같이 주장/요구/명령/제안을 나타내는 형용사 보어 뒤에 쓰이는 that절의 동사는 'should + 동사원형' 또는 should 없이 동사원형만 사용합니다. 따라서 동사원형인 (c) wash가 정답입니다.

어휘 follow ~을 따르다, 준수하다 regarding ~와 관련해 hygiene 위생 It is essential that ~하는 것이 필수이다 at least 최소한, 적어도

8.

정답 (b)

해석 CE 테크놀로지의 모든 직원이 전자 사원증을 지급 받았다. 그들은 입구에서 그 사원증을 스캔해야 한다. 이 보안 조치가 직원이 아닌 사람들이 근무지에 출입하는 것을 막아줄 것이다.

해설 동사 scan의 알맞은 형태를 고르는 문제입니다. 빈칸 앞에 위치한 be required는 to부정사와 결합해 '~해야 하다, ~할 필요가 있다' 등의 의미를 나타내므로 to부정사의 형태인 (b) to scan이 정답입니다. 이때 'to have p.p.'의 형태는 사용하지 않습니다.

어휘 electronic ID card 전자 사원증, 전자 신분증 be required to do ~해야 하다, ~할 필요가 있다 security 보안 measure 조치 prevent A from -ing: A가 ~하는 것을 막다, 방지하다 scan (카드 등을 기기에) 읽히다, 스캔하다

9.

정답 (a)

해석 매달, 마리에타 도서 클럽은 해외 저자가 쓴 다른 책 한 권을 선정한다. 다음 달에, 회원들은 한 남아프리카 작가가 쓴 소설을 읽게 될 것이다.

해설 동사 read의 알맞은 형태를 고르는 문제입니다. 빈칸이 속한 문장이 시작되는 부분에 Next month라는 미래 시점 표현이 제시되어 있어 이 시점 표현과 어울리는 미래시제 동사가 빈칸에 쓰여야 알맞으므로 (a) will be reading이 정답입니다.

어휘 select ~을 선정하다, 선택하다 author 저자, 작가 novel 소설

10.

정답 (b)

해석 내 룸메이트는 현재 우리 전공 학과에서 가장 어려운 수업인 <생화학 351>을 수강하고 있지만, 그녀는 자신의 모든 시간을 남자 친구와 보내고 있다. 내가 그 과목을 수강한다면, 나는 매일 밤을 공부하는 데 보낼 것이다.

해설 동사 spend의 알맞은 형태를 고르는 문제입니다. If절의 동사가 가정법 과거를 나타내는 과거시제(took)일 때, 주절의 동사는 'would(could/should/might) + 동사원형'과 같은 형태가

되어야 합니다. 따라서 (b) would spend가 정답입니다.

어휘 currently 현재 take ~을 수강하다 biochemistry 생화학 major 전공 (학과) spend time -ing: ~하는 데 시간을 보내다

11.

정답 (d)

해석 내 구직 활동은 잘 되고 있지 않다. 내가 중요한 면접 자리에 차를 운전해 가고 있었을 때 내 차가 갑자기 멈춰버려서, 그 면접 기회를 놓쳐버렸다.

해설 동사 drive의 알맞은 형태를 고르는 문제입니다. 동일 시점의 일을 나타내는 when절에 있는 과거시제 동사 died를 통해 과거에 자동차가 갑자기 멈춘 사실을 말하고 있으므로 과거 시점에 운전하던 중에 자동차가 멈춘 것으로 판단할 수 있습니다. 따라서 drive가 과거진행 시제로 쓰여야 알맞으므로 (d) was driving이 정답입니다.

어휘 job search 구직 활동 go well 잘 되어 가다 suddenly 갑자기 die (기계 등이) 멈추다 miss ~을 놓치다, 지나치다 drive to 차를 운전해 ~로 가다

12.

정답 (c)

해석 월터 파이낸셜 사의 직원들은 점심 시간을 겨우 45분 밖에 갖지 못한다. 그들 중 많은 직원들이 빠르고 간편한 식사를 하기 위해 비지 버거의 드라이브 스루를 이용한다.

해설 동사 grab의 알맞은 형태를 고르는 문제입니다. 빈칸이 속한 문장에 이미 동사 use가 쓰여 있으므로 또 다른 동사 grab은 준동사의 형태로 쓰여야 합니다. 또한 '빠르고 간편한 식사를 하기 위해 ~을 이용하다'와 같이 목적을 나타내는 의미가 되어야 적절하므로 목적을 나타낼 때 사용하는 to부정사의 형태인 (c) to grab이 정답입니다.

어휘 drive-through (차를 탄 채 주문하는) 드라이브 스루 quick 빠른, 신속한 grab a meal 식사하다

13.

정답 (d)

해석 프랭크는 심장병 발병 위험성이 높다. 그의 의사는 그가 더 건강해지기 위해 엄격한 식습관을 따라야 한다고 권장한다.

해설 동사 follow의 알맞은 형태를 고르는 문제입니다. 빈칸은 동사 recommends의 목적어 역할을 하는 that절의 동사 자리인데, 이와 같이 주장/요구/명령/제안을 나타내는 동사의 목적어로 쓰인 that절의 동사는 'should + 동사원형,' 또는 should 없이 동사원형만 사용합니다. 따라서 동사원형인 (d) follow가 정답입니다.

어휘 at high risk of ~할 위험성이 높은 heart disease 심장병 recommend that ~하도록 권장하다, 장려하다 strict 엄격한 in order to do ~할 수 있도록, ~하기 위해 follow ~을 따르다, 준수하다

14.

정답 (c)

해석 미첼은 이번 주말에 할아버지를 뵙기 위해 보스턴으로 차를 운전해 갈 것이다. 그는 항상 집안의 어르신들을 방문하는 것을 즐긴다.

해설 동사 visit의 알맞은 형태를 고르는 문제입니다. 빈칸 앞에 위치한 동사 enjoy는 동명사를 목적어로 취하므로 (c) visiting이 정답입니다.

어휘 drive to ~로 차를 운전해 가다

15.

정답 (c)

해석 돈스 비스트로의 주방에 오늘밤 직원이 부족한 상태여서 일부 식사 손님들이 점점 더 인내심을 잃고 있다. 그들의 음식이 마침내 도착할 때쯤이면, 그들은 거의 2시간 동안 기다려 오게 될 것이다.

해설 동사 wait의 알맞은 형태를 고르는 문제입니다. '~할 때쯤이면' 등을 뜻하는 By the time이 이끄는 절에 현재시제 동사 (arrives)가 쓰이면, 주절의 동사는 미래완료 시제가 되어야 알맞으므로 (c) will have been waiting이 정답입니다.

어휘 understaffed 직원이 부족한 diner 식사 손님 become + 형용사: ~한 상태가 되다 impatient 인내심이 없는 by the time ~할 때쯤이면 arrive 도착하다

16.

정답 (b)

해석 우리 할아버지께서는 연세가 많으셔서 기억력이 감퇴하고 있다. 하지만, 여전히 할머니를 만나셨던 날을 기억하실 수 있으며, 그는 모든 사람에게 그 얘기를 하는 것을 정말 좋아하신다.

해설 빈칸에 알맞은 조동사를 고르는 문제입니다. 빈칸 앞에 위치한 접속부사 However는 '하지만, 그러나'라는 의미로 대조 또는 반대의 의미를 나타냅니다. 따라서 앞선 문장에서 말한 기억력 감퇴 때문에 불가능한 일과 반대되는 일, 즉 '기억할 수 있다'와 같은 가능성을 말하는 의미가 되어야 적절하므로 '~할 수 있다'를 뜻하는 (b) can이 정답입니다.

어휘 memory 기억력 fall (정도, 수량 등이) 약해지다, 하락하다, 감소하다 however 하지만, 그러나 love -ing ~하는 것을 정말 좋아하다 tell A B: A에게 B를 말하다

17.

정답 (c)

해석 로리는 그의 취미 삼아 하는 축구 리그의 다음 시즌 때문에 들떠 있다. 그는 이 리그에서 여러 시즌 동안 활동해 왔기 때문에 소속 팀의 주장이 될 것이다.

해설 빈칸에 알맞은 접속사를 고르는 문제입니다. 빈칸 뒤에 여러 시즌 동안 활동해 왔다는 말이 있는데, 이 사실이 소속 팀의 주장이 되는 것의 이유로 볼 수 있으므로 '~하기 때문에'라는 의미로 이유를 나타내는 접속사 (c) since가 정답입니다.

어휘 be excited about ~ 때문에 들뜨다, ~에 대해 흥분하다 recreational 취미 삼아 하는, 여가의 captain (팀의) 주장 several 여럿의, 몇몇의 though 비록 ~이기는 하지만 so that (목적) ~할 수 있도록, (결과) 그래서, 그러므로 since ~하기 때문에, ~한 이후로 however (부) 하지만, 그러나, (접) 얼마나 ~하더라도

18.

정답 (d)

해석 대학교를 졸업한 후, 루카스는 일자리를 찾을 수 없었다. 그는 돈을 아끼기 위해 지난 한 해 동안 계속 부모님과 함께 살아오고 있다.

해설 동사 live의 알맞은 형태를 고르는 문제입니다. 빈칸 뒤에 위치한 기간 전치사구 for the past year와 어울리는 시제로 된 동사로서 과거에서 현재까지 지속되어 온 일을 나타낼 수 있는 시제의 동사가 필요합니다. 따라서 이와 같은 의미를 나타낼 때 사용하는 현재완료 진행 시제인 (d) have been living이 정답입니다.

어휘 graduate from ~을 졸업하다 for the past year 지난 한 해 동안 save money 돈을 아끼다, 절약하다

19.

정답 (d)

해석 트래비스의 무릎은 그가 스키를 타다 넘어졌을 때부터 계속 아픈 상태이다. 만일 그가 다친 후에 병원에 갔었다면, 그는 적절한 치료를 받아 완전히 회복했을 것이다.

해설 동사 receive의 알맞은 형태를 고르는 문제입니다. If절의 동사가 가정법 과거완료를 나타내는 'had p.p.'의 형태일 때, 주절의 동사는 'would(could/should/might) have p.p.'의 형태가 되어야 하므로 (d) would have received가 정답입니다.

어휘 hurt 아프다, 아파하다 fall 넘어지다, 떨어지다 while ~하는 동안 get hurt 다치다 proper 적절한, 제대로 된 treatment 치료(법) make a recovery 회복하다 full 완전한, 모든, 최대치의 receive ~을 받다

20.

정답 (a)

해석 콤부차 차는 그것이 지닌 이른바 건강상의 이점 때문에 인기 있는 음료가 되었다. 이 음료는 박테리아로 발효시키는 것인데, 약간 알코올 성분이 있기 때문에, 미성년자에게 판매될 수 없다.

해설 빈칸에 알맞은 관계사절을 고르는 문제입니다. 빈칸에 쓰일 관계사절은 바로 앞에 위치한 사물 명사 beverage를 수식해야 하므로 사물 명사에 대해 사용하는 which 또는 that이 이끄는 절 중에서 하나를 골라야 합니다. 그런데, 이 문장의 빈칸처럼 주어와 동사(is) 사이에 콤마와 함께 삽입되는 절에는 that이 쓰이지 못하므로 which가 포함된 (a) which is fermented with bacteria가 정답입니다. (b)에 쓰인 when은 시간 명사를 수식할 때, (d)에 쓰인 who는 사람 명사를 수식할 때 사용합니다.

어휘 popular 인기 있는 supposed 이른바, 소위 benefit 이점, 혜택 beverage 음료 slightly 약간, 조금 minor n. 미성년자 ferment ~을 발효시키다

21.

정답   (b)

해석   이 레스토랑의 종업원들은 식사 손님들에게 매우 무례하게 대하고 있다. 만일 그들의 상사가 이곳에 있다면, 그들은 더 전문적으로 행동할 것이다.

해설   동사 act의 알맞은 형태를 고르는 문제입니다. If절의 동사가 가정법 과거를 나타내는 과거시제(were)일 때, 주절의 동사는 'would(could/should/might) + 동사원형'과 같은 형태가 되어야 합니다. 따라서 (b) would act가 정답입니다.

어휘   server (식당) 종업원 rude 무례한 diner 식사 손님 act 행동하다, 움직이다 professionally 전문적으로

22.

정답   (b)

해석   컴버랜드 인근의 많은 사람들이 새로운 가장 마음에 드는 피자 매장을 찾아야 할 것이다. 주인이 갑자기 문을 닫기로 결정했을 때, 토니스 피자리아가 30년 동안 이 지역에 서비스를 제공해 왔었다.

해설   동사 serve의 알맞은 형태를 고르는 문제입니다. 30년 동안 서비스를 제공한 일은 문을 닫기로 결정한 것보다 더 이전의 일이어야 합니다. 따라서 when절에 과거시제로 쓰인 decided보다 더 이전의 일을 나타내야 하는데, 과거의 한 시점보다 더 이전의 과거를 나타낼 때 과거완료시제를 사용하므로 과거완료진행시제로 된 (b) had been serving이 정답입니다.

어휘   will have to do ~해야 할 것이다 favorite 가장 좋아하는 owner 주인, 소유주 suddenly 갑자기 decide to do ~하기로 결정하다 serve ~에 서비스를 제공하다

23.

정답   (c)

해석   준호는 친구들과의 저녁 약속을 취소해야 했다. 그는 오후 6시에 퇴근할 계획이었지만, 상사가 마지막 순간에 그에게 완료해야 할 긴급한 업무를 주었다.

해설   동사 leave의 알맞은 형태를 고르는 문제입니다. 빈칸 앞에 과거완료 시제로 쓰인 동사 plan은 to부정사를 목적어로 취하는 동사이므로 (c) to leave가 정답입니다.

어휘   had to do ~해야 했다 cancel ~을 취소하다 appointment 약속, 예약 plan to do ~할 계획이다 give A B: A에게 B를 주다 urgent 긴급한 at the last minute 마지막 순간에 leave ~에서 나가다, ~을 떠나다

24.

정답   (b)

해석   마틴은 어렸을 때 매우 수줍어했다. 만일 그가 고등학교 때 행진 악대에 가입하지 않았다면, 그는 가장 친한 친구들을 만나지 못했을지도 모른다.

해설   동사 join의 알맞은 형태를 고르는 문제입니다. 주절의 동사가 'would(could/should/might) have p.p.'와 같은 형태일 때, If절의 동사는 가정법 과거완료를 나타내는 'had p.p.'의 형태가 되어야 알맞으므로 (b) had not joined가 정답입니다.

어휘   shy 수줍어하는 marching band 행진 악대 might have p.p. ~했을지도 모른다, ~했을 수도 있다 join ~에 가입하다, 합류하다

25.

정답   (d)

해석   건강 검진의 이 부분에서 당신의 청력을 확인할 것입니다. 헤드폰에서 삐 소리를 들으면 손을 들어야 하는 것이 요구됩니다.

해설   동사 raise의 알맞은 형태를 고르는 문제입니다. 'It is required that'과 같이 주장/요구/명령/제안을 나타내는 that절의 동사는 'should + 동사원형' 또는 should 없이 동사원형만 사용합니다. 따라서 동사원형인 (d) raise가 정답입니다.

어휘   medical test 건강 검진 hearing 청력 It is required that ~해야 하다, ~하는 것이 요구되다 simply 단지, 그저 beeping sound 삐 소리 raise ~을 들어올리다

26.

정답   (c)

해석   때때로 여행의 가장 멋진 부분은 분주하고 여행객으로 가득한 도시에서 벗어나는 것이다. 내가 며칠 동안 머물렀던 한적한 강가의 마을은 언제나 프랑스에 대해 내가 가장 좋아하는 기억이 될 것이다.

해설   빈칸에 알맞은 관계사절을 고르는 문제입니다. 빈칸 바로 앞에 위치한 장소 명사 The quiet riverside village를 수식해야 하므로 관계대명사 that, which 또는 관계부사 where가 이끄는 절 중에서 하나를 골라야 합니다 관계대명사가 이끄는 절은 주어 또는 동사의 목적어 등이 빠진 불완전한 절이어야 하는데, (a)에 쓰인 I stayed for several days는 '주어 + 자동사 + 전치사구'로 된 완전한 절이므로 which와 that은 이 구조와 함께 쓰일 수 없는 관계대명사입니다. 따라서 '관계부사 + 완전한 절'의 구조로 된 (c) where I stayed for several days'가 정답입니다.

어휘   get away from ~에서 벗어나다 tourist-filled 여행객으로 가득한 riverside 강가의 favorite 가장 좋아하는 several 몇몇의, 여럿의

청취

PART 1 27-33

M: Hey, Joanna. I heard you went to the National History Museum yesterday. How was it?

안녕, 조앤나. 어제 네가 국립 역사 박물관에 갔다는 얘기를 들었어. 어땠어?

F: Hi, Mike. It was really interesting! **27** I saw an exhibition of some of the Terracotta Army sculptures, and other ancient artifacts uncovered in China.

안녕, 마이크. 정말 흥미로웠어! 일부 병마용 조각품들과 함께 중국에서 발견된 다른 고대 유물 전시회를 봤어.

M: The Terracotta Army? I don't think I've heard of that before.

병마용? 전에 들어보지 못한 것 같아.

F: Oh, it was a really major archaeological discovery in 1974. There are almost 10,000 sculptures in total, and they were buried with the first Emperor of China in the year 209 BCE.

아, 1974년에 찾은 정말로 중요한 고고학적 발견물이야. 전부 합쳐서 거의 10,000개의 조각품들이 있는데, 그것들은 기원전 209년에 중국의 초대 황제와 함께 묻혔어.

M: Wow! 10,000 sculptures? **28** But how did they remain hidden for so many centuries?

와우! 10,000개의 조각품이라고? 하지만 그것들이 어떻게 그렇게 오랜 세월 동안 숨겨진 채로 있었지?

F: **28** They were all buried in deep pits in Lintong County, outside of the city of Xi'an. Farmers found them when they were digging a well in the area.

시안 시 외곽의 린퉁 구에 있는 여러 깊은 구덩이에 전부 묻혀 있었어. 농부들이 그 지역에서 우물을 파던 중에 발견한 거야.

M: That's a stroke of good luck then! I wonder why so many sculptures were buried with the Emperor of China. Why weren't they put on display instead?

그럼 뜻밖의 행운이었네! 왜 그렇게 많은 조각품들이 중국의 황제와 함께 묻혀 있었는지 궁금해. 왜 그 대신에 진열되지 않았던 거지?

F: Well, they were a form of funerary art. **29** In other words, the sculptures were supposed to protect the emperor in the afterlife.

음, 그건 장례 방법의 한 종류야. 다시 말해서, 그 조각품들이 사후 세계에서 황제를 보호해야 했던 거지.

M: That's interesting! So, I guess all of these sculptures depicted soldiers and other military personnel?

그거 흥미롭네! 그럼, 이 조각품들이 전부 병사와 다른 군대 병력을 묘사했을 것 같은데?

F: Not only that. There are around 8,000 soldiers, but **30(d)** the collection also includes more than 500 horses, as well as acrobats, and musicians.

그 뿐만이 아냐. 약 8,000명의 병사들이 있기는 하지만, 전체 수집품에는 500마리가 넘는 말들 뿐만 아니라 곡예사와 음악가들도 포함되어 있어.

M: With so many sculptures, I assume that they mostly all share the same appearance then, right?

그렇게 많은 조각품들이 있다면, 그럼 내 생각엔 대부분 모두 동일한 모습을 하고 있을 것 같아. 맞지?

F: Actually, no! **30(c)** What I found amazing was that every single sculpture has unique facial characteristics and clothing. Experts think that around ten molds were used to make the faces, and then different features were added on top of each one.

실은, 아니야! 내가 놀랍다고 생각한 것은 모든 조각품 하나하나가 고유한 얼굴 특징을 지니고 있고 의상을 입고 있어. 전문가들은 약 10개의 주형이 얼굴을 만드는 데 사용되고 그 후에 각 조각품 위에 다른 특징들이 추가됐다고 생각해.

M: Impressive! And just how big are these soldiers?

인상적이네! 그리고 이 병사들은 얼마나 큰 거야?

F: **30(b)** Believe it or not, they're the same size as the average man is today! And **30(a)** probably twice as heavy! So, it must have taken such a long time to sculpt all of them.

믿기 힘들겠지만, 오늘날의 일반 남성과 동일한 크기야! 그리고 아마 두 배는 더 무거울 거야! 그래서 그 조각품 전부를 조각하는 데 아주 오랜 시간이 걸린 게 틀림없어.

M: And it must have taken ages to paint them, too. What colors are all of these sculptures?

그리고 색을 칠하는 데도 분명 아주 오래 걸렸을 거야. 이 조각품들은 전부 무슨 색이야?

F: **31** The sad thing is that all of the bright colors have flaked off, so the sculptures are all a dull grey-brown color now. They were originally painted with things like azurite for blue pigment, iron oxide for red, and malachite for green. But due to the dry climate in Xi'an, the paint flaked off as soon as the sculptures were uncovered.

슬픈 것은 밝은 색들이 전부 벗겨져서, 지금은 조각품들이 전부 칙칙한 회갈색을 띠고 있다는 거야.

슬픈 건 밝은 색이 전부 벗겨졌기 때문에, 지금은 조각품들이 모두 칙칙한 잿빛이 도는 갈색이야. 원래는 파란 색소에 쓰이는 남동석과 빨간색을 위한 산화철, 그리고 녹색에 필요한 공작석 같은 것들로 칠해져 있었어. 하지만 시안 시의 건조한 기후 때문에, 조각품들이 발견되자마자 색이 벗겨졌어.

M: That's a shame. I bet they would've looked amazing in their original condition.

안타깝다. 내가 장담하건대, 원래의 상태라면 굉장해 보였을 것 같아.

F: Yes, I agree. But even in their current condition, they are truly a sight to behold. **32** If you're interested, now might be your best chance to visit the museum, as it's half-price admission for today only.

맞아, 동의해. 하지만 그것들의 현재 상태만으로도, 정말 대단한 볼거리야. 너도 관심 있으면, 오늘에 한해서 입장료가 절반이기 때문에 지금이 그 박물관을 방문하기에 가장 좋은 기회일 지도 몰라.

M: You know what? You've convinced me! **33** I have some free time today, so I'll go along and check out the sculptures.

그거 알아? 네 말에 확신이 들었어! 오늘 여유 시간이 좀 있기 때문에, 그곳에 가서 조각품들을 확인해 볼 거야.

F: Great! You won't be disappointed.

잘 됐다! 실망하지 않을 거야.

어휘 interesting 흥미로운 exhibition 전시(회) Terracotta Army 병마용 sculpture 조각품 ancient 고대의 artifact 유물, 공예품 uncover ~을 발견하다, 드러내다 archaeological 고고학적인 discovery 발견(물) in total 전부 합쳐, 총 bury ~을 묻다 remain 형용사: ~한 상태로 남아 있다, 계속 ~한 상태이다 hidden 숨겨진 pit 구덩이 dig ~을 파다 well 우물 stroke of good luck 뜻밖의 행운 then 그럼, 그렇다면, 그 후에 put A on display: A를 진열하다, 전시하다 instead 대신에 form 종류, 형태, 유형 funerary 장례의 art 방법, 기술 in other words 다시 말해서 be supposed to do (규칙 등에 따라) ~해야 하다, ~하기로 되어 있다 protect ~을 보호하다 afterlife 사후 세계 depict ~을 묘사하다 personnel 인력 around 약, 대략 collection 수집(품), 소장(품) include ~을 포함하다 as well as ~뿐만 아니라 (…도) acrobat 곡예사 assume that ~라고 생각하다, 추정하다 mostly 대체로 share ~을 공유하다 appearance 모습, 외관 find A 형용사: A를 ~하다고 생각하다 amazing 굉장한, 놀라운 unique 고유의, 독특한 facial 얼굴의 characteristic 특징 clothing 의류 expert 전문가 mold 주형, 거푸집 feature 특징 add ~을 추가하다 on top of ~ 위에 impressive 놀라운, 인상적인 Believe it or not 믿기 힘들겠지만 average 일반의, 평균의 twice as 형용사: 두 배만큼 ~한 must have p.p. 틀림없이 ~했을 것이다, ~했던 것이 분명하다 sculpt ~을 조각하다 take ages 아주 오랜 시간이 걸리다 flake off (색이) 벗겨지다 dull 칙칙한 originally 원래, 처음에 azurite 남동석 pigment 색

소 iron oxide 산화철 malachite 공작석 due to ~로 인해, ~ 때문에 as soon as ~하자마자 would have p.p. ~했을 것이다 look 형용사: ~하게 보이다 current 현재의 truly 정말로, 진정으로 sight to behold 대단한 볼거리 admission 입장 (허가) convince ~을 설득하다, 확신시키다 go along 가다 disappointed 실망한

27. Why did Joanna go to the National History Museum?

조앤나는 왜 국립 역사 박물관에 갔는가?

(a) to give a talk at an exhibition
(b) to meet up with her friend, Mike
(c) to see some ancient artifacts
(d) to learn about Chinese architecture

(a) 전시회에서 연설하기 위해
(b) 그녀의 친구인 마이크를 만나기 위해
(c) 어떤 고대 유물을 보기 위해
(d) 중국 건축 양식에 관해 배우기 위해

해설 대화 시작 부분에 남자가 박물관에 간 것에 대해 어땠는지 묻자, 여자가 병마용 조각품들과 함께 중국에서 발견된 다른 고대 유물 전시회를 봤다고(I saw an exhibition of some of the Terracotta Army sculptures, and other ancient artifacts uncovered in China) 언급하였다. 따라서 고대 유물을 보기 위해서라는 목적이 언급된 (c)가 정답입니다.

어휘 give a talk 연설하다 meet up with (약속하고) ~와 만나다 architecture 건축 양식, 건축학

28. How did the sculptures stay hidden for so long?

어떻게 조각품들이 그렇게 오래 숨겨진 채로 있었는가?

(a) They were held by a private collector.
(b) They were sealed in a vault.
(c) They were lost at sea.
(d) They were buried underground.

(a) 개인 소장가에 의해 소유되었다.
(b) 저장실에 봉인되어 있었다.
(c) 바다에서 분실되었다.
(d) 땅속에 묻혀 있었다.

해설 대화 초반부에 남자가 어떻게 오래 숨겨진 채로 있었는지 묻는(But how did they remain hidden for so many centuries?) 것에 대해, 여자가 시안 시 외곽의 린퉁 구에 있는 여러 깊은 구덩이에 전부 묻혀 있었다고(They were all buried in deep pits in Lintong County, outside of the city of Xi'an) 언급하였다. 이는 땅속에 묻혀 있었다는 말이므로 (d)가 정답입니다.

어휘 stay 형용사: ~한 상태로 유지되다 hold ~을 소유하다, 보유하다 private 개인의 collector 소장가 seal ~을 봉인하다 vault 저장실, 금고

29. What was the main purpose of the sculptures?
조각품의 주요 목적은 무엇이었는가?

(a) to decorate a royal palace
(b) to protect a deceased emperor
(c) to intimidate enemy soldiers
(d) to be offered as gifts to nobility

(a) 궁전을 장식하는 것
(b) 사망한 황제를 보호하는 것
(c) 적군을 위협하는 것
(d) 귀족에게 선물로 제공되는 것

해설 황제와 조각품 사이의 관계는 중반부에 언급되는데, 여자가 그 조각들이 사후 세계에서 황제를 보호해야 했다고(the sculptures were supposed to protect the emperor in the afterlife) 언급하였으므로 '사망한 황제를 보호한다'는 의미의 (b)가 정답입니다.

어휘 decorate ~을 장식하다 royal palace 궁전 deceased 사망한 intimidate ~을 위협하다 offer ~을 제공하다 nobility 귀족

30. Based on the exchange, which is not true of the sculptures?
대화에 따르면, 조각품에 대해 사실이 아닌 것은 어느 것인가?

(a) They are relatively light.
(b) They are life-sized.
(c) They have unique facial features.
(d) They include animals.

(a) 그것들은 비교적 가볍다.
(b) 그것들은 실물 크기이다.
(c) 그것들은 고유한 얼굴 특징을 지니고 있다.
(d) 그것들은 동물을 포함하고 있다.

해설 조각품들의 특징이 제시되는 중반부에, 여자가 일반 남성과 동일한 크기라고(they're the same size as the average man is today) 언급하는 부분에서 (b)를, 그리고 각 조각품이 고유한 얼굴 특징을 지니고 있다고(every single sculpture

has unique facial characteristics and clothing) 말한 부분에서 (c)를 각각 확인할 수 있습니다. 또한 여자가 500마리가 넘는 말들이 포함되어 있다고(the collection also includes more than 500 horses) 말한 부분에서 (d)도 확인이 가능합니다. 하지만 두 배는 더 무거울 것이라는 (probably twice as heavy) 언급을 통해 (a)가 사실과 다르다는 것을 알 수 있습니다.

어휘 relatively 비교적, 상대적으로 life-sized 실물 크기인 include ~을 포함하다

31. Why are the sculptures no longer brightly colored?
조각품들이 왜 더 이상 밝게 칠해진 상태가 아닌가?

(a) because there was a moist climate
(b) because sunlight caused fading
(c) because the paint fell off
(d) because they were submerged

(a) 습한 기후 때문에
(b) 햇빛이 변색을 야기했기 때문에
(c) 색이 벗겨졌기 때문에
(d) 물 속에 잠겼기 때문에

해설 대화 후반부로 넘어가는 시점에 색 상태가 언급되는데, 여자가 밝은 색이 전부 벗겨졌기 때문에 지금은 조각품들이 모두 칙칙한 잿빛이 도는 갈색이라고(The sad thing is that all of the bright colors have flaked off, so the sculptures are all a dull grey-brown color now) 언급하였다. 따라서 색이 벗겨진 사실을 말한 (c)가 정답입니다.

어휘 no longer 더 이상 ~ 않다 brightly 밝게 moist 습한 climate 기후 cause ~을 야기하다 fading 변색, 퇴색 fall off 벗겨지다, 떨어져 나가다 submerge ~을 물에 잠그다

32. What is happening at the museum today?
오늘 박물관에 무슨 일이 있는가?

(a) A seminar is taking place.
(b) A new exhibition will open.
(c) A special guest will arrive.
(d) A discount is being offered.

(a) 세미나가 개최되고 있다.
(b) 새 전시회가 시작될 것이다.
c) 특별 손님이 도착할 것이다.
(d) 할인이 제공되고 있다.

해설 대화 후반부에 여자가 박물관에서 오늘 있을 일에 관해 말하는
부분에서 오늘에 한해서 입장료가 절반이라고(it's half-price
admission for today only) 언급하였다. 이는 할인이 제공
된다는 뜻이므로 (d)가 정답입니다.

어휘 happen 발생하다 take place (일, 행사 등이) 개최되다, 발생
되다 arrive 도착하다

33. What will Mike most likely do after the
conversation?
마이크는 대화 후에 무엇을 할 것 같은가?

(a) read about Chinese history
b) ask Joanna more about the Terracotta Army
(c) examine some photographs of sculptures
(d) visit a museum exhibition

(a) 중국 역사에 관한 글을 읽는다
(b) 조앤나에게 병마용에 관해 더 물어본다
(c) 몇몇 조각품 사진을 살펴본다
(d) 박물관 전시회를 방문한다

해설 대화 마지막 부분에 남자가 오늘 여유 시간이 있기 때문에 박물
관에 가서 조각품들을 확인해 보겠다고(I have some free
time today, so I'll go along and check out the
sculptures) 언급하고 있습니다. 이는 박물관 전시회를 방문하
겠다는 뜻이므로 (d)가 정답입니다.

어휘 examine ~을 살펴보다, 검토하다

PART 2 **34-39**

Good morning, ladies and gentlemen. My name
is Donna Langford, and **34** I'd like to tell you
about a forthcoming green technology and energy
convention: the Melbourne Eco-Con. The event will
take place at the brand new Melbourne Exhibition &
Conference Center, otherwise known as the MECC,
from May 27 to May 30, from 10 a.m. to 6 p.m.
The convention will bring together a wide variety of
companies showcasing products that are yet to be
officially launched. The Melbourne Eco-Con provides
an outstanding opportunity to find out more about
these innovative products and see some of them being
demonstrated.

안녕하세요, 신사 숙녀 여러분. 제 이름은 도나 랭포드이며, 저는 다
가오는 녹색 기술 및 에너지 컨벤션인 멜버른 Eco-Con에 관해 여
러분께 말씀 드리고자 합니다. 이 행사는 5월 27일부터 5월 30일,
오전 10시에서 오후 6시까지 MECC라고도 알려진 완전히 새로운
멜버른 전시 및 컨퍼런스 센터에서 개최될 것입니다. 이 컨벤션은
아직 공식적으로 출시되지 않은 제품들을 선보일 아주 다양한 회사
들을 한자리에 불러 모을 것입니다. 멜버른 Eco-Con은 이 혁신적
인 제품들에 관해 더 많은 것을 알아보고 일부 제품이 시연되는 것
을 볼 수 있는 아주 좋은 기회를 제공합니다.

The convention will be comprised of approximately
150 company booths, each manned by 2 or 3
representatives from a particular company. Event
attendees can visit each booth to learn about new
green technology that will be brought to market in
the near future.

이 컨벤션은 약 150곳의 회사 부스로 구성될 것이며, 각 부스에는
특정 회사 소속의 직원 2~3명이 배치될 것입니다. 행사 참석자들
은 가까운 미래에 시중에 소개될 새로운 녹색 기술에 관해 알아보
기 위해 각 부스를 방문할 수 있습니다.

For instance, **35** the Fierro booth will be displaying
its upcoming range of affordable solar paneling,
which the company hopes will revolutionize the
way that homes throughout the world generate
electricity. The company's lightweight panels are
simple to install on the roof or windows of a house
or apartment, and protected against all types of
inclement weather. Fierro has such confidence in
the products that it will also be providing a 25-year
guarantee with all purchases.

예를 들어, 피에로 사의 부스는 곧 출시될 적정한 가격의 태양열 전
지판 제품군을 선보일 예정인데, 이는 이 회사가 전 세계의 가정들
이 전기를 만들어내는 방식에 대변혁을 일으키기를 바라고 있는 것
입니다. 이 회사의 경량 전지판은 주택이나 아파트의 지붕 또는 창
문에 설치하기에 간단하며, 모든 종류의 악천후로부터 보호됩니다.
피에로 사는 이 제품군에 대해 큰 자신감을 보이고 있어서 모든 구
매품에 대해 25년 기간의 품질 보증 서비스도 제공할 예정입니다.

Another booth that is likely to draw a large number of visitors is run by Vertigo Corporation. Vertigo plans to tackle the problem of expected food shortages brought on by the rising global population and the increasingly limited amount of arable land available for crop growing. **36 To address this serious problem, the company plans to introduce its "vertical farming" methods and devices that will enable crops to be grown in columns in urban areas,** ensuring a plentiful supply of food for all future generations. In addition to their main benefit, vertical farming practices will also result in a reduction in fossil fuels, water, and pesticides typically required in agriculture. It is also an effective way to make use of the tens of thousands of empty buildings found in most major cities.

아주 많은 방문객을 끌어들일 가능성이 있는 또 다른 부스는 버티고 주식회사에 의해 운영됩니다. 버티고 사는 증가하는 세계 인구 및 점차 제한되고 양이 있는 작물 재배용으로 이용 가능한 경작지로 인해 초래될 것으로 예상되는 식량 부족 문제를 다룰 계획입니다. 이 심각한 문제를 해결하기 위해, 이 회사는 작물이 도시 지역의 기둥에서 재배될 것을 가능하게 하는 '수직 농사' 기법과 기기들을 소개할 계획인데, 이는 미래 세대의 모든 사람들을 위한 풍부한 식량 공급을 보장해 줄 것입니다. 그 주요 혜택 뿐만 아니라, 수직 농법은 또한 일반적으로 농업에 필요로 하는 화석 연료와 물, 그리고 살충제의 감소라는 결과도 낳게 될 것입니다. 이는 또한 대부분의 주요 도시에서 발견할 수 있는 수만 개의 빈 건물들을 활용하는 효과적인 방법이기도 합니다.

The Life Maxima booth will also prove popular, although the company has faced some criticism for its efforts to change waste rather than reduce waste. At the convention, it will be showcasing its D-Grade products, which are biodegradable alternatives to plastic packaging, including 6-pack rings for canned beverages, shopping bags, and bottle tops. The company's philosophy is that we should endeavor to make waste less harmful until we can find appropriate methods for eradicating waste in general. **37 Specifically, their D-Grade products will help to cut down on ocean pollution, as they degrade naturally in water and can even be safely eaten by turtles, fish, and other aquatic species.** Life Maxima will also display its new range of biodegradable office furniture, which will help to reduce landfill waste in urban centers.

라이프 맥시마 사는 쓰레기를 줄이는 것이 아니라 쓰레기를 변화시키기 위한 노력으로 인해 일부 비난에 직면해 왔지만 이 회사의 부스 또한 인기 있는 곳으로 드러날 것입니다. 컨벤션에서, 이 회사는 자사의 D-Grade 제품들을 선보일 예정이며, 이 제품들은 6개의 캔 음료를 하나로 묶는 원형 비닐 및 쇼핑용 봉지, 그리고 병뚜껑을 포함한 플라스틱 포장재에 대한 생분해성 대체재입니다. 이 회사의

철학은 우리가 쓰레기를 전반적으로 근절하는 데 필요한 적절한 방법을 찾을 수 있을 때까지 쓰레기를 덜 유해하게 만들기 위해 노력해야 한다는 것입니다. 특히, 이 회사의 D-Grade 제품들은 해양 오염을 줄이는 데 도움이 될 텐데, 이 제품들은 물 속에서 자연적으로 분해되며 심지어 거북이나 물고기, 그리고 기타 어류 종이 안전하게 먹을 수 있기 때문입니다. 라이프 맥시마 사는 또한 새로운 생분해성 사무용 가구 제품군을 전시할 것이며, 이 제품은 도심지의 매립지 쓰레기를 줄이는 데 도움이 될 것입니다.

One of the most exciting and innovative companies to join this year's event is Fabritech. Project leaders at the company's booth will be displaying its range of "smart clothing", and **38(c) attendees will even have a chance to try on some garments.** The clothing is made of "smart fabric", which is thin, flexible, and generates electricity by harnessing kinetic energy created when the wearer moves around. **38(d) Not only can the smart clothing be used to power small electronic devices, 38(a) but it can also monitor heart rate and body temperature and track the wearer's geographical position.**

올해의 행사에 참여하는 가장 흥미롭고 혁신적인 회사들 중의 한 곳은 패브리테크입니다. 이 회사 부스에 있는 프로젝트 팀장들이 "스마트 의류" 제품군을 전시할 예정이며, 참석자들은 심지어 일부 옷들을 착용해 볼 수 있는 기회도 갖게 될 것입니다. 이 의류는 "스마트 섬유"로 만들어지는데, 그것은 얇고 신축성이 있으며 착용자가 이리저리 움직일 때 만들어지는 운동 에너지를 활용함으로써 전기를 발생시킵니다. 스마트 의류는 소형 전자 기기에 전원을 공급하는 데 이용될 수 있을 뿐만 아니라, 심장 박동수와 체온을 관찰하고 착용자의 지리적 위치까지 추적할 수도 있습니다.

The Melbourne Eco-Con will feature many other leading eco-friendly innovators showcasing equally exciting and beneficial products. Some of those companies might find huge success with their products, while others may fail to make much of an impact. **39 One thing is for sure, though: they are all committed to making The Earth a cleaner and safer place to live for future generations,** and for that reason alone, each of the companies is deserving of your attention. So, come along to the convention and take a look at these innovative products for yourself. Tickets can be purchased through the convention Web site at www.melbourneecocon.com or by visiting the box office at the main entrance of the MECC.

멜버른 Eco-Con은 똑같이 흥미롭고 유익한 제품들을 선보일 많은 다른 일류의 친환경적인 혁신 업체들을 특징으로 할 것입니다. 이 회사들 중 일부는 자사의 제품으로 엄청난 성공을 거둘 수도 있는 반면에 다른 회사들은 큰 영향을 미치지 못할 수도 있습니다. 하지만 한 가지 확실한 점은, 이들 모두 지구를 미래 세대의 사람들이 살기에 더 깨끗하고 더 안전한 곳으로 만드는 데 전념하고 있으며, 그 이유 하나만으로도, 각 회사는 여러분의 주목을 끌 만한 자격이 있습니다. 따라서, 이번 컨벤션에 찾아오셔서 이 혁신적인 제품들을

직접 확인해 보시기 바랍니다. 입장권은 컨벤션 웹 사이트 www.melbourneecocon.com을 통해, 또는 MECC의 중앙 출입구에 있는 매표소를 방문함으로써 구입하실 수 있습니다.

어휘 forthcoming 다가오는, 곧 있을(= upcoming) take place (일, 행사 등이) 발생되다, 개최되다 brand new 완전히 새로운 otherwise known as ~라고도 알려진 bring together ~을 한자리에 모으다 a wide variety of 아주 다양한 showcase ~을 선보이다 be yet to do 아직 ~하지 않다 officially 공식적으로 launch ~을 출시하다 provide ~을 제공하다 outstanding 뛰어난, 우수한 opportunity to do ~할 수 있는 기회 find out more about ~에 관해 더 많은 것을 알아보다 innovative 혁신적인 demonstrate ~을 시연하다 be comprised of ~로 구성되다 approximately 약, 대략 booth 부스, 칸막이 공간 man ~에 인원을 배치하다 representative 직원, 대표자 particular 특정한 attendee 참석자 be brought to market 시중에 나오다 display ~을 전시하다, 진열하다 range 제품군, 종류, 범위 affordable 적정한 가격의 solar panelling 태양열 전지판 revolutionize ~에 대변혁을 일으키다 generate electricity 전기를 생산하다 lightweight 경량의 install ~을 설치하다 inclement weather 악천후 guarantee 품질 보증(서) purchase (명) 구매(품), (동) ~을 구매하다 be likely to do ~할 가능성이 있다 draw ~을 끌어들이다 run ~을 운영하다 tackle (문제 등) ~을 다루다 expected 예상되는 shortage 부족 the increasingly limited amount of 점점 더 양이 제한되는 arable (곡식을) 경작하는 available 이용 가능한 crop 곡식 address (문제 등) ~을 해결하다 introduce ~을 소개하다, 도입하다 vertical 수직의 method 방법 device 기기, 장치 enable A to do: A가 ~하는 것을 가능하게 하다 column 기둥 urban 도시의 ensure ~을 보장하다 a plentiful supply of 풍부한 공급량의 in addition to ~뿐만 아니라, ~에 더해 benefit 혜택, 이득 farming practice 농법 result in ~라는 결과를 낳다 reduction in ~의 감소 fossil fuel 화석 연료 pesticide 살충제 typically 일반적으로, 보통 required 필요한 agriculture 농업 effective 효과적인 way to do ~하는 방법 make use of ~을 이용하다 prove 형용사: ~한 것으로 드러나다 face ~에 직면하다 criticism 비난, 비판 effort to do ~하려는 노력 rather than ~가 아니라, ~ 대신 reduce ~을 줄이다 biodegradable 생분해성의 alternative to ~에 대한 대안 packaging 포장(재) including ~을 포함해 philosophy 철학 endeavor to do ~하도록 노력하다 harmful 해로운, 유해한 appropriate 적절한 eradicate ~을 근절하다 in general 전반적으로 cut down on ~을 줄이다 pollution 오염 degrade 분해되다 aquatic 물 속에서 자라는 species 종 landfill (쓰레기) 매립지 innovative 혁신적인 garment 옷, 의상 fabric 섬유 flexible 신축성이 있는 harness ~을 활용하다 kinetic energy 운동 에너지 power ~에 전원을 공급하다 monitor ~을 관찰하다 heart rate 심장 박동수 track ~을 추적하다 geographical 지리적인 feature ~을 특징으로 하다 eco-friendly 환경 친화적인 innovator 혁신자 beneficial 유익한 while ~하는 반면에 fail to do ~하지 못하다 make much of an impact 큰 영향을 미치다 be committed to -ing ~하는 데 전념하다 deserving of ~에 대한 자격이 있는, ~을 받을 만한 attention 주목, 주의 for oneself 직접

34. What is Donna Langford promoting in the talk?
도나 랭포드는 담화에서 무엇을 홍보하고 있는가?

(a) a breakthrough in environmental engineering
(b) new trends in global energy production
(c) a state-of-the-art conference center
(d) an upcoming environmental convention

(a) 환경 공학의 획기적인 발전
(b) 세계 에너지 생산의 새로운 경향
(c) 최신식의 컨퍼런스 센터
(d) 다가오는 환경 컨벤션

해설 담화의 목적이 언급되는 시작 부분에 화자가 다가오는 녹색 기술 및 에너지 컨벤션인 '멜버른 Eco-Con'에 관해 얘기하겠다고(I'd like to tell you about a forthcoming green technology and energy convention: the Melbourne Eco-Con) 언급하고 있습니다. 이는 환경 컨벤션에 관해 알리겠다는 뜻이므로 (d)가 정답입니다.

어휘 breakthrough 획기적인 발전 environmental engineering 환경 공학 trend 경향, 추세 state-of-the-art 최신식의

35. Based on the talk, what does Fierro specialize in?
담화에 따르면, 피에로 사는 무엇을 전문으로 하는가?

(a) advanced waste disposal technologies
(b) renewable construction materials
(c) residential solar energy devices
(d) energy-efficient kitchen appliances

(a) 선진 쓰레기 처리 기술
(b) 재생 가능한 건축 자재
(c) 주거용 태양열 에너지 장치
(d) 에너지 효율적인 주방 기기

해설 피에로 사에 관한 정보가 제시되는 초반부에 화자가 피에로 사에서 저렴한 태양열 전지판 제품군을 선보일 예정이며 전 세계의 가정들이 전기를 만들어내는 방식에 대변혁을 일으키기를 바라는(the Fierro booth will be displaying its upcoming range of affordable solar panelling ~ revolutionize the way that homes throughout the world generate electricity) 제품이라고 언급하였습니다. 즉 주거용으로 쓰일 태양열 에너지 장치를 말하는 것이므로 (c)가 정답입니다.

어휘 specialize in ~을 전문으로 하다 advanced 선진의, 발전된 disposal 처리, 처분 renewable 재생 가능한 material 자재, 재료 residential 주거의 energy-efficient 에너지 효율적인

appliance (가전) 기기

36. How does Vertigo Corporation intend to prevent food shortages?

버티고 사는 어떻게 식량 부족 문제를 방지할 계획인가?

(a) by enabling urban crop growing

(b) by reducing global food waste

(c) by genetically engineering crops

(d) by converting forests into farmland

(a) 도시 내 작물 재배를 가능하게 함으로써

(b) 세계의 음식 쓰레기를 줄임으로써

(c) 작물을 유전적으로 조작함으로써

(d) 숲을 농지로 전환함으로써

해설 버티고 사와 관련된 정보가 언급되는 중반부에, 이 회사가 작물이 도시 지역의 기둥에서 재배되는 것을 가능하게 하는 '수직 농사' 기법과 기기들이 미래의 사람들에게 풍족한 식량 공급을 보장할 (the company plans to introduce its "vertical farming" methods and devices that will enable crops to be grown in columns in urban areas) 언급하였습니다. 이는 도시 내에서 작물 재배를 하는 방법으로 말하는 것이므로 (a)가 정답입니다.

어휘 intend to do ~할 계획이다, 작정이다 prevent ~을 방지하다, 막다 enable ~을 가능하게 하다 reduce ~을 줄이다 genetically engineer ~을 유전적으로 조작하다 convert A into B: A를 B로 전환하다

37. Who will benefit from the D-Grade line of products?

D-Grade 제품군으로부터 누가 혜택을 얻을 것인가?

(a) Land mammals

(b) Human beings

(c) Marine organisms

(d) Birds and insects

(a) 육지 포유류

(b) 인간

(c) 해양 생물

(d) 새와 곤충

해설 D-Grade 제품이 소개되는 중반부에, 해양 오염을 줄이고 거북이나 물고기 등이 안전하게 먹을 수 있다고(Specifically, their D-Grade products will help to cut down on ocean pollution, ~ can even be safely eaten by turtles, fish, and other aquatic species) 언급하였습니다. 이는

해양 생물들에게 도움이 된다는 뜻이므로 (c)가 정답입니다.

어휘 benefit from ~로부터 혜택을 얻다, 이득을 보다 mammals 포유류 organism 생물(체) insect 곤충

38. What is not the description of the clothing produced by Fabritech?

패브리테크 사에 의해 생산되는 의류에 관한 설명이 아닌 것은 무엇인가?

(a) It can monitor a person's location.

(b) It is made from recycled materials.

(c) It can be tested out by attendees.

(d) It can power some gadgets.

(a) 사람의 위치를 관찰할 수 있다.

(b) 재활용 소재로 만들어진다.

(c) 참석자들에 의해 시험될 수 있다.

(d) 일부 기기에 전원을 공급할 수 있다.

해설 패브리테크 사가 언급되는 후반부에, 착용자의 지리적 위치를 추적할 수 있다는 말에서(track the wearer's geographical position) 말에서 (a)를, 행사 참석자들이 일부 옷을 착용해 볼 수 있다는(attendees will even have a chance to try on some garments) 부분에서 (c)를 확인할 수 있습니다. 또한 전자 기기에 전원을 공급하는 데 쓰일 수 있다는(Not only can the smart clothing be used to power small electronic devices) 말에서 (d)도 확인 가능합니다. 하지만 그 옷이 재활용 소재로 만들어진다는 점과 관련된 정보는 제시되어 있지 않으므로 (b)가 정답입니다.

어휘 describe ~을 설명하다 recycled 재활용된 test out ~을 시험해 보다 gadget 기기, 도구

39. What can most likely be said about the companies participating in the convention?

컨벤션에 참가하는 회사들에 관해 어떻게 말할 수 있을 것 같은가?

(a) They have all won awards for innovation.

(b) They all manufacture similar devices.

(c) They are all dedicated to improving the planet.

(d) They will all sell products at the convention.

(a) 모두 혁신상을 받은 적이 있다.

(b) 모두 유사한 기기를 제조한다.

(c) 모두 지구 환경을 개선하는 데 헌신하고 있다.

(d) 모두 컨벤션에서 제품을 판매할 것이다.

담화 맨 마지막 부분에 화자가 참가 회사들을 언급하면서 모두 지구를 더 깨끗하고 안전한 곳으로 만드는 데 전념하고 있다는 점을(One thing is for sure, though: they are all committed to making The Earth a cleaner and safer place to live ~) 강조하고 있습니다. 이는 지구의 환경을 개선하는 데 헌신하고 있다는 말과 같은 뜻이므로 (c)가 정답입니다

어휘 participate in ~에 참가하다 win an award 상을 받다 manufacture ~을 제조하다 similar 유사한 be dedicated to -ing ~하는 데 헌신하다, 전념하다 improve ~을 개선하다

PART 3 40-46

F: Hi, Jason. How would you feel about going to see Mystery Train with me next weekend? I've wanted to see them live in concert for so long.

안녕, 제이슨. 다음 주말에 나랑 '미스터리 트레인'을 보러 가면 어떨 거 같아? 난 아주 오랫동안 라이브로 보고 싶었단 말야.

M: Thanks for the offer, Mandy, but I'd rather not. Why don't we just hang out and listen to their music at home? That appeals to me a lot more. **40** Listening to recorded music is much better than hearing live music.

제안은 고마워, 맨디, 하지만 안될 것 같아. 그냥 같이 어울리면서 집에서 그 음악을 듣는 건 어때? 난 그게 훨씬 더 끌리는데. 녹음된 음악을 듣는 게 라이브 음악을 듣는 것보다 훨씬 더 나아.

F: **40** I get your point, but I completely disagree. You can't beat hearing your favorite tunes being performed live. And it gives fans a chance to see their music idols in person, too. There's nothing better than that.

무슨 말인지는 알겠는데, 난 전혀 동의하지 않아. 라이브로 공연되는 가장 좋아하는 음악을 듣는 것보다 더 나은 건 없어. 그리고 팬들에게 음악 우상을 직접 볼 수 있는 기회도 제공해 줘. 그것보다 더 좋은 건 없어.

M: That doesn't matter much to me. I find that music idols can just be disappointing in a live setting. And they're always playing songs differently and making unnecessary changes.

그건 나에게 그다지 중요하지 않아. 우상이라고 해도 라이브 무대에서는 그저 실망스러울 수 있다고 생각해. 그리고 항상 노래를 다르게 연주하고 불필요하게 바꿔.

F: Well, **41** live performers need to change the songs a little to make them surprising and interesting to the fans in the crowd. In fact, they probably do it to keep themselves inspired, too. I'd say it's a lot more interesting than listening to the exact same song on a CD time after time.

음, 라이브 공연자들은 관객 속에 있는 팬들에게 그 노래들을 놀랍고 흥미롭게 만들기 위해 노래를 약간 변화시켜야 해. 사실, 아마 스스로 계속 영감을 얻기 위해 그렇게 하는 것일 수도 있어. 난 그게 매번 CD로 정확히 같은 노래를 듣는 것보다 훨씬 더 흥미로운 것 같아.

M: But the reason people listen to recorded songs so often is that they like them just the way they are. **42** And another problem with concerts is that bands sometimes play obscure songs that nobody in the crowd knows or wants to hear.

하지만 사람들이 녹음된 노래를 그렇게 자주 듣는 이유는 그 노래를 있는 그대로 좋아하기 때문이야. 그리고 콘서트와 관련된 또 다른 문제점은 밴드들이 때때로 관객 중에 알고 있는 사람이 없거나 아무도 듣고 싶어하지 않는 잘 알려지지 않은 노래들을 연주한다는 거야.

F: I think that's mostly when bands play new songs that are yet to be released. But 43 that can be an advantage because it gives the fans a preview of new music, so they'll be able to decide whether or not they want to buy the band's new album or song. I've been to loads of concerts where the new songs got people really excited for an upcoming release.

그건 대부분 밴드들이 아직 발표되지 않은 신곡들을 연주할 때 그런 것 같아. 하지만 팬들에게 새로운 음악을 미리 선보이는 것이기 때문에 그것도 장점이 될 수 있어서, 팬들이 밴드의 새 앨범이나 노래를 구매하고 싶은지를 결정할 수 있게 돼. 난 아주 많은 콘서트에 가 봤는데, 거기서 신곡들이 곧 있을 발표를 위해 사람들을 정말로 흥분하게 했어.

M: I admit that I've seen some performances from bands I wasn't familiar with, and then later I went out and bought their music. But most of my experiences with concerts have left a bad taste in my mouth. 44 A lot of the singers these days spend too much time speaking in between songs, either trying to be funny or talking about political issues. I'd prefer that they just keep their views to themselves and focus on the music.

나도 내가 잘 알지 못했던 밴드의 몇몇 공연을 본 다음, 나중에 가서 그들의 음반을 구입했던 적이 있었던 건 인정해. 하지만 콘서트에 대한 나의 대부분의 경험은 좋지 못한 인상을 남겼어. 요즘 많은 가수들이 곡 사이에 웃기려고 하거나 정치적인 문제에 관해 이야기하면서 말을 하는 데 너무 많은 시간을 소비해. 난 그들이 자신만의 생각은 마음 속에 담아두고 음악에 집중했으면 좋겠어.

F: Well, you have to understand that they have good intentions, at the end of the day. 44 Some of them know they have a young impressionable fanbase and they want to use their public platform to spread awareness about certain issues. I don't think it's a bad thing, if it's done tactfully and in moderation.

음, 그들이 결국 좋은 의도로 그런다는 걸 이해해야 해. 그들 중 일부는 외부의 영향을 쉽게 받는 어린 팬 층을 보유하고 있다는 걸 알고 있고, 특정 문제와 관련된 인식을 확산시키기 위해 대중 기반을 활용하고 싶어해. 난 그게 나쁘다고 생각하지 않아, 재치 있게 그리고 적당히 한다면.

M: I suppose you're right, but I still don't think there's anything to gain from watching a concert rather than listening to music at home. 45 What exactly makes the experience so unique and rewarding for you?

네 말이 맞는 것 같지만, 난 그래도 집에서 음악을 듣는 것보다 콘서트를 보면서 얻을 게 있다고 생각하지 않아. 정확히 무엇이 너에게 그 경험을 그렇게 특별하고 보람 있게 만드는 거야?

F: For one thing, 45 I've ended up making new friends at every concert I've been to. Whenever there's a live performance in town, it's a great opportunity to bump into new people who share similar interests, not only a love for the band.

우선은, 내가 갔던 모든 콘서트에서 새로운 친구들을 사귀게 되었어. 시내에서 라이브 공연이 있을 때마다, 밴드에 대한 애정뿐만 아니라 비슷한 관심사를 공유하는 새로운 사람들과 마주칠 수 있는 아주 좋은 기회야.

M: That sounds nice, I guess, but I'm not as sociable as you are, Mandy.

멋진 일인 것 같긴 하지만, 난 너처럼 사교적이지 않아, 맨디.

F: Even so, you might be surprised. A concert might help you to come out of your shell and mingle with likeminded people, and you might enjoy it a lot more than expected. So, why don't you come along with me?

그렇다고 해도, 네가 놀라워할 지도 몰라. 네가 틀을 깨고 나와서 생각이 비슷한 사람들과 어울리도록 하는 데 콘서트가 도움이 될 수도 있고, 네가 예상했던 것보다 훨씬 더 많이 즐거울 수도 있어. 그래서, 나와 함께 가지 않을래?

M: You almost have me convinced, but I still think I'll stay home. 46 I just can't justify spending so much on a ticket for something I might not even enjoy.

날 거의 설득할 뻔했는데, 그래도 난 집에 있을 것 같아. 심지어 내가 즐길 수 없을지도 모르는 것 때문에 아주 많은 돈을 티켓에 소비하는 걸 정당화할 수 없어.

F: No problem. I still think you're missing out, but maybe next time!

괜찮아. 난 여전히 네가 좋은 기회를 놓치는 것 같지만, 아마 다음 번엔 갈 수 있겠지!

어휘 　How would you feel about ~? ~하는 게 어떨 것 같아? I'd rather not (상대방의 제안에 대해) 안 될 것 같아 hang out 함께 어울리다 appeal to ~의 마음을 끌다, ~에게 끌리다 a lot (비교급 수식) 훨씬 get one's point ~의 말을 이해하다 completely 완전히, 전적으로 disagree 동의하지 않다 can't beat -ing ~하는 것보다 더 나은 건 없다 favorite 가장 좋아하는 tune 음악, 곡 in person 직접 matter to A: A에게 중요하다 find that ~라고 생각하다 idol 우상 disappointing

실망시키는 setting 무대 make a change 바꾸다, 변경하다 unnecessary 불필요한 a little 조금, 약간 surprising 놀라게 하는 crowd 사람들, 군중 keep A p.p.: A를 계속 ~되게 하다 inspire ~에게 영감을 주다 exact 정확한 time after time 매번 like just the way A is: A의 있는 그대로를 좋아하다 obscure 잘 알려지지 않은, 모호한 be yet to do 아직 ~하지 않다 release [동] ~을 발표하다, 출시하다, [명] 발표, 출시 advantage 장점 give A a preview of B: A에게 B를 사전 공개하다 be able to do ~할 수 있다 decide ~을 결정하다 whether or not ~인지 아닌지 loads of 아주 많은 get A 형용사: A를 ~한 상태로 만들다 upcoming 다가오는, 곧 있을 admit that ~임을 인정하다 be familiar with ~을 잘 알다, ~에 익숙하다 leave a bad taste in one's mouth ~에게 좋지 못한 인상을 남기다 spend time -ing ~하는 데 시간을 소비하다 either A or B: A 또는 B 둘 중의 하나 try to do ~하려 하다 political 정치적인 I'd prefer that ~하면 좋겠어 keep A to oneself: A를 마음 속에 담아두다, 자신만 알고 있다 focus on ~에 집중하다 intention 의도 at the end of the day 결국 impressionable 외부의 영향을 쉽게 받는 public platform 대중 기반 spread ~을 확산시키다, 퍼트리다 awareness 인식, 인지 certain 특정한, 일정한 issue 사안, 문제 tactfully 재치 있게 in moderation 적당히 gain ~을 얻다 rather than ~ ~보다, ~가 아니라 exactly 정확히 unique 특별한, 독특한 rewarding 보람 있는 end up -ing 결국 ~하게 되다 whenever ~할 때마다, opportunity to do ~할 수 있는 기회 bump into ~와 마주치다 share ~을 공유하다 similar 비슷한 sociable 사교적인 come out of one's shell ~의 틀을 깨고 나오다 mingle with ~와 어울리다 likeminded 비슷한 생각을 갖고 있는 than expected 예상보다 how about ~? ~하는 게 어때? why don't you ~? ~하지 않을래?, ~하는 게 어때? come along with ~와 함께 가다 convince ~을 설득하다 justify -ing ~하는 것을 정당화하다 miss out 좋은 기회를 놓치다

40. What are Jason and Mandy discussing?
제이슨과 맨디는 무엇을 이야기하고 있는가?

(a) the price of a ticket for an upcoming performance
(b) a musical act's upcoming album launch
(c) the benefits of learning how to play an instrument
(d) the pros and cons of concerts and recorded music

(a) 다가오는 공연 입장권 가격
(b) 곧 있을 한 음악 밴드의 앨범 출시
(c) 악기를 연주하는 법을 배우는 것의 이점
(d) 콘서트와 녹음된 음악의 장단점

해설 대화 초반부에 남자가 녹음된 음악을 듣는 게 라이브 음악을 듣는 것보다 훨씬 더 낫다고(Listening to recorded music is much better than hearing live music) 말하자, 여자가 동의하자 못한다고(I get your point, but I completely disagree) 말한 뒤로 음악을 듣는 두 가지 다른 방식에 대한 장점과 단점들을 이야기하는 것으로 대화가 진행되고 있습니다. 따라서 이와 같은 장단점을 언급한 (d)가 정답입니다.

어휘 upcoming 다가오는, 곧 있을 musical act 음악 밴드 benefit 이점, 혜택 how to do ~하는 법 instrument 악기 pros and cons 장단점

41. According to Mandy, why do live performers change their songs?
맨디에 따르면, 라이브 공연자들은 왜 노래를 바꾸는가?

(a) because they are often too difficult to play live
(b) because they are being recorded for a live album
(c) because they want to make their songs interesting for the audience
(d) because they want to experiment with new types of instruments

(a) 종종 라이브로 연주하기 너무 어렵기 때문에
(b) 라이브 앨범을 위해 녹음되기 때문에
(c) 관객들을 위해 그들의 곡을 흥미롭게 만들고 싶어하기 때문에
(d) 그들은 새로운 종류의 악기로 실험을 하고 싶어하기 때문에

해설 대화 초반부에 맨디가 라이브 공연자들이 그들의 노래를 바꾸는 것과 관련해, 라이브 공연자들은 노래를 약간 바꿔서 관객 중에 있는 팬들에게 놀라움과 흥미로움을 전해 줄 필요가 있다는 말로 그 이유를 언급하고 있습니다(live performers need to change the songs a little to make things surprising and interesting to the fans in the crowd). 따라서 관객들을 흥미롭게 만들고 싶어한다고 언급한 (c)가 정답입니다.

어휘 audience 관객, 청중 experiment with ~로 실험하다

42. According to Jason, what is the problem with concerts?
제이슨에 따르면, 콘서트의 문제점은 무엇인가?

(a) that bands sometimes cancel their concerts
(b) that bands sometimes play unpopular songs
(c) that bands sometimes make a mistake during their concert
(d) that bands sometimes play their new songs

(a) 밴드들이 가끔 콘서트를 취소하는 것

(b) 밴드들이 가끔 유명하지 않은 곡을 연주하는 것

(c) 밴드들이 가끔 콘서트 중에 실수하는 것

(d) 밴드들이 가끔 그들의 신곡을 연주하는 것

해설 제이슨은 사람들이 녹음된 음반을 듣는 이유를 설명하면서 콘서트의 또다른 문제점(And another problem with concerts)에 대하여 "that bands sometimes play obscure songs that nobody in the crowd knows or wants to hear"라고 하면서 밴드들이 가끔씩 아무도 모르고, 아무도 듣고 싶어하지 않는 유명하지 않은 노래들을 연주하는 것이 연주라고 언급하였습니다. 따라서 정답은 (b)입니다.

어휘 cancel 취소하다 unpopular 인기 없는, 유명하지 않은 make a mistake 실수하다

43. According to Mandy, what is a benefit of playing songs that audience members are not familiar with?

맨디에 따르면, 관객들이 잘 알지 못하는 노래들을 연주하는 것의 이점은 무엇인가?

(a) It helps them decide whether to make a purchase.

(b) It inspires them to write their own songs.

(c) It encourages them to embrace new music genres.

(d) It introduces them to a variety of different bands.

(a) 구매를 할 것인지를 결정하는 데 도움을 준다.

(b) 자신들만의 노래를 작곡하는 데 영감을 준다.

(c) 새로운 음악 장르를 수용하도록 만들어 준다.

(d) 다양한 다른 밴드들을 소개해 준다.

해설 남자가 대화 중반부에 관객들이 잘 알지 못하는 노래를 부르는 것을 언급하자, 여자가 팬들에게 새로운 음악을 미리 선보이는 것이기 때문에 장점이 될 수 있고 팬들은 밴드의 새 앨범이나 노래를 구매하고 싶은지를 결정할 수 있다(that can be an advantage because it gives the fans a preview of new music, so they'll be able to decide whether or not they want to buy the band's new album or song)고 언급하였습니다. 따라서 이와 같은 구매 결정 방식을 말한 (a)가 정답입니다.

어휘 help A do: A가 ~하는 데 도움을 주다 make a purchase 구매하다 inspire A to do: A가 ~하는 데 영감을 주다 encourage A to do: A가 ~하도록 장려하다, 권장하다 introduce A to B: A에게 B를 소개하다 a variety of 다양한

44. Based on the exchange, why do some performers talk during concerts?

대화에 따르면, 왜 몇몇 공연자들은 콘서트 중에 이야기를 하는가?

(a) to learn more about their fans

(b) to make the performance longer

(c) to make people aware of particular issues

(d) to encourage fans to buy merchandise

(a) 팬들에 관해 더 많은 것을 알기 위해

(b) 공연을 더 오래 하기 위해

(c) 사람들이 특정 문제들에 대해 인식하게 만들기 위해

(d) 팬들에게 상품을 구입하도록 권하기 위해

해설 남자가 대화 중반부에 요즘 가수들이 공연 중간에 이야기를 하는 것을 언급하자(A lot of the singers these days spend too much time speaking in between songs), 곧이어 맨디는 그 이유가 특정 문제와 관련된 인식을 확산시키기 위해서(to spread awareness about certain issues)라고 언급하였습니다. 이는 사람들에게 특정한 문제를 인식하도록 만드는 것을 의미하므로 (c)가 정답입니다.

어휘 aware of ~을 인식하고 있는, 알고 있는 particular 특정한 merchandise 상품

45. Why does Mandy find concerts to be rewarding experiences?

맨디는 왜 콘서트가 보람 있는 경험이라고 생각하는가?

(a) because she can appreciate the sound quality

(b) because she can meet her favorite musicians

(c) because they allow her to make new friends

(d) because they influence her own performances

(a) 음질을 감상할 수 있기 때문에

(b) 가장 좋아하는 음악가들을 만날 수 있기 때문에

(c) 새로운 친구들을 사귈 수 있게 해 주기 때문에

(d) 그녀의 공연에 영향을 미치기 때문에

해설 제이슨이 대화 후반부에 왜 콘서트가 특별하고 보람 있는지 묻자(What exactly makes the experience so unique and rewarding for you?), 맨디가 새로운 친구를 사귈 수 있다는 말과 함께 그렇게 할 수 있는 좋은 기회(I've ended up making new friends at every concert I've been to. ~ it's a great opportunity to bump into new people)

라고 그 이유를 언급하였습니다. 따라서 (c)가 정답입니다.

어휘 appreciate ~을 감상하다, ~의 진가를 이해하다 sound quality 음질 allow A to do: A가 ~할 수 있게 해 주다 influence ~에 영향을 미치다

46. What is probably Jason's final reason for still refusing to go to the Mystery Train concert?

여전히 미스터리 트레인 콘서트에 가기를 거절하는 것에 대한 제이슨의 최종적인 이유는 무엇일 것 같은가?

(a) He thinks it takes place on an inconvenient date.
(b) He thinks he is unfamiliar with the band's music.
(c) He thinks it is probably sold out already.
(d) He thinks it is not worth the expense.

(a) 그는 편리하지 않은 날짜에 개최된다고 생각한다.
(b) 그는 그 밴드의 음악을 잘 알지 못한다고 생각한다.
(c) 그는 그것이 아마 이미 매진된 상태일 것이라고 생각한다.
(d) 그는 그것이 비용을 들일 가치가 없다고 생각한다.

해설 대화 마지막 부분에 남자가 콘서트에 가고 싶지 않은 이유와 관련해, 즐길 수 없을지도 모르는 것 때문에 아주 많은 돈을 티켓에 소비하는 걸 정당화할 수 없다(I just can't justify spending so much on a ticket for something I might not even enjoy)고 언급하였습니다. 이는 비용을 들일 만한 일이 아니라는 뜻을 나타내는 것이므로 (d)가 정답입니다.

어휘 refuse to do ~하기를 거절하다, 거부하다 take place (일, 행사 등이) 일어나다, 개최되다 inconvenient 불편한 be unfamiliar with ~을 잘 알지 못하다, ~에 익숙하지 않다 worth 명사: ~할 가치가 있는 sold out 매진된, 품절된 expense (지출) 비용

Hello, ladies and gentlemen. My name is Donald Price, and 47 **I'm here to tell you about the key points of organizing a symposium.** 48 A symposium is typically defined as a meeting organized so that experts in a specific field can gather, present research papers, and discuss important issues, and make recommendations for a certain course of action. Ideally, symposium attendees should leave the event with a greater degree of knowledge about a topic or a deeper understanding of an issue. Organizing a symposium is not too difficult, but it does take a lot of time and planning. I'm going to go over each step of the planning process with you today.

안녕하세요, 신사 숙녀 여러분. 제 이름은 도널드 프라이스이며, 학술회를 주최하는 것의 핵심 요소에 관해 말씀 드리기 위해 이 자리에 섰습니다. 학술회는 일반적으로 특정 분야의 전문가들이 모여 연구 논문을 발표하고, 중요한 사안을 논의하며, 특정한 행동 방침에 대해 권고하도록 조직되는 모임으로 정의됩니다. 이상적으로, 학술회 참석자들이 한 가지 주제에 관해 더 높은 수준의 지식을 갖거나, 또는 한 가지 사안에 대해 더 깊이 있는 이해를 지니고 행사장을 떠나야 합니다. 학술회를 주최하는 것은 그렇게 어렵지 않지만, 이것은 많은 시간과 계획을 필요로 합니다. 오늘 여러분과 함께 그 계획 과정의 각 단계를 짚어 보도록 하겠습니다.

First of all, you should assemble a planning committee and establish a list of aims. 49(c) The committee members should decide on a name for the symposium and determine its primary topic and date. Unlike conferences, symposiums should have a very narrow focus, so choose a highly specific topic or area of research rather than a broad, general subject. 49(d) The committee should issue a call for papers related to the symposium topic, 49(a) and compile a list of potential presenters based on their submissions. This step must be completed several months in advance of the date of the symposium.

우선, 기획 위원회를 구성하고 목적을 담은 목록을 확정해야 합니다. 위원회 구성원들은 학술회 명칭을 결정하고 주요 주제와 날짜를 정해야 합니다. 컨퍼런스와 달리, 학술회는 매우 제한된 부분에 초점을 맞춰야 하므로, 폭넓고 일반적인 주제보다 매우 구체적인 주제 또는 연구 영역을 선택하십시오. 위원회는 학술회 주제와 관련된 논문을 요청해야 하며, 제출 자료를 바탕으로 잠재적인 발표자 명단을 정리해 만들어야 합니다. 이 단계는 반드시 학술회 개최 날짜보다 7개월 전에 미리 완료되어야 합니다.

After selecting a suitable venue for the symposium, the next important step is to establish a Web presence. The simplest way to start doing this is to set up a simple Web site that announces the symposium and provides details about the event. It should include a map of the venue location, a summary of the core topics and aims, a list of presenters and research papers, and a page listing your event sponsors. **50** Most importantly, it must include a sign-up form so that interested individuals can pre-register for the event. Additionally, utilize several social media platforms in order to spread the word about the symposium. Encourage all members of the planning committee to actively post and share information online frequently.

적합한 학술회 개최 장소를 선정한 후, 다음으로 중요한 단계는 웹상에서 존재감을 확립하는 것입니다. 이 일을 시작하는 가장 단순한 방법은 학술회를 알리고 행사에 관한 세부 정보를 제공하는 간단한 웹 사이트를 하나 마련하는 것입니다. 여기에는 행사 개최 장소 약도, 핵심 주제 및 목적 요약문, 발표자 및 연구 논문 목록, 그리고 행사 후원업체가 기재한 페이지가 포함되어야 합니다. 가장 중요한 점은, 관심 있는 사람들이 행사에 사전 등록할 수 있도록 반드시 신청 양식을 포함해야 한다는 점입니다. 추가로, 학술회에 관해 소문을 내기 위해 여러 가지 소셜 미디어 플랫폼을 활용하십시오. 기획 위원회의 모든 구성원들에게 적극적으로 정보를 게시하고 자주 온라인에서 정보를 공유하도록 권하십시오.

Next, your symposium will not be possible without adequate funding from sponsors. Start by creating a tentative budget for the event, and then based on the budget, set sponsorship tiers with varying levels of rewards and acknowledgement. Identify appropriate potential sponsors and send each of them a contact e-mail. This should include a short description of the symposium and an explanation of how the event can positively impact the sponsor. **51** Some other good ways to generate interest from potential sponsors can be to "name drop" renowned presenters expected to participate in the event and note the sponsor's involvement in similar events in the past, if applicable. When a commitment is made, inform the sponsor how they can submit funds, and request a high-resolution company logo from them, and appropriate permission to use it. Then immediately add the logo to your Web page and all publications, signs, and documents associated with the event.

다음으로, 여러분이 개최하시려는 학술회는 후원사에서 제공하는 충분한 자금 없이는 불가능할 것입니다. 행사에 필요한 잠정적인 예산을 만드는 것으로 시작하신 다음, 그 예산을 바탕으로 다양한 수준의 보상 및 감사 표시 방법과 함께 후원 등급을 설정하십시오. 적절한 잠재 후원사들을 알아내서 각각에게 연락 이메일을 발송하십시오. 여기에는 학술회에 관한 간단한 설명과 함께 행사가 어떻게 후원사에 긍정적으로 영향을 미칠 수 있는지에 관한 설명이 포함되어야 합니다. 잠재 후원사들의 관심을 불러일으킬 수 있는 일부 다른 좋은 방법으로는 행사에 참가할 것으로 기대되는 유명 발표자의 "이름을 제시하는" 것과, 가능할 경우에 과거 유사한 행사에 대한 해당 후원사의 참여를 특별히 언급하는 것이 있습니다. 후원 약속이 이뤄질 때, 해당 후원사에 자금을 제공할 수 있는 방법을 알리고 고화질 회사 로고와 그것을 적절히 사용할 수 있도록 적절한 허가를 요청하십시오. 그런 다음, 즉시 웹 페이지 및 행사와 관련된 모든 발행물, 표지판, 그리고 문서에 그 로고를 추가하십시오.

Probably the most important step when organizing a symposium is advertising. There are numerous effective methods for promoting a symposium, apart from social media and Web sites. First, you should consider asking local institutions such as public libraries and colleges to place the event on their social calendars and put up posters on notice boards and in elevators. In addition to posters, print some flyers that your committee members can distribute to members of the public who might have an interest in the event.

아마 학술회를 주최할 때 가장 중요한 단계는 광고일 것입니다. 소셜 미디어 및 웹 사이트 외에도 학술회를 홍보하는 수많은 효과적인 방법들이 있습니다. 첫째, 공공 도서관과 대학교 같은 지역 단체에 그들의 사교 일정에 행사를 올리고 게시판 및 엘리베이터에 포스터를 부착하도록 요청하는 일을 고려해 보셔야 합니다. 포스터뿐만 아니라, 위원회 구성원들이 행사에 관심이 있을 수 있는 일반 사람들에게 배부할 수 있는 몇몇 전단지도 인쇄하십시오.

On the topic of registration, you should open registration approximately one month prior to the event. If you open it too early, there is a chance that some people might forget that they have registered. As soon as the registration period begins, send an e-mail to everyone who has pre-registered through the Web site and instruct them how to complete their registration. Sort the information collected during registration so that you can collect useful demographic data. **52** By collecting information about your attendees' job titles, companies, gender, and race, you can identify demographic groups that you may need to do a better job in reaching out to them next time you plan a similar event.

등록 문제와 관련해서는, 행사보다 대략 1개월 앞서 등록을 시작해야 합니다. 너무 일찍 시작할 경우, 일부 사람들은 자신이 등록한 사실을 잊을 가능성이 있습니다. 등록 기간이 시작되는 대로, 웹 사이트를 통해 사전 등록한 모든 사람들에게 이메일을 발송해 등록을 완료하는 방법을 안내하십시오. 유용한 인구 통계 자료를 수집할 수 있도록 등록 기간 중에 수집된 정보를 원하는 방향으로 정리하십시오. 참석자들의 직책, 회사명, 성별, 그리고 인종에 관한 정보를 수집함으로써, 다음 번에 유사한 행사를 계획하실 때 그들에게 연락을 취하는 것을 더 잘 하기 위해 필요할 지도 모르는 인구 통계 그룹들을 확인하실 수 있습니다.

Thank you for listening everyone. **47** I hope you found this advice useful and take some of my recommendations on board when you next organize a symposium. If you would like any further tips, please feel free to pick up a handout at the door before you exit the lecture hall. Thanks again.

들어 주셔서 감사합니다. 여러분. 여러분께서 제 조언이 유용하다고 생각해 다음에 학술회를 주최할 때 제 추천 사항의 일부를 받아들여 주시기를 바랍니다. 어떤 추가 정보든지 원하실 경우, 이 강연장에서 나가시기 전에 출입구에 놓여 있는 유인물을 마음껏 챙겨가시기 바랍니다. 다시 한번 감사 드립니다.

어휘 organize ~을 주최하다, 조직하다 symposium 학술회
typically 일반적으로, 보통 be defined as ~로 정의되다 so
that ~할 수 있도록 expert 전문가 specific 특정한, 구체적
인 field 분야 gather 모이다 present ~을 발표하다, 제시
하다 research paper 연구 논문 discuss ~을 이야기하다
issue 문제, 사안 make a recommendation 추천하다, 권하
다 certain 특정한, 일정한 course of action 방안 ideally
이상적으로 attendee 참석자 a greater degree of 더 높
은 수준의 go over ~을 짚고 넘어가다, 검토하다 process
과정 assemble ~을 구성하다, 모으다 committee 위원회
establish ~을 확정하다, 확립하다 decide on ~을 결정하
다 determine ~을 결정하다 primary 주요한 narrow 제
한된 focus 초점 choose ~을 선택하다(= select) rather
than ~ ~보다, ~가 아니라 broad 폭넓은 general 일반
적인 subject 주제, 화제 issue a call for ~을 요청하다
related to ~와 관련된 compile (정보 등) ~을 모아 정리하
다 potential 잠재적인 presenter 발표자 based on ~을
바탕으로 submission 제출(되는 것) complete ~을 완료하
다 in advance of ~보다 미리 suitable 적합한 venue 개
최 장소 presence 존재(감) set up ~을 마련하다, 설치하다
announce ~을 발표하다 provide ~을 제공하다 details 세
부 정보 include ~을 포함하다 summary 요약(문) core
핵심인 aim 목적, 목표 list ~을 기재하다, 나열하다 sign-
up form 등록 양식, 신청 양식 individual 사람, 개인 pre-
register 사전 등록하다 additionally 추가적으로 utilize ~
을 활용하다 in order to do ~하기 위해 spread the word
소문을 내다 encourage A to do: A에게 ~하도록 권하다,
장려하다 post ~을 게시하다 frequently 자주 adequate
충분한, 적합한 funding 자금 (제공) sponsor 후원사
tentative 잠정적인 budget 예산 tier 등급, 급 varying
다양한 reward 보상 acknowledgement 감사 (표시 방
법) identify ~을 알아내다, 확인하다 appropriate 적합한
description 설명, 묘사 explanation 설명 positively 긍
정적으로 impact ~에 영향을 미치다 generate interest 관
심을 발생시키다 name drop (유명인 등) ~의 이름을 들먹이
다 renowned 유명한 expected to do ~할 것으로 기대되
는, 예상되는 participate in ~에 참가하다 note ~을 특별히
언급하다 involvement in ~에의 참여, 관여 similar 유사한
if applicable 가능하다면 make a commitment 약속하다
inform ~에게 알리다 submit funds 자금을 제공하다 high-
resolution 고해상도의 appropriate 적절한 permission
허가 immediately 즉시 publication 발행(물) associated
with ~와 관련된 advertising 광고 (활동) numerous 수많
은 effective 효과적인 method 방법 promote ~을 홍보
하다 apart from ~ 외에도 consider -ing ~하는 것을 고려
하다 ask A to do: A에게 ~하도록 요청하다 institution 단
체, 기관 social calendar 사교 일정 put up ~을 부착하다,
게시하다 notice board 게시판 flyer 전단 distribute A to
B: A를 B에게 배부하다 members of the public 일반 사람
들 have an interest in ~에 관심이 있다 registration 등
록 approximately 약, 대략 prior to ~보다 앞서, ~ 전에
forget 잊다 register ~에 등록하다 period 기간 instruct A
B: A에게 B를 안내하다, 지시하다 how to do ~하는 법 sort
분류하다 collect ~을 수집하다 job title 직책 gender 성
별 race 인종 demographic 인구 통계의 do a better job
in -ing ~하는 것을 더 잘 하다 reach out to ~에게 연락을 취

하다, 다가가다 find A 형용사: A를 ~하다고 생각하다 take A
on board: A를 받아들이다 further 추가의 fee free to do
마음껏 ~하다, 언제든지 ~하다 pick up ~을 가져가다, 가져오다
handout 유인물

47. Who are most likely to be interested in the talk?

누가 이 담화에 가장 관심을 가질 것 같은가?

(a) Symposium attendees

(b) Symposium sponsors

(c) Symposium presenters

(d) Symposium organizers

(a) 학술회 참석자들

(b) 학술회 후원사들

(c) 학술회 발표자들

(d) 학술회 주최자들

해설 화자는 담화 맨 처음에 학술회를 주최하는 것의 핵심 요소
에 관해 말씀 드리기 위해 이 자리에 섰다고(I'm here to
tell you about the key points of organizing a
symposium) 언급하였습니다. 그리고 담화 맨 마지막에 자
신의 조언이 유용하다고 생각해 다음에 학술회를 주최할 때 자
신의 추천 사항 중 일부를 받아들여 주기를 바란다고(I hope
you found this advice useful and take some of
my recommendations on board when you next
organize a symposium) 언급하였기 때문에 학술회를 주최
할 사람들이 관심을 가질 만한 내용입니다. 따라서 (d)가 정답입
니다.

어휘 be interested in ~에 관심이 있다

48. According to Donald Price, what is a symposium?

도널드 프라이스 씨의 말에 따르면, 학술회는 무엇인가?

(a) a group of academics who are collaborating
on a research project

(b) an exposition where new products are
showcased for the public

**(c) an event where people can share
information and gain knowledge**

(d) a workshop where employees undergo
training and develop new skills

(a) 연구 프로젝트에 협업하는 학자들의 모임

(b) 신제품들이 일반 대중에게 선보여지는 박람회

(c) 사람들이 정보를 공유하고 지식을 얻을 수 있는 행사

(d) 직원들이 교육을 받고 새로운 능력을 개발하는 워크숍

해설   학술회의 정의가 언급되는 시작 부분에, 화자가 학술회에서 일반적으로 특정 분야의 전문가들이 모여 연구 논문을 발표하고, 중요한 사안을 논의한다는 등의 사실과 함께 학술회 참석자들이 한 가지 주제에 관해 더 높은 수준의 지식을 갖거나, 또는 한 가지 사안에 대해 더 깊이 있는 이해를 지니고 행사장을 떠나야 한다고(A symposium is typically defined as a meeting organized so that experts in a specific field can gather, present research papers, and discuss important issues, ~ symposium attendees should leave the event with a greater degree of knowledge about a topic or a deeper understanding of an issue) 언급하였습니다. 이는 사람들이 서로 정보를 공유하고 지식을 얻는 일을 가리키므로 (c)가 정답입니다.

어휘   academic 학자, 대학 교수 collaborate on ~에 대해 협업하다 exposition 박람회 showcase ~을 선보이다 share ~을 공유하다 gain ~을 얻다 undergo ~을 거치다, 겪다 training 교육 develop ~을 개발하다 skill 능력, 기술

49. What is not mentioned as a duty of the committee members?

위원회 구성원의 직무로 언급되지 않은 것은 무엇인가?

(a) creating a list of presenters

(b) designing an event logo

(c) choosing a name for the event

(d) requesting research papers

(a) 발표자 명단을 만드는 것

(b) 행사 로고를 디자인하는 것

(c) 행사 이름을 선택하는 것

(d) 연구 논문을 요청하는 것

해설   위원회를 구성하는 일이 언급되는 초반부에, 잠재적인 발표자 명단을 정리해 만드는 일을(and compile a list of potential presenters based on their submissions) 언급하는 부분에서 (a)를, 학술회 이름을 결정해야 한다고(The committee members should decide on a name for the symposium) 언급한 부분에서 (c)를 확인할 수 있습니다. 또한 논문을 요청해야 한다고(The committee should issue a call for papers) 언급한 부분에서 (d)도 확인할 수 있습니다. 하지만 위원회에서 행사 로고를 디자인한다는 말은 찾아볼 수 없으므로 (b)가 정답입니다.

어휘   duty 직무, 일 create ~을 만들다 request ~을 요청하다

50. What does Donald Price say is the most important feature to include to the event Web

site?

도널드 프라이스 씨는 무엇이 행사 웹 사이트에 포함할 가장 중요한 특징이라고 말하는가?

(a) a map showing the event venue

(b) a list of event sponsors

(c) a schedule of event activities

(d) a form for people to pre-register

(a) 행사 장소를 보여주는 약도

b) 행사 후원사들의 목록

(c) 행사 활동 일정표

(d) 행사에 사전 등록할 수 있는 양식

해설   행사 웹 사이트가 언급되는 중반부에, 화자는 가장 중요한 것으로 관심 있는 사람들이 행사에 사전 등록할 수 있도록 반드시 신청 양식을 포함해야 한다고(Most importantly, it must include a sign-up form so that interested individuals can pre-register for the event) 언급하고 있습니다. 따라서 이와 같은 양식을 언급한 (d)가 정답입니다.

어휘   feature 특징, 기능 activity 활동

51. According to Donald Price, how might a symposium organizer convince a company to become a sponsor?

도널드 프라이스 씨의 말에 따르면, 학술회 주최자가 어떻게 한 회사에 후원사가 되도록 설득할 수 있는가?

(a) by mentioning a well-known event participant

(b) by providing an appearance fee to the company

(c) by offering to advertise the company's products

(d) by highlighting the success of similar past events

(a) 잘 알려진 행사 참가자를 언급함으로써

(b) 회사에 참가 사례비를 제공함으로써

(c) 회사 제품을 광고해 주겠다고 제안함으로써

(d) 유사한 과거 행사의 성공을 강조함으로써

해설   후원사의 관심을 불러일으키는 방법이 언급되는 중반부에, 화자가 행사에 참가할 것으로 기대되는 유명 발표자의 "이름을 제시하는" 것을(Some other good ways to generate interest from potential sponsors can be to "name drop" renowned presenters expected to participate in the event ~) 말하는 부분이 있습니다. 이는

잘 알려진 행사 참가자를 언급하는 일을 뜻하므로 (a)가 정답입니다.

어휘   convince A to do: ~하도록 A를 설득하다   mention ~을 언급하다   well-known 잘 알려진   participant 참가자   appearance fee 참가 사례비, 출연료   offer to do ~하겠다고 제안하다   highlight ~을 강조하다   success 성공

52. How can demographic data be useful in planning a symposium?

인구 통계 자료가 어떻게 학술회를 계획하는 데 유용할 수 있는가?

(a) It can be used to specific sponsors and investors.

(b) It can assist organizers in choosing relevant event topics.

(c) It can help organizers to target potential attendees.

(d) It can ensure that a diverse range of presenters are invited.

(a) 특정 후원사 및 투자자들에게 사용될 수 있다.

(b) 관련된 행사 주제를 선택하는 데 있어 주최측에 도움이 될 수 있다.

(c) 주최측이 잠재 참석자들을 목표로 삼는 데 도움이 될 수 있다.

(d) 다양한 발표자들이 반드시 초청되도록 할 수 있다.

해설   해당 통계 자료를 언급하는 후반부에, 화자가 인구 통계 자료가 필요한 이유와 관련해 다음 번에 유사한 행사를 계획할 때 더 잘 연락을 취해야 할 수도 있는 인구 통계 그룹들을 확인하실 수 있다고(you can identify demographic groups that you may need to do a better job in reaching out to them next time you plan a similar event) 언급하고 있습니다. 이는 행사 주최측에서 앞으로 다시 참가할 가능성이 있는 사람들을 목표로 삼는 방법에 해당되므로 (c)가 정답입니다.

어휘   investor 투자자   assist A in -ing: A가 ~하는 데 도움이 되다   relevant 관련된   target ~을 목표로 삼다   ensure that 반드시 ~하도록 하다, ~하는 것을 보장하다   a diverse range of 다양한

독해 및 어휘

PART 1   53-59

조셉 리스터

조셉 리스터는 영국의 외과 의사이자 의학자로서, 무균 외과 수술의 선구자로서 가장 잘 알려져 있다. 루이 파스퇴르가 미생물학 분야에서 **58** 발전시킨 것을 토대로 활용해, **53** 리스터는 수술용 도구를 소독하고 상처를 닦는 데 있어 석탄산 사용을 지지했으며, 이는 수술 분야에서 처음으로 널리 이용된 소독제가 되었다.

조셉 리스터는 1827년 4월 5일, 잉글랜드의 에섹스에서 태어났다. 어렸을 때, 그는 프랑스어와 독일어를 유창하게 읽게 되었으며, 토트넘에 위치한 그로브 하우스 스쿨에서 수학과 자연 과학, 그리고 외국어를 공부했다. 나중에 런던에 있는 유니버시티 칼리지에 다녔는데, 여기서 식물학을 공부했고 1847년에 학사 학위를 받았다. 그 후 의대생으로 재등록해 의학 전공 우등 학위를 받고 졸업했으며, 이것이 그로 하여금 환자 치료의 수준을 향상시키는 데 전념하는 전문 단체였던 왕립 외과 대학의 입학 자격을 얻게 하였다.

54 리스터의 첫 취직 제안은 에딘버러 왕립 병원로부터 받았는데, 여기서 그는 브라운 스퀘어 의대 설립자이자 선구적인 스코틀랜드 외과 의사인 제임스 사임을 돕게 된다. 사임의 가르침 하에 일하는 동안, 리스터는 왕립 의학회에 가입해 높이 평가받은 두 가지 논문을 발표했으며, 이 논문들은 오늘날에도 여전히 그 학회가 자랑스럽게 소장하고 있다. **55** 그는 결국 사임의 딸인 아그네스와 결혼했고, 둘은 유럽 전역에 위치한 선도적인 의료 기관들을 방문하면서 3개월 간의 신혼 여행을 보냈다. 아그네스는 빠르게 리스터의 의학 연구에 매혹되었고, 그녀의 남은 일생을 그의 헌신적인 실험실 조수로 일했다.

리스터는 마침내 글래스고우 왕립 병원의 수석 외과 의사 역할을 맡았다. **56** 그곳에 있는 동안, 그는 그 병원 내의 새로운 수술용 건물에 있는 모든 병동을 감독하는 책임을 지고 있었는데, 이곳은 비교적 현대적인 건물로서 병원 관리 책임자들이 수술 패혈증(당시 수술 환자들에게서 흔히 발병되었던 치명적인 혈액 감염) 사례의 숫자를 줄이는 데 도움이 되기를 바랐던 곳이었다. 하지만 그들의 희망은 부질없는 것이었는데, 리스터가 자신의 환자들 중 약 50퍼센트가 감염으로 사망한 사실을 보고했기 때문이다. **56** 이에 대처하기 위해, 리스터는 자신의 무균 외과 수술법을 개발하기 시작했다. 많은 실험 끝에, 그는 미생물이 감염의 원인이라는 점과 석탄산이 효과적인 소독제로서 기능한다는 점을 밝혀냈다. 1865년에, 그는 모든 외과 의사들에게 도구 및 수술 절개 부위에 석탄산을 분무하도록 지시하면서 성공적으로 자신의 새로운 방법을 활용했고, 그 병동의 사망률은 50퍼센트에서 15퍼센트로 급격히 하락했다.

조셉 리스터는 1869년에 에딘버러로 돌아갔는데, 여기서 그는 지속적으로 소독제와 무균 수술법에 대한 실력을 개선해 나갔다. 리스터의 명성은 빠르게 높아졌고, 수백 명의 사람들이 그의 강연에 참석하곤 했다. 하지만, 많은 동료 의사들은 리스터의 결과물에 대해 회의적이었고, 『란셋』 같은 의학 저널들은 **57** 그의 진보적

인 생각을 활용하지 말도록 의학계 전체에 경고했는데, 당시에 걸음마 단계에 있었고 제대로 이해되지 못했던 세균 이론에 바탕을 두고 있었다는 것이 주된 이유였다. 다행히도, 더 많은 개선 끝에, 리스터는 자신의 원리가 보편적으로 59 받아들여지는 것을 보게 되었고, 그는 이후에 자신의 업적에 대해 메리트 훈장을 받으면서 "현대 수술의 아버지"로 흔히 일컬어지게 되었다.

어휘   surgeon 외과 의사   be best known for ~로 가장 잘 알려져 있다   pioneer 선구자   antiseptic (형) 살균된, 무균의, (명) 소독제   surgery 수술   advance 발전, 진보   microbiology 미생물학   foundation 토대, 기반   champion ~을 지지하다   carbolic acid 석탄산   sterilize ~을 소독하다, 살균하다   surgical instrument 수술 도구   wound 상처   field 분야   fluent 유창한   botany 식물학   obtain ~을 얻다, 받다   bachelor of Arts degree 학사 학위   re-enrol 추가 등록하다, 재등록하다   honors 우등, 우수한 성적   eligible for ~에 대한 자격이 있는   entry 입학, 입장, 입회   professional body 전문 단체   committed to -ing ~하는 데 전념하는   improve ~을 개선하다, 향상시키다   standard 수준, 표준   patient care 환자 치료   offer of employment 고용 제안   assist ~을 돕다   pioneering 선구적인   founder 설립자   mentorship 가르침, 지도   join ~에 가입하다   present ~을 발표하다, 제시하다   well-received 높이 평가 받은   dissertation 논문   proudly 자랑스럽게   spend A -ing: ~하는 데 A의 시간을 보내다   medical institute 의료 기관   throughout 전역에 걸쳐, 도처에   enamored with ~에 매혹된   devoted 헌신적인   laboratory 실험실   assistant 조수   the rest of ~의 나머지   eventually 마침내, 결국   take on ~을 맡다   role 역할   be responsible for ~에 대한 책임이 있다   oversee ~을 감독하다   ward 병동   infirmary 병원   block 구역, 건물   relatively 비교적, 상대적으로   help in -ing ~하는 데 도움이 되다   decrease ~을 감소시키다   case 사례, 경우   operative sepsis 수술 패혈증   deadly 치명적인   infection 감염(병)   commonly 흔히   affect ~에게 발병하다   in vain 부질없이, 헛되이   in response 대응하여   develop ~을 개발하다   approach 방법, 접근법   experimentation 실험   determine that ~임을 밝혀내다   microorganisms 미생물   function as ~로서 기능하다   effective 효과적인   employ ~을 이용하다   method 방법   instruct A to do: A에게 ~하도록 지시하다, 설명하다   spray A with B: A에 B를 분무하다   incision 절개   mortality rate 사망률   drastically 급격히(=rapidly)   continue to do 지속적으로 ~하다   refine ~을 개선하다   work 실력, 업적, 작업(물)   sterile 살균한, 소독한   practice 관행, 관례   reputation 명성, 평판   peer 같은 처지에 있는 사람, 또래, 동료   skeptical 회의적인   findings 결과물   warn A against -ing: A에게 ~하지 말도록 경고하다   entire 전체의   community ~계, 분야   progressive 진보적인   be based on ~을 바탕으로 하다, 기반으로 하다   germ theory 세균 이론   in one's infancy 걸음마 단계인, 초창기인   fortunately 다행히도   further 추가의   refinement 개선, 향상   principle 원리, 원칙   gain universal acceptance 보편적으로 받아들여지다   subsequently 그 후에   award A B: A에게 B를 주다, 수여하다   Order of Merit (영국의) 메리트 훈장   commonly 흔히   be referred to as ~라고 일컬어지다

53. 조셉 리스터는 무엇으로 가장 잘 알려져 있는가?

(a) 성공적인 의료 기관을 설립한 것
(b) 효과적인 수술 도구를 고안한 것
(c) 수술 분야에 소독제를 도입한 것
(d) 수술 절차 시간을 상당히 감소시킨 것

해설   첫 단락에 리스터가 수술용 도구를 소독하고 상처를 닦는 데 있어 석탄산을 사용했다는 말과 이것이 수술 분야에서 처음으로 널리 이용된 소독제가 되었다는(Lister championed the use of carbolic acid to sterilize surgical instruments and clean wounds, and it became the first widely used antiseptic ~) 말이 쓰여 있습니다. 이는 처음 소독제를 도입했다는 말과 같으므로 (c)가 정답입니다.

어휘   establish ~을 설립하다, 확립하다   effective 효과적인   introduce ~을 도입하다, 소개하다   antiseptics 소독제   significantly 상당히 (많이)   decrease ~을 감소시키다   procedure 절차

54. 리스터는 졸업 후에 어디에서 일하기 시작했는가?

(a) 유니버시티 칼리지
(b) 에딘버러 왕립 병원
(c) 브라운 스퀘어 의대
(d) 글래스고우 왕립 병원

해설   세 번째 단락에 리스터가 첫 고용 제안을 에딘버러 왕립 병원으로부터 받았다는 사실과(Lister's first offer of employment came from the Royal Infirmary of Edinburgh) 그곳에서 제임스 사임을 도운 점을 언급하고 있으므로 (b)가 정답입니다.

55. 리스터와 제임스 사임 사이의 관계에 관해 언급된 것은 무엇인가?

(a) 사임이 리스터의 조수로 근무했다.
(b) 리스터와 사임이 의학회를 설립했다.
(c) 사임이 리스터와 함께 두 개의 논문을 공동 저술했다.
(d) 리스터가 사임의 사위가 되었다.

해설   세 번째 단락 중반부에 리스터가 제임스 사임의 딸인 아그네스와 결혼한 사실이(He eventually married Syme's daughter, Agnes) 쓰여 있는데, 이는 리스터가 제임스 사임의 사위가 된 것을 뜻하므로 (d)가 정답입니다.

어휘   relationship 관계   serve as ~로 근무하다, ~의 역할을 하다   found ~을 설립하다   co-author ~을 공동 저술하다   son-in-law 사위

56. 리스터는 언제 자신의 새 수술법에 대해 연구하기 시작했는가?

(a) 유럽에 있는 여러 의료 기관을 방문하는 동안
(b) 새 병원 건물을 감독하는 동안
(c) 에딘버러에서 강사로 근무하는 동안

(d) 제임스 사임과 공동 작업을 하는 동안

해설 네 번째 단락을 보면, 리스터가 글래스고우 왕립 병원의 새 건물에 있는 병동을 감독하는 동안 환자들이 감염으로 사망한 문제를 언급하면서 그 문제에 대처하기 위해 새 수술법을 개발하기 시작한 사실이(While he was there, he was responsible for overseeing all wards in the infirmary's new surgical block, ~ In response, Lister began developing his antiseptic surgical approach) 쓰여 있습니다. 따라서 (b)가 정답입니다.

어휘 supervise ~을 감독하다 lecturer 강사 collaborate with ~와 공동 작업하다, 협업하다

57. 왜 리스터의 업적이 처음에 무시당했는가?

(a) 관련 자료에 의해 뒷받침되지 못했다.
(b) 오직 최소한의 효과만 내는 것으로 보여졌다.
(c) 효율적으로 활용하기에 너무 비용이 많이 드는 것으로 여겨졌다.
(d) 비교적 잘 알려져 있지 않은 이론을 바탕으로 한 것이었다.

해설 다섯 번째 단락 중반부에서 리스터의 아이디어를 활용하지 못하게 한 사실과 그 이유로 이것이 당시에 제대로 이해되지 못했던 세균 이론에 바탕을 둔 것이라는(warned the entire medical community against employing his progressive ideas, largely because they were based on germ theory, which was in its infancy and not well understood at the time) 사실이 언급되어 있으므로 (d)가 정답입니다.

어휘 disregard ~을 무시하다 at first 처음에 minimally 최소한으로 effective 효과적인 consider A B: A를 B한 것으로 여기다 costly 비용이 많이 드는 utilize ~을 활용하다 efficiently 효율적으로 be based on ~을 바탕으로 하다 relatively 비교적, 상대적으로 obscure 잘 알려지지 않은

58. 해당 단락의 문맥에서, advances가 의미하는 것은 무엇인가?

(a) 개선
(b) 촉진
(c) 움직임
(d) 수당

해설 해당 문장에서 advances는 파스퇴르가 미생물학 분야에서 한 일로서 리스터가 토대로 삼은 것을 가리킵니다. 따라서 한 분야에서 이룬 발전이나 성과 등을 의미하는 단어인 것으로 판단할 수 있는데, 이는 개선 또는 향상을 나타내는 것과 같으므로 '개선, 향상' 등을 뜻하는 (a)가 정답입니다.

59. 해당 단락의 문맥에서, acceptance가 의미하는 것은 무엇인가?

(a) 입학
(b) 협조
(c) 허가
(d) 인정

해설 acceptance가 포함된 gain universal acceptance는 '보편적으로 받아들여지다'라는 의미를 나타냅니다. 여기서 acceptance가 의미하는 '받아들여지는 것'은 다른 이들에게 인정받은 일을 나타내므로 '인정'을 뜻하는 (d)가 정답입니다.

PART 2 60-66

잠재적으로 거주 가능한 새 외행성 발견

천문학자들이 지구로부터 약 4.2광년 떨어진 곳에서 새로운 외행성(우리 태양계 밖에 위치한 행성)을 발견했다. 과학자들은 이 행성을 **60** '프록시마 켄타우리 b'라고 이름 붙였는데, 이 행성이 '프록시마 켄타우리'라고 알려진 적색 왜성의 궤도를 따라 공전하기 때문이다. 그리고 그것은 태양에서 가장 가까운 별이자 알파 켄타우리 항성계의 일부이다.

이 발견은 하트퍼드셔 대학에 재직 중인 핀란드인 천문학자이자 수학자인 미코 투오미에 의해 잠정적으로 처음 발표되었다. **61** 투오미는 알파 켄타우리 항성계에 대한 과거의 관찰과 관련된 기록 정보를 검토하던 중에 독특한 신호를 감지했다. 그는 이 신호가 한 외행성을 가리키는 것이라고 믿었다. 그래서 유럽 남부 천문대는 이 발견 가능성을 확인하기 위해 전 세계에서 31명의 과학자들로 팀을 **65** 구성했다. 이 팀은 기옘 앙글라다 에스퀴데가 이끌었으며, **62** 영국 과학 저널인 「네이처」에 실린 동료 학자들이 검토한 기사에서 '프록시마 켄타우리 b'의 존재를 공식적으로 확인해 주었다.

비록 '프록시마 켄타우리 b'의 거주 가능성이 아직 전적으로 인정받은 것은 아니지만, 과학자들은 이 행성과 관련해 신뢰할 수 있는 여러 **66** 가정들을 제시했다. 프랑스의 CNRS 연구소의 연구원들은 **63(d)** 이 행성이 지구에서 찾아볼 수 있는 것들과 유사한 표면 해수와 호수를 품고 있을 가능성이 상당하다고 밝혔다. 하지만, **63(a)** 지구의 바람보다 2천 배나 더 강한 방사압과 성풍에 따른 결과로, 그 행성에 있을 수 있었던 어떠한 대기도 아마 날아가 버렸을 것이다. 결과적으로, **63(c)** 이것은 인간이 아마도 생존할 가능성 있는 유일한 곳은 그 행성 표면의 아래일 것임을 의미하는 것일 수 있다.

'프록시마 켄타우리 b'와 같은 외행성에 대한 더욱 심층적인 분석을 실시할 기회가 우리 일생 동안 나타날 수 있다. 2017년에, 나사가 '2069 알파 켄타우리 미션'이라고 이름 붙인 한 미션 개념을 소개했다. 이 미션의 목적은 알파 켄타우리 항성계 내의 별들 주변에 위치한 행성들에 있는 과거 또는 현재의 생명체 흔적을 찾기 위해 2069년까지 성간 무인 탐사선을 발사하는 것이다. **64** 이 예비 개념은 추진력을 높이기 위해 솔라 세일 및 고에너지 레이저 활용을 제안하고 있지만, 안타깝게도, 이와 같은 기술은 아직 존재하지 않으며, 지금 또한 아직 확보되지 않은 상태이다.

potentially 잠재적으로 habitable 거주 가능한 exoplanet (태양계 밖에 있는) 외행성 discover ~을 발견하다 astronomer 천문학자 located outside ~밖에 위치한 Solar System 태양계 approximately 약, 대략 light-year 광년(빛이 1년에 나아가는 거리) name A B: A를 B라고 이름 짓다 orbit ~의 궤도를 공전하다 dwarf star 왜성 known as ~라고 알려진 close to ~와 가까운 star system 항성계 tentatively 잠정적으로 mathematician 수학자 detect 감지하다 distinctive 독특한 signal 신호 review ~을 검토하다 archival 기록의 related to ~와 관련된 observation 관찰 indicative of ~을 가리키는 assemble ~을 구성하다, 모으다 confirm ~을 확인하다 officially 공식적으로 presence 존재(감) peer-reviewed 동료 학자들이 검토한 habitability 거주 가능성 be yet to do 아직 ~하지 못하다 established 인정받은, 자리 잡은 put forward ~을 제시하다 credible 신뢰할 수 있는 assumption 가정, 추정 researcher 연구원 research institute 연구소 state that ~라고 말하다 considerable 상당한 likelihood 가능성, 있을 법함 harbor ~에 장소를 제공하다, ~을 품고 있다 surface ocean 표면 해수 similar to ~와 유사한 as a result (of) ~(의) 결과로, 결과적으로 radiation pressure 방사압 stellar wind 성풍 atmosphere 대기 may have p.p. ~했을 지도 모른다 blow away ~을 날려버리다 human being 인간, 인류 possibly 아마도 survive 생존하다 surface 표현 opportunity to do ~할 수 있는 기회 conduct ~을 실시하다 in-depth 심층적인, 깊이 있는 analysis 분석 present itself (사물 주어와 함께) ~가 나타나다 introduce ~을 소개하다 technology 기술 aim 목적 launch ~을 발사하다 interstellar 성간의 probe 무인 탐사선 search for ~을 찾다 sign 흔적, 징후 preliminary 예비의, 초기의 propose ~을 제안하다 solar sails 솔라 세일(우주선의 추진용으로 태양광의 압력을 이용하기 위한 돛) propulsion 추진(력) unfortunately 불행히도 exist 존재하다 funding 자금 (제공) secure ~을 확보하다

60. 새롭게 발견된 외행성은 무엇을 따라 이름 지어졌는가?
(a) 그것에서 가장 가까운 항성이 있는 지역
(b) 그것이 속해 있는 항성계
(c) 그것을 발견한 천문학자
(d) 그것이 궤도를 공전하는 별

해설 첫 단락에 새로 발견한 외행성을 '프록시마 켄타우리 b'라고 이름 붙인 사실과 '프록시마 켄타우리'라고 알려진 적색 왜성의 궤도를 따라 공전하기 때문이라는(Scientists have named the planet Proxima Centauri b because it orbits a red dwarf star known as Proxima Centauri ~) 이유가 언급되어 있으므로 (d)가 정답입니다.

어휘 be named after ~을 따라 이름 지어지다 region 지역 be located within ~ 내에 위치하다

61. 무엇이 처음 '프록시마 켄타우리 b'의 존재를 나타냈는가?
(a) 우주 비행사들의 직접적인 목격
(b) 여러 항성계에 대한 비교
(c) 역사적인 관찰 자료에 대한 조사
(d) 국제적인 공동 조사

해설 두 번째 단락 초반부에 투오미라는 학자가 알파 켄타우리 항성계에 대한 과거의 관찰과 관련된 기록 정보를 검토하던 중에 독특한 신호를 감지했다는(Tuomi detected a distinctive signal while reviewing archival information related to past observations of the Alpha Centauri star system) 말이 있으므로 역사적인 관찰 자료에 대한 검토를 의미하는 (c)가 정답입니다.

어휘 existence 존재 first-hand 직접 얻은, 직접 경험한 sighting 목격 comparison 비교 study 연구, 조사 collaborative 공동의, 협업의 investigation 조사

62. '프록시마 켄타우리 b'의 존재는 어떻게 공식적으로 인정되었는가?
(a) 기자 회견을 개최함으로써
(b) TV 방송으로 발표함으로써
(c) 한 세미나에서 자료를 제시함으로써
(d) 기사로 출간함으로써

해설 두 번째 단락 마지막 부분에 영국 과학 저널인 「네이처」에 실린 동료 학자들이 검토한 기사에서 '프록시마 켄타우리 b'의 존재를 공식적으로 확인해 주었다는(officially confirmed the presence of Proxima Centauri b in a peer-reviewed article in Nature, a British scientific journal) 말이 있으므로 기사를 출간하는 일을 뜻하는 (d)가 정답입니다.

어휘 formally 공식적으로 acknowledge ~을 인정하다 hold (행사 등) ~을 개최하다 press conference 기자 회견 make an announcement 발표하다 televised TV로 방송되는 publish (출판물 등에) ~을 싣다, 출간하다

63. '프록시마 켄타우리 b'의 특징으로 언급되지 않은 것은 어느 것인가?
(a) 대기가 있을 가능성이 적다.
(b) 산이 많은 지형으로 눈에 띈다.
(c) 거주 가능한 지역은 아마 지하일 것이다.
(d) 표면에 물이 있을 가능성이 있다.

해설 세 번째 단락 중반부의 'as a result of radiation pressure and stellar winds ~ any atmosphere the planet may have had will probably have been blown away'에서 대기의 존재 가능성이 적다고 말한 (a)를, 바로 뒤에 이어진 'the only places human beings could possibly survive would be under the planet's surface'에서 거주 가능 지역이 지하일 것이라고 말한 (b)를 확인할 수 있습니다. 또한 'likelihood that the planet harbors surface oceans and lakes similar to those found on Earth' 부분에서 물의 존재 가능성을 말한 (d)의 내용도 확인 가능합니다. 하지만 산이 많은 지형과 관련된 정보는 제시되어 있지 않으므로 (b)가 정답입니다.

어휘 characteristic 특징 be unlikely[likely] to do ~할 가능성이 적다[있다] notable 눈에 띄는, 주목할 만한 mountainous terrain 산이 많은 지형

64. 나사의 2069 알파 켄타우리 미션에 관해 무슨 말을 할 수 있을 것 같은가?

(a) '프록시마 켄타우리 b'에 대한 분석을 포함하지 않을 것이다.

(b) 향후 기술의 획기적인 발전에 달려 있다.

(c) 여러 국제적인 항공 우주국들에게서 자금이 제공될 것이다.

(d) 그것의 주요 목적은 인류의 집단 거주지를 건설하는 것이다.

해설 해당 미션에 대한 개념이 언급된 마지막 단락에, 그 개념이 추진력을 높이기 위해 솔라 세일 및 고에너지 레이저의 사용을 제안하고 있지만 그러한 기술은 아직 존재하지 않는다고 (The preliminary concept proposes the use of solar sails and high energy lasers to increase propulsion, but unfortunately, such technology does not yet exist) 언급하고 있습니다. 이는 그 기술이 존재하게 되면 실현 가능한 미션임을 뜻하는 것이므로 향후 기술력의 발전에 달려 있다는 뜻으로 쓰인 (b)가 정답입니다.

어휘 include ~을 포함하다 analysis 분석 be dependent on ~에 달려 있다, ~에 따라 다르다 breakthrough 획기적인 발전 fund ~에 자금을 제공하다 space agency 항공 우주국 primary 주요한 establish 기반을 마련하다, 설립하다 colony 식민지, 집단 거주지

65. 해당 단락의 문맥에서, <u>assembled</u>가 의미하는 것은 무엇인가?

(a) 모았다

(b) 건설했다

(c) 위치시켰다

(d) 수정했다

해설 해당 문장에서 동사 assembled의 목적어로 '31명의 과학자 팀 (a team of 31 scientists)'이라는 말이 쓰여 있습니다. 따라서 이와 같은 사람들이 포함된 팀을 구성했다는 뜻으로 쓰인 동사임을 알 수 있으므로 '모으다'를 뜻하는 동사 gather의 과거형인 (a)가 정답입니다.

66. 해당 단락의 문맥에서, <u>assumptions</u>가 의미하는 것은 무엇인가?

(a) 확인

(b) 획득

(c) 생각

(d) 붙잡음

해설 접속사 Although가 이끄는 절에 '프록시마 켄타우리 b'의 거주 가능성이 아직 전적으로 인정받은 것은 아니라는 말이 쓰여 있습니다. 이를 통해 주절에서 여러 가지 믿을 만한 assumptions 를 내놓았다고 말하는 부분에서 assumptions는 가정이나 추정, 또는 예상 등과 비슷한 의미를 나타낸다는 것을 알 수 있습니다. 이는 사람들의 '생각'과 같은 범주에 해당되므로 '생각, 믿음' 등을 뜻하는 (c)가 정답입니다.

PART 3 **67-73**

산토리니

산토리니는 애게 해 남쪽의 한 섬이며, 그리스 남동부 해안으로부터 약 200킬로미터 떨어진 곳에 위치해 있다. 오늘날, 이 섬은 숨이 멎을 듯한 전경과 낭만적인 일몰, 그리고 가파른 화산암 절벽들로 알려져 있다. 하지만, **67** 가장 즉각적으로 알아보기 쉬운 특징은 수도인 '피라'를 비롯해 '이아' 같은 여러 마을을 구성하는, 놀라울 정도로 밝은 흰색과 푸른색 페인트로 칠한 집과 매장들이다. 산토리니는 원래 고대 미노아 문명의 발상지였으며, 이 섬에는 기원전 3600년까지 멀리 거슬러 올라가는 풍부한 역사를 가지고 있다.

고고학 발굴은 미노아 청동기 시대에 아크로티리라는 이름의 정착지에서 번성하던 한 문명 사회가 존재했었다는 것을 보여주었다. **68** 이 문명 사회는 키프로스와 크레타 사이의 주요 항해 경로상에 전략적으로 위치한 것으로 인해 경제적으로 번성했으며, 특히 구리에 대해 필수적인 무역항이 되었다. 아크로티리의 번영은 수 세기 동안 지속되었으며, 그곳의 사람들은 진보한 배수 시스템과 포장된 거리, 그리고 더욱 세련된 공예 기술을 도입했다. 하지만, 이러한 성장 기간은 기원전 16세기에 **72** 재앙과 같은 화산 분출이 발생하면서 갑자기 끝을 맺게 되었다. **69** 고고학적 증거는 그 사건이 기원전 1500년경에 발생된 것으로 암시하고 있지만, 방사선 탄소 연대 측정에 따르면 이 화산 분출은 기원전 1645년에서 1600년 사이에 발생된 것으로 나타난다.

미노아 화산 분출은 산토리니 전체를 완전히 파괴했으며, 페키니아 사람들이 그 섬에 정착지를 **73** 세울 때까지 수 세기 동안 버려진 상태로 남겨졌다. 기원전 9세기 중에, 산토리니는 고대 그리스의 스파르타 출신 민족인 도리스의 식민지가 되었다. 이 섬은 그 후 이어진 중세 및 오스만 제국 시대 중에 주인이 여러 차례 바뀌면서 여러 시점에 걸쳐 로마인과 터키인, 그리고 그리스인에 의해 지배되었다. 그리스의 지배 하에서, 이 섬은 2차 세계 대전 중에 이탈리아 군대에 의해 잠시 점령되기도 했지만 19세기와 20세기의 번영 기간 중에 다시 한번 번성했다. 이 섬의 해운업이 번창했으며, 와인과 직물, 그리고 농산물과 같은 상품의 수출이 수요가 높았다. **70** 안타깝게도, 1956년에 발생된 또 한 번의 재앙 같은 화산 분출과 지진이 이러한 번영을 종식시켰으며, 다시 한번 이 섬에서 대규모 황폐화와 경제적 붕괴라는 결과를 낳게 되었다.

1970년부터, 무역 보다는 관광 산업에 대한 새로운 초점으로 산토리니에 대한 재건 활동이 시작되었다. 신생 관광 산업이 즉각적인 영향을 미쳤으며, 산토리니는 경제 및 인구에 있어 빠른 성장을 경험했다. **71** 한때 그 섬의 끔찍하고 참혹한 과거를 상기시키는 것으로 여겨졌던 화산의 화구와 절벽들은 현재 아주 멋진 자연의 아름다움을 형성하고 있으며, 폐허가 되었던 아크로티리가 있던 곳은 상당한 역사적 중요성을 지닌 장소로 여겨지고 있다. 오늘날, 산토리니는 매년 2백만 명이 넘는 방문객을 받고 있으며, 이 섬은 세계 최고의 여행지들을 담아 출간되는 여러 목록에 자주 포함되고 있다.

어휘 located A off B: B에서 A만큼 떨어진 곳에 위치한 approximately 약, 대략 be known for ~로 알려져 있다 breathtaking 숨이 멎을 듯한 panoramic view 전경

steep 가파른 cliff 절벽 volcanic rock 화산암 instantly 즉각적으로 recognizable 알아볼 수 있는 feature 특징 stunningly 놀라울 정도로 paintwork 페인트칠 comprise ~을 구성하다 business 매장, 사업체 home to ~의 발상지 ancient 고대의 stretch back (시기 등이) ~로 거슬러 올라가다 archaeological 고고학적인 excavation 발굴 flourish 번영하다, 번창하다(= thrive) civilization 문명 (사회) exist 존재하다 settlement 정착지 named A: A라는 이름의 economically 경제적으로 due to ~로 인해 strategic position 전략적 위치 primary 주요한 sailing route 항해 경로 integral 필수적인 trading port 무역항 particularly 특히 copper 구리 prosperity 번영, 번성 continue 지속되다 population 사람들, 인구 introduce ~을 도입하다 advanced 진보된, 발전된 drainage 배수 paved (길 등이) 포장된 sophisticated 세련된 crafting 공예 come to an end 끝나다 abrupt 갑작스러운 catastrophic 재앙의 volcanic eruption 화산 분출 occur 발생되다(= take place) radiocarbon dating 방사선 탄소 연대 측정 indicate that ~임을 나타내다 evidence 증거 suggest that ~임을 암시하다 devastate ~을 완전히 파괴하다 entirety 전체 leave A p.p.: A를 ~된 상태로 만들다 deserted 버려진 colony 식민지 ethnic group 민족 originate from ~ 출신이다, ~에서 유래하다 change hands (사물 주어와 함께) ~의 주인이 바뀌다 subsequent 그 후의 rule 지배(하다) at various points 여러 시점에 briefly 잠시 occupy ~을 점령하다 shipping trade 해운업 export 수출(품) goods 상품 textile 직물 produce 농산물, 생산품 in high demand 수요가 높은 bring an end to ~을 끝내다 result in ~라는 결과를 낳다 large-scale 대규모의 desertion 황폐화 collapse 붕괴 reconstruction 재건, 복원 effort (대규모) 활동, 노력 commence 시작되다 focus on ~에 대한 초점 tourism 관광 산업 rather than ~가 아니라, ~ 대신 fledgling 신생의 have an impact 영향을 미치다 immediate 즉각적인 growth in ~의 성장, 증가 regarded as ~로 여겨지는 reminder 상기시키는 것 violent 끔찍한, 지독한 harrowing 참혹한 caldera 화구(화산 꼭대기의 움푹한 부분) form 형성하다 stunning 아주 멋진 ruined 황폐화 된 of historical importance 역사적 중요성을 지닌 significant 상당한 receive ~을 받다 annually 매년, 해마다 include ~을 포함하다 travel destination 여행지

67. 산토리니는 다음 특징들 중 어느 것으로 가장 잘 알려져 있는가?

(a) 그리스 해안선의 경관
(b) 농산물의 품질
(c) 야생 동물의 다양성
(d) 건물들의 색상

해설 첫 번째 단락에 가장 눈에 띄는 특징으로 언급된 것이 놀라울 정도로 밝은 흰색과 푸른색 페인트로 칠한 집과 매장들이다(its most instantly recognizable feature is the stunningly bright white and blue paintwork of the homes and businesses)라고 언급되어 있습니다. 따라서 건물들의 색상으로 가장 잘 알려져 있는 것으로 생각할 수 있으므로 (d)가 정답입니다.

어휘 following 다음의, 아래의 be well-known for ~로 가장 잘 알려져 있다 view 경관 costline 해안선 produce 농산물, 생산품 quality 품질 diversity 다양성

68. 무엇이 아크로티리가 경제적으로 번성할 수 있게 하였는가?

(a) 국내 제품의 수출
(b) 무역 경로상의 편리한 위치
(c) 지역 사회 기반 시설의 발전
(d) 키프로스 및 크레타의 정복

해설 두 번째 단락을 보면, 키프로스와 크레타 사이의 주요 항해 경로상에 전략적으로 위치한 것으로 인해 경제적으로 번성했고 특히 구리에 대한 무역항이 된 사실이(This civilization thrived economically due to its strategic position on the primary sailing route ~ which made it an integral trading port, particularly for copper) 쓰여 있습니다. 이는 무역 경로상의 편리한 위치를 언급하는 것이므로 (b)가 정답입니다.

어휘 allow A to do: A가 ~할 수 있게 해 주다 domestic 국내의 convenient 편리한 local 지역의, 현지의 infrastructure 사회 기반 시설 conquest 정복

69. 기사를 바탕으로, 미노아의 화산 분출에 관해 어떻게 말할 수 있는가?

(a) 산토리니를 그 지역의 주요 무역 국가로 만들었다.
(b) 도리스 사람들을 대량 학살했다.
(c) 키프로스에 대규모 피해를 초래했다.
(d) 그 정확한 날짜는 알 수 없는 상태로 남아 있다.

해설 해당 화산 분출과 관련된 정보가 제시된 두 번째 단락 마지막 부분에, 방사선 탄소 연대 측정에 따르면 기원전 1645년에서 1600년 사이에 발생된 것으로, 고고학적 증거는 그 사건이 기원전 1500년경에 발생된 것으로 암시하고 있다는 (Radiocarbon dating indicates that the eruption took place between 1645 and 1600 BC, although archaeological evidence suggests that it took place around 1500 BC) 말이 있습니다. 이는 정확한 발생 시점을 알 수 없다는 뜻이므로 (d)가 정답입니다.

어휘 based on ~을 바탕으로 leave A as B: A를 B로 만들다 region 지역 decimate ~을 대량 학살하다 cause ~을 초래하다, 야기하다 extensive 대규모의, 광범위한 damage 피해, 손상 precise 정확한 remain 형용사: ~한 상태로 남아 있다, 여전히 ~한 상태이다

70. 기사에 따르면, 20세기에 있었던 산토리니 경제 붕괴의 원인은 무엇이었는가?

(a) 무역의 감소
(b) 침략 전쟁
(c) 자연 재해
(d) 정치적 쿠데타

해설 20세기의 상황이 언급된 세 번째 단락에, 1956년에 발생된 또한 번의 재앙 같은 화산 분출과 지진이 번영을 종식시켰고 다시 한번 대규모 황폐화와 경제적 붕괴라는 결과를 낳았다는 말이(another catastrophic volcanic eruption and earthquake brought an end to this prosperity in 1956, resulting once again in large-scale desertion and economic collapse ~) 쓰여 있습니다. 이는 화산 분출과 지진은 자연 재해이므로 자연 재해가 당시 경제 붕괴의 원인이었음을 알 수 있습니다. 그래서 (c)가 정답입니다.

어휘 decrease in ~의 감소 wartime 전시의 invasion 침략 disaster 재해 political 정치적인 coup 쿠데타

71. 관광지로서 산토리니의 급부상에 관해 어떻게 말할 수 있을 것 같은가?

(a) 환경적 피해를 초래할 가능성이 있다.
(b) 지역 경제를 활성화하기 위해 거의 아무 것도 하지 않았다.
(c) 무역 중심지로서 그 섬의 지위를 회복시켰다.
(d) 몇몇 불운했던 역사적 사건에서 비롯되었다.

해설 산토리니의 관광 산업과 관련된 정보가 제시된 마지막 단락에, 끔찍하고 참혹한 과거를 상기시키는 것으로 여겨졌던 화산의 화구와 절벽들은 아주 멋진 자연의 아름다움을 형성해 관광 산업 활성화에 기여하고 있음을 나타내는(Once regarded as reminders of the island's violent and harrowing past, the volcanic caldera and cliffs now form a scene of stunning natural beauty) 말이 쓰여 있습니다. 이는 앞선 단락에 설명된 과거의 자연 재해, 즉 불운했던 사건에서 비롯된 일인 것으로 볼 수 있으므로 (d)가 정답입니다.

어휘 emergence 급부상, 출현 be likely to do ~할 가능성이 있다, ~할 것 같다 do little 거의 아무 것도 하지 않다 reinvigorate ~을 활성화하다 renew ~을 회복시키다, 부활시키다 position 지위 stem from ~에서 비롯되다, ~에 기인하다 unfortunate 불운한

72. 해당 단락의 문맥에서, catastrophic이 의미하는 것은 무엇인가?

(a) 재앙의
(b) 거대한
(c) 전염성의
(d) 역사적으로 중요한

해설 해당 문장에서 catastrophic은 바로 뒤에 위치한 '화산 분출(volcanic eruption)'을 수식하고 있습니다. 그래서 catastrophic은 '재앙적인', '파멸의'라는 의미를 가지고 있는 형용사이므로 보기 중에서 이와 유사한 '재해의', '피해가 막심한'이라는 의미를 가진 **(a) disastrous**가 정답입니다.

73. 해당 단락의 문맥에서, founded가 의미하는 것은 무엇인가?

(a) 위치를 찾았다
(b) 설립했다
(c) 구성했다
(d) 기념했다

해설 해당 문장에서 founded의 목적어로 정착지를 뜻하는 a settlement가 위치해 있습니다. 그런데 접속사 until 앞에 위치한 주절을 보면 이미 완전히 파괴되어 버려진 곳이 되었다는 말이 쓰여 있으므로 founded a settlement가 '정착지를 만들었다' 또는 '정착지를 세웠다' 등을 의미하는 것으로 볼 수 있습니다. 이는 정착지를 설립한 것과 같으므로 '설립했다'를 뜻하는 **(b)**가 정답입니다.

PART 4 74-80

4월 23일
더글러스 앨포드 씨
대표 이사
드러먼드 토이즈 주식회사

앨포드 씨께,

저는 아주 큰 관심을 갖고 귀사의 새 브라이튼즈 교육용 장난감 제품군에 관한 최신 뉴스를 계속 지켜보고 있었습니다. 제품 결함 문제 및 뒤이은 소비자와 언론의 반발로 인해 귀사에서 어쩔 수 없이 발표해야 했던 대량 리콜 소식을 듣게 되어 매우 유감이었습니다. 이와 같이 널리 알려진 위기는 회사의 명성 및 시장 내 입지에 엄청나게 피해를 입힐 수 있습니다.

이 사건들이 지난 며칠 동안에 걸쳐 펼쳐지면서, 저는 저희 회사가 귀사에 도움이 될 수 있는 운 좋은 입장에 있다는 사실을 점점 더 크게 인식하게 되었습니다. 74 저희 REX 커뮤니케이션즈에서는, 소매 및 제조 분야에 속한 업체들을 위해 대외 관계 위기 관리를 전문으로 합니다. 저희는 아주 다양한 위기 관리 서비스를 제공해 드릴 수 있으며, 여기에는 모든 위험 요소 평가 상담과 75(b) 웹 사이트 콘텐츠 관리, 미디어 출연에 대비한 75(a) 직원 교육, 그리고 75(d) 보도 자료 및 공식 성명서 개발이 포함됩니다. 76 저희는 귀사와 유사한 상황에 처한 전국 최고의 소매 및 제조 업체 100곳 중 절반이 넘는 곳과 함께 작업해 왔다는 사실을 자랑스럽게 말씀드릴 수 있습니다.

현재, 77 귀하께서는 귀사의 명성 및 시장 내 입지에 대한 추가 피해를 피하기 위해 무엇이 첫 79 단계가 되어야 하는지 분명 궁금하실 것입니다. 제 생각엔, 이렇게 하기 위한 가장 영향력이 큰 방법은 귀사의 소셜 미디어 플랫폼을 통해 모든 접촉을 신중하게 관리하는 것입니다. 이는 제가 아주 많은 경험을 지니고 있는 일이며, 저희와 함께 하시기로 결정하신다면, 이것이 제 전략의 첫 번째 단계가 될 것입니다.

어휘 follow ~을 지켜보다 latest 최신의 range 제품군, 종류, 범위 educational 교육의 with great interest 아주 큰 관심을 갖고 hear of ~을 듣다 mass 대규모의, 대량의 recall (결함 제품의) 리콜, 회수 be forced to do 어쩔 수 없이 ~하다 issue ~을 발표하다 due to ~로 인해 defect 결함, 흠 subsequent 뒤이은, 그 후의 backlash 반발 consumer 소비자 the press 언론 highly publicized 널리 알려진 crisis 위기 tremendously 엄청나게 damage to ~에 피해를 입히다, 손상시키다 reputation 명성, 평판 position 입지, 위치 unfold 펼쳐지다 grow 형용사: ~한 상태가 되다 increasingly 점점 더 aware that ~임을 알고 있는, ~라는 것을 인식하는 fortunate 운 좋은, 다행인 of service to ~에게 도움이 되는 specialize in ~을 전문으로 하다 PR 대외 관계 (유지), 홍보(=public relations) retail 소매(업) manufacturing 제조(업) sector 분야, 부문 a wide array of 아주 다양한 including ~을 포함하여 assessment 평가 consultation 상담 training 교육 appearance 출연, 나타남 development 개발, 발전 press release 보도 자료 official statement 공식 성명(서) be proud to do 자랑스럽게 ~하다 firm 회사 similar 유사한 circumstance 상황, 환경 avoid ~을 피하다 further 추가의, 한층 더 한 impactful 영향력이 강한 way to do ~하는 방법 engagement 접촉, 관여, 개입 have vast experience in ~에 아주 많은 경험을 지니고 있다 decide to do ~하기로 결정하다 phase 단계 strategy 전략 in order to do ~하기 위해 discuss ~을 논의하다 in more depth 더 깊이 있게 opportunity to do ~할 수 있는 기회 describe ~을 설명하다 handle ~을 관리하다, 처리하다 prevent ~을 방지하다, 막다 be interested in ~에 관심이 있다 proposal 제안(서) reach ~에게 연락하다 familiarize oneself with ~을 파악하다, 숙지하다

74. 더글러스 앨포드 씨에게 보내는 마틴 밀번 씨의 편지의 목적은 무엇인가?

(a) 새로운 제품군을 칭찬하는 것
(b) 제품 디자인에 대해 조언을 제공하는 것
(c) 몇몇 불만 사항을 알리는 것

(d) 사업 관계를 제안하는 것

해설 상대방 회사의 문제점을 언급한 첫 단락에 이어, 두 번째 단락에 가서 자신의 회사가 전문으로 하는 일과 함께 제공 가능한 다양한 위기 관리 서비스를(Here at REX Communications, we specialize in PR crisis management for businesses ~ We can provide a wide array of crisis management services) 언급하고 있습니다. 이는 사업 관계를 제안하는 것에 해당되므로 (d)가 정답입니다.

어휘 praise ~을 칭찬하다 offer ~을 제공하다 inform A of B: A 에게 B를 알리다 complaint 불만 propose ~을 제안하다 relationship 관계

75. REX 커뮤니케이션즈에 의해 제공되지 않는 서비스는 무엇인가?

(a) 직원 교육
(b) 온라인 콘텐츠 관리
(c) 재무 관련 조언
(d) 미디어 성명서 작성

해설 두 번째 단락의 management of Web site content에서 (b)를, staff training for media appearances에서 (a)를 각각 확인할 수 있습니다. 또한 development of press releases and official statements에서 (d)도 확인 가능하다. 하지만 재무와 관련된 조언은 언급되어 있지 않으므로 (c)가 정답입니다.

어휘 financial 재무의, 재정의 creation 창조, 창작

76. 마틴 밀번 씨는 왜 드러먼드 토이즈의 소셜 미디어 플랫폼을 관리하겠다고 제안하는가?

(a) 더 다양한 종류의 잠재 고객들에게 다가가기 위해
(b) 경쟁사들보다 그 회사를 우위에 있게 해 주기 위해
(c) 그 회사의 명성에 대한 추가 피해를 방지하기 위해
(d) 근무 환경에 대한 최근의 우려를 해결하기 위해

해설 세 번째 단락을 보면, 상대방 회사의 명성 및 시장 내 입지에 대한 추가 피해를 피하기 위한 첫 단계를 언급하면서 가장 좋은 방법으로 소셜 미디어 플랫폼을 통해 모든 접촉을 신중하게 관리하는 것이라고(you must be wondering what your first step should be to avoid further damage to your company's reputation ~ to carefully manage all engagement through your social media platforms) 언급하고 있습니다. 따라서 회사 명성에 대한 추가 피해 방지를 언급한 (c)가 정답입니다.

어휘 reach out to ~에게 다가가다 a broader range of 더 다양한 종류의 potential 잠재적인 give A an edge over B: B보다 A를 우위에 있게 하다 competitor 경쟁사, 경쟁자 address (문제 등) ~을 해결하다, 처리하다 recent 최근의 concern 우려, 걱정 over (대상) ~에 대해 workplace conditions 근무 환경

77. REX 커뮤니케이션즈는 어떻게 설명될 수 있을 것 같은가?

(a) 여러 일류의 소매업체들을 도왔다.
(b) 비즈니스 웹 사이트 디자인을 전문으로 한다.
(c) 전국 최고의 회사 100곳 중 하나로 순위에 올랐다.
(d) 과거에 여러 홍보 회사들과 작업한 적이 있다.

해설   두 번째 단락 마지막에, 상대방 회사와 유사한 상황에 처한 전국 최고의 소매 및 제조 업체 100곳 중 절반이 넘는 곳과 함께 작업해 온 사실을(we have worked with more than half of the country's top 100 retail and manufacturing firms) 언급하고 있으므로 여러 일류의 소매업체들을 도왔다는 것을 알 수 있습니다. 따라서 이를 말한 **(a)**가 정답입니다.

어휘   assist ~을 돕다 leading 일류의, 선두의 be ranked as ~로 순위에 오르다 several 여럿의, 몇몇의 in the past 과거에

78. 밀번 씨는 왜 자신과 앨포드 씨가 만나야 한다고 제안하고 있는 것 같은가?

(a) 소매 분야에서의 직업 선택권에 대해 논의하기 위해
(b) 성공적인 합병을 축하하기 위해
(c) 사업 거래 세부 사항을 협의하기 위해
(d) 제품을 개선할 방법들을 고려하기 위해

해설   마지막 단락에서 상대방 회사를 위해 무엇을 할 수 있는지 더 깊이 있게 논의해 볼 수 있도록 만나 뵙는 것을 적극 권하고 싶다고 (I would highly recommend that we meet in order to discuss what my company can do for you in more depth) 언급하고 있습니다. 더 깊게 논의하자는 것은 사업과 관련된 세부 사항을 협의하자는 뜻이므로 **(c)**가 정답입니다.

어휘   suggest that ~라고 제안하다, 권하다 discuss ~을 이야기하다, 논의하다 career 직업 (경력), 진로 celebrate ~을 축하하다, 기념하다 merger 합병 negotiate ~을 협의하다 details 세부 사항, 상세 정보 deal 사업 거래 consider ~을 고려하다 improve ~을 개선하다, 향상시키다

79. 해당 단락의 문맥에서, _step_이 의미하는 것은 무엇인가?

(a) 표기
(b) 조치
(c) 수준
(d) 순위

해설   해당 문장에서 first step은 상대방 회사의 명성 및 시장 내 입지에 대한 추가 피해를 피하기 위해 처음으로 하는 것을 가리킨다. 즉 첫 단계나 조치 등을 말하는 것이므로, '조치'를 의미하는 **(b)**가 정답입니다.

80. 해당 단락의 문맥에서, _cases_가 의미하는 것은 무엇인가?

(a) 대표들
(b) 사건들
(c) 용기들
(d) 연구들

해설   해당 문장에서 similar cases를 뒤에서 수식하는 where절은 과거에 성공적으로 다른 회사들을 관리해 준 일을 말하고 있습니다. 따라서 이는 상대방 회사가 겪은 것과 유사한 경우 또는 사례를 나타내는 것인데, 이는 사건 또는 일을 의미하는 것으로 볼 수 있습니다. 따라서 '사건, 일'을 의미하는 **(b)**가 정답입니다.

베스트셀러 1위 포함! 시원스쿨 지텔프 시리즈

시원스쿨LAB 연구진 총 출동! 퀄리티가 다른 G-TELP 교재
G-TELP 교재 라인업으로 목표점수 완벽대비!

시원스쿨 지텔프 교재가 특별한 이유

01 G-TELP KOREA 공식 기출문제로 구성된 최신&최다 기출문제집

02 최신기출문제 유형 및 출제패턴 분석으로 실제 시험 출제패턴 예측

03 파트별 출제 포인트 및 목표점수별 학습 꿀팁 제공

04 초보자 맞춤 꼼꼼한 해설과 함께 매력적인 오답에 대한 해설 추가제공

시원스쿨LAB